BOOK 2

भारत की हिन्दी माध्यम में IQ की प्रथम पुस्तक

परखें अपना IQ लेवल
व बढायें अपनी मानसिक क्षमता

IQ
टेस्ट

संकलनकर्त्ता

देवेश सोनकर • अमित झा

अरिहन्त पब्लिकेशन्स (इण्डिया) लिमिटेड

अरिहन्त पब्लिकेशन्स (इण्डिया) लिमिटेड

卐 रजि. कार्यालय

'रामछाया' 4577/15, अग्रवाल रोड, दरिया गंज, नई दिल्ली-110002
फोन: 011-47630600, 43518550; **फैक्स:** 011-23280316

卐 मुख्य कार्यालय

कालिन्दी, टी०पी० नगर, मेरठ (यूपी)-250002
फोन: 0121-2401479, 2512970, 4004199; **फैक्स:** 0121-2401648

शाखा कार्यालय

आगरा, अहमदाबाद, बरेली, बंगलुरु, भुवनेश्वर, चेन्नई, दिल्ली, गुवाहाटी, हल्द्वानी, हैदराबाद, जयपुर, झाँसी, कोलकाता, कोटा, लखनऊ, नागपुर, मेरठ तथा पुणे

卐 **ISBN** 978-93-5094-671-8

卐 **मूल्य: ₹ 125.00**

टाइप सेट : अरिहन्त डीटीपी यूनिट, मेरठ

PRINTED & BOUND BY
ARIHANT PUBLICATIONS (I) LTD. (PRESS UNIT)

'अरिहन्त' के प्रोडक्ट्स के बारे में अधिक जानकारी के लिए हमारी
वेबसाइट www.arihantbooks.com पर लॉग इन करें या info@arihantbooks.com पर सम्पर्क करें।

जाँचें अपना IQ

IQ या इंटेलिजेंस कोशेंट या बुद्धिलब्धि परीक्षण, अलग-अलग मानकीकृत परीक्षणों से प्राप्त एक गणना है जिसके माध्यम से किसी भी अभ्यर्थी के बौद्धिक स्तर का आकलन किया जा सकता है। IQ टेस्ट का उद्देश्य विभिन्न परिस्थितियों में अभ्यर्थी के मानसिक स्तर की जाँच करना है।

एक उच्च IQ वाला अभ्यर्थी प्रत्येक स्तर पर अच्छे तरीके से Perform कर सकता है फिर चाहे वह स्कूल स्तर पर होने वाली कोई भी परीक्षा; जैसे-NTSE आदि में भाग ले रहा है या फिर विभिन्न अधिकारी वर्गों के लिए होने वाली परीक्षाओं; जैसे-IAS, PCS, आदि में। वर्तमान समय में IQ टेस्ट, विभिन्न प्रतियोगी परीक्षाओं में पूछे जाने वाले अन्य विषयों जैसे गणित, अंग्रेजी, सामान्य ज्ञान की तरह ही एक महत्त्वपूर्ण विषय बन गया है।

पुस्तक का उद्देश्य

वर्तमान युग में प्रत्येक अभ्यर्थी के लिए IQ टेस्ट Book 2 पर Focus करना उतना ही आवश्यक है जितना कि किसी भी विषय की परीक्षा देने से पूर्व उस विषय का अध्ययन करना।

इस पुस्तक का उद्देश्य अभ्यर्थी को IQ टेस्ट के विभिन्न रूपों; जैसे-विजुअल (Visual), लॉजिक (Logic) तथा न्यूमेरिकल (Numerical) IQ टेस्ट, आदि से अवगत कराना है।

- **अभ्यर्थी की Strength तथा Weaker area की पहचान कराना**

  पुस्तक के अन्तर्गत विजुअल, लॉजिक तथा न्यूमेरिकल टेस्ट के साथ-साथ जाँचें अपना IQ टेस्ट (1-15) भी दिए गए हैं।

  जाँचें अपना IQ टेस्ट का मुख्य उद्देश्य अभ्यर्थी को उनके Strength तथा Weaker area की पहचान कराना है। अपने Weaker area को पहचानकर कोई भी अभ्यर्थी उसे प्रैक्टिस के माध्यम से Improve कर Strength में बदल सकता है।

- **दिमागी कसरत (Brain Exercise)**

  अभ्यर्थी के Strength और Weaker area की पहचान के साथ-साथ पुस्तक का उद्देश्य दिमाग की कसरत कराना भी है। IQ टेस्ट के अन्तर्गत दिए गए प्रश्नों को हल करने से आपकी तार्किक शक्ति दोगुनी गति से बढ़ेगी, जिससे आपका मस्तिष्क प्रखर होगा।

इन दोनों मुख्य उद्देश्य के साथ-साथ पुस्तक का लक्ष्य अभ्यर्थी को सही दृष्टिकोण से सही दिशा मे आगे बढ़ाना तथा साथ ही उसके सोचने व समझने की शक्ति को विकसित करना है।

विषय-सूची

सेक्शन टेस्ट

जाँचें अपना IQ टेस्ट

BOOK 2

IQ

सेक्शन टेस्ट

- लॉजिक IQ
- विज़ुअल IQ
- न्यूमेरिकल IQ

सेक्शन टेस्ट

किसी भी व्यक्ति का IQ अनेक मानसिक क्षमताओं जैसे–लॉजिक, विजुअल, न्यूमेरिकल आदि का संयोग होता है। इसी कारण इस पुस्तक में विद्यार्थियों को IQ के विभिन्न रूपों से अवगत कराने के लिए विभिन्न सेक्शन टेस्ट दिए गए हैं।

प्रत्येक अभ्यर्थी को यह सलाह दी जाती है कि वह **'जाँचें अपना IQ टेस्ट'** सेक्शन Attempt करने से पहले **'सेक्शन टेस्ट'** में अपनी परफॉर्मेंस अवश्य चैक कर लें।

केस-1

यदि आपने प्रत्येक सेक्शन में 75% या उससे अधिक प्रश्न सही हल किये हैं, तब आप **'जाँचें अपना IQ टेस्ट'** attempt कर सकते हैं।

केस-2

यदि आपका स्कोर किसी भी सेक्शन में 50%-75% के बीच में है, तब आपको उस सेक्शन में प्रैक्टिस की आवश्यकता है। उसके बाद ही आप **'जाँचें अपना IQ टेस्ट'** Attempt कर सकते हैं।

केस-3

यदि आपका स्कोर 50% से कम है, तब आपको पहले अपने Basic Reasoning के Concepts Clear करने होंगे तथा पुनः सेक्शन टेस्ट attempt करने होंगे, जब तक कि आप 75% Marks स्कोर न कर लें।

लॉजिक
IQ टेस्ट 1
(सादृश्यता, वर्गीकरण, शृंखला, अक्षर-संख्या शृंखला, कोडिंग-डिकोडिंग)

1 यदि किसी कोड भाषा में 35796 को 44887 लिखा जाता है, तो निम्न का कोड बताएँ
(i) 46823 (ii) 935172 (iii) 631845 (iv) 972364

2 निम्न शृंखलाओं में एक पद गलत है। उस गलत पद को ज्ञात कीजिए।
(i) 900, 450, 180, 90, 38,18
(a) 180 (b) 450 (c) 90 (d) 38
(ii) 3, 35, 226, 1160, 4660, 13998
(a) 4660 (b) 1160 (c) 226 (d) 35

3 दी गई शृंखला में प्रश्नचिन्ह (?) के स्थान पर कौन-सा विकल्प आएगा?
(i) P1F, R2E, T6D, V24C, ?
(a) X120B (b) Y100C (c) Y120B (d) X120C
(ii) XZ16BD, FH64JL, NP144RT, ?
(a) VX256ZB (b) VW296YA (c) DF515HJ (d) DF324HJ

4 किसी कोड में PAINT को 74128 और EXCEL को 93596 लिखा जाता है, तो निम्न का कोड लिखें।
(i) ACCEPT (ii) ANT (iii) INTELL (iv) TATA ACE

5 (i) उस संख्या समुच्चय को चुनिए, जो दिए गए समुच्चय से मेल खाता हो।
(63, 49, 35)
(a) (72, 40,24) (b) (72, 48, 24) (c) (64, 40, 28) (d) (81, 63, 45)
(ii) जो सम्बन्ध 1586129133 का 268 से है, वही सम्बन्ध किस युग्म में है?
(a) 397616675 : 666 (b) 816372563 : 668
(c) 93125678 : 624 (d) 63425311 : 642

6 (i) जो सबसे भिन्न है उसे चुनें।
(a) घाना (b) केन्या (c) इथोपिया (d) मेक्सिको
(ii) (a) खेल-कोच (b) नाटक-निर्देशन
(c) परामर्श-परामर्शदाता (d) विद्यार्थी-शिक्षक

7 (i) नीचे दी गई श्रृंखला का अगला पद क्या होगा?

PRIMARILY, RIMARILY, RIMARIL, ?

(ii) नीचे प्रश्नचिन्ह (?) के स्थान पर क्या आएगा?

AZB : CYD : : EXF: ?

8 (i) यदि AT = 20 तथा BAT = 40 हो, तो CAT का मान बताओ।

(a) 80 (b) 60 (c) 24 (d) 90

(ii) यदि किसी सांकेतिक भाषा में CAT को 24, PEN को 35 लिखा जाए, तो उसी भाषा में GOAT को क्या लिखा जाएगा?

(a) 41 (b) 43 (c) 143 (d) 93

9 दी गई श्रृंखलाओं में प्रश्नचिन्ह (?) के स्थान पर लुप्त पद ज्ञात करें।

(i) 15, 35, 23, 31, 31, ?, 39

(ii) 4, 18, 48, ?, 180

(iii) ZX, XV, ?, TR, RP

10 निम्न में से विषम युग्म को चुनें।

(i) (a) (7-26) (b) (8-30) (c) (10-35) (d) (13-44)

(ii) (a) 4,9,85 (b) 3,11,121 (c) 6,7,55 (d) 2,12,146

11 (i) जिस प्रकार, 'मूली' का सम्बन्ध 'मूल' से है, उसी प्रकार 'बैंगन' का सम्बन्ध किससे है?

(a) फल (b) तना (c) फूल (d) पत्ता

(ii) नीचे दिए गए दो शब्दों में किसी प्रकार का सम्बन्ध है ठीक वैसा ही सम्बन्ध किस विकल्प में दिए गए शब्दों के मध्य है?

जहाज : लंगर : : ?

(a) टोपी : पगड़ी (b) कार : ब्रेक (c) बोतल : कॉर्क (d) माल : गोदाम

(iii) कौन वैसा ही है जैसे-लीरा,दीनार, यूरो?

(a) मुद्रा (b) मीरा (c) रुपया (d) हीरा

12 यदि किसी सांकेतिक भाषा में 'where are you' को 'pit ka ta', 'are they there' को 'sa da ka' और 'they may come' को 'da na ja' लिखा जाता है, तब

(i) there को किस कोड से लिखा जाएगा?

(a) da (b) sa (c) ka (d) आँकड़े अपर्याप्त हैं

(ii) कोड ja किस शब्द के लिए प्रयोग हुआ है?

(a) may (b) come (c) may या come (d) इनमें से कोई नहीं

13 निम्न श्रृंखला में कौन-सा विकल्प खाली स्थान को भरेगा?

(i) a b_b c b c a _ _c _ b a b

(a) acbc (b) baaa (c) abcc (d) ccaa

(ii) mnonopqopqrs ....

(a) mnopq (b) oqrst (c) pqrst (d) qrstu

14 अगर FIFTY को CACTY, CAR को POL और TAR को TOL लिखा जाता है, तो TARIFF को क्या लिखेंगे?

(a) TOEFDD (b) TOEFEL (c) TOLADD (d) TOLACC

15 **निर्देश** (i-ii) *निम्नलिखित व्यवस्था को ध्यान से पढ़िए और नीचे दिए गए प्रश्नों के उत्तर दीजिए।*

Q R 4 $ 3 K H I M D 5 © N E J 8 I # T V U % W 6 δ B A 7 2 F P

(i) उपरोक्त व्यवस्था में ऐसे कितने व्यंजन हैं, जिनमें से प्रत्येक के तुरन्त पहले एक संख्या और तुरन्त बाद में एक प्रतीक है?

(a) कोई नहीं (b) एक (c) दो (d) तीन
(e) तीन से अधिक

(ii) उपरोक्त व्यवस्था के बाएँ छोर से चौदहवें के बाएँ को छठा निम्नलिखित में से कौन-सा है?

(a) V (b) I (c) 5 (d) ©
(e) इनमें से कोई नहीं

(iii) उपरोक्त व्यवस्था में ऐसी कितनी संख्याएँ हैं, जिनमें से प्रत्येक के तुरन्त बाद एक अक्षर है, लेकिन तुरन्त पहले एक अक्षर नहीं है?

(a) कोई नहीं (b) एक (c) दो (d) तीन
(e) तीन से अधिक

लॉजिक IQ टेस्ट 2

(रक्त सम्बन्ध, पदानुक्रम, समय अनुक्रम संख्या परीक्षण, बैठक व्यवस्था, दिशा परीक्षण और पहेली परीक्षण)

1 निम्नलिखित प्रश्न नीचे दी गई पाँच त्रि-अंकीय संख्याओं पर आधारित हैं।

813, 479, 564, 385, 792

(i) प्रत्येक संख्या में पहले और दूसरे अंक के स्थान परस्पर बदल दिए जाएँ, तो सबसे छोटी संख्या निम्नलिखित में से कौन-सी होगी?

(a) 813 (b) 479
(c) 564 (d) 385

(ii) निम्नलिखित में से कौन-सा, दूसरी सबसे छोटी संख्या का दूसरा अंक है?

(a) 1 (b) 7
(c) 6 (d) 8

(iii) निम्नलिखित में से कौन-सा, दूसरी सबसे बड़ी संख्या के पहले और तीसरे अंक का योग है?

(a) 11 (b) 13
(c) 9 (d) 8

2 निम्नलिखित कथनों पर विचार कीजिए।

(i) एक आदमी के परिवार में एक पत्नी, दो पुत्र और दो पुत्रियाँ थीं।

(ii) पुत्रियों को एक भोज पर आमन्त्रित किया गया और परिवार के पुरुष सदस्य पिकनिक पर बाहर चले गए।

(iii) उस आदमी का पिता अपने काम से वापस नहीं लौटा।

दिए गए कथनों से ज्ञात कीजिए कि निम्नलिखित में से कौन-सा कथन सत्य है?

(a) केवल उस आदमी की पत्नी ही घर पर रह गई थी
(b) यह सम्भावना है कि, उस आदमी की पत्नी ही घर पर रह गई थी
(c) घर पर कोई भी नहीं रह गया था
(d) घर पर एक से अधिक व्यक्ति रह गए थे

3 निम्नलिखित जानकारी को ध्यान से पढ़िए और उसके बाद नीचे दिए गए प्रश्नों के उत्तर दीजिए।

- 'P× Q' का अर्थ है कि P, Q की पत्नी है।
- 'P +Q' का अर्थ है कि P, Q का बेटा है।
- 'P ÷ Q' का अर्थ है कि P, Q की माता है।
- 'P – Q' का अर्थ है कि P, Q की बहन है।

(i) निम्नलिखित में से कौन-सी अभिव्यक्ति यह दर्शाती है कि 'T, H का दामाद है'?

(a) H – L ÷ T (b) H× F + L ÷ T (c) H ÷ R× T (d) H ÷ R + T

(ii) 'B ÷ H + M' में M का B से क्या सम्बन्ध है?

(a) पत्नी (b) पति

(c) बहन (d) निर्धारित नहीं किया जा सकता

4 बच्चों की एक उत्तरोन्मुख पंक्ति में सीमा को, यदि उसके दाएँ चार स्थान हटाया जाता है, तो वह पंक्ति के दाएँ से 18वीं हो जाती है। सुधाकर जो पंक्ति में बाएँ से 15वाँ है, वह सीमा के बाएँ 5वाँ हो जाता है, तो पंक्ति में कितने बच्चे हैं?

(a) 37 (b) 39 (c) 38 (d) 40

5 निम्नलिखित जानकारी को ध्यानपूर्वक पढ़कर और दिए गए प्रश्नों के उत्तर दीजिए।
एक क्रिकेट सीरीज में,

I. भारत ने ऑस्ट्रेलिया को दो बार हराया।
II. वेस्टइंडीज ने भारत को दो बार हराया।
III. ऑस्ट्रेलिया ने वेस्टइंडीज को दो बार हराया।
IV. भारत ने न्यूजीलैण्ड को दो बार हराया।
V. वेस्टइंडीज ने न्यूजीलैण्ड को दो बार हराया।

(i) किस देश को सबसे ज्यादा हार मिली?

(a) न्यूजीलैण्ड (b) आस्ट्रेलिया (c) वेस्टइंडीज (d) न्यूजीलैण्ड

(ii) किस देश को समान जीत तथा हार मिली?

(a) न्यूजीलैण्ड (b) आस्ट्रेलिया (c) वेस्टइंडीज (d) न्यूजीलैण्ड

6 नीचे दी गई जानकारी को ध्यानपूर्वक पढ़िए और निम्न प्रश्नों के उत्तर दीजिए।

- पाँच लड़कियों का एक समूह है।
- कामिनी लम्बाई में दूसरे स्थान पर है, किन्तु रूपा से आयु में छोटी है।
- पूजा, मोनिका से लम्बी है किन्तु आयु में छोटी है।
- रूपा और मोनिका समान आयु की हैं किन्तु रूपा सभी में सबसे लम्बी है।
- नीलम, पूजा से लम्बी है तथा रूपा से उम्र में बड़ी है।

(i) यदि उन्हें लम्बाई के बढ़ते क्रम में व्यवस्थित किया जाए, तो उनमें से कौन तीसरे स्थान पर होगी?

(a) मोनिका (b) मोनिका या रूपा (c) रूपा (d) इनमें से कोई नहीं

(ii) यदि इन सभी को आयु के घटते क्रम में व्यवस्थित किया जाए, तो कौन तीसरे स्थान पर होगी?

(a) मोनिका या रूपा (b) मोनिका (c) कामिनी (d) इनमें से कोई नहीं

7 अपने पड़ाव से प्रत्येक 40 मिनट पर इलाहाबाद के लिए एक बस रवाना होती है। एक इनक्वेरी क्लर्क ने एक यात्री से कहा कि 10 मिनट पहले एक बस चली गई है और अगली बस 9 : 45 बजे सुबह इलाहाबाद के लिए रवाना होगी। बताइए कि पूछताछ क्लर्क ने यात्री को यह जानकारी कितने बजे दी थी?

(a) 9 : 00 (b) 9 : 20 (c) 9 : 15 (d) 9 : 30

8 आशीष ने हिमानी से कहा ''तुम्हारे एकमात्र भाई का बेटा मेरी पत्नी का भाई है। हिमानी किस प्रकार आशीष की पत्नी से सम्बन्धित है?

(a) बहन (b) आन्टी

(c) माँ (d) व्याख्या नहीं की जा सकती

9 निम्नलिखित जानकारी को ध्यानपूर्वक पढ़िए और नीचे दिए गए प्रश्नों के उत्तर दीजिए। छः व्यक्ति A, B, C, D, E तथा F एक षट्भुजाकार मैदान के कोनों पर बैठे हैं। षट्भुज की सभी भुजाओं की लम्बाई समान है। A, B या C के अगल-बगल नहीं है। D, C या E के अगल-बगल नहीं है। B और C अगल-बगल बैठे हैं। F, D तथा C के बीच में है।

(i) निम्न में से कौन-सा युग्म सही पड़ोसियों का नहीं है?

(a) A और F (b) D और F (c) B और F (d) C और F

(ii) जितनी दूर E से D है, उतनी ही दूर D से कौन है?

(a) B (b) C (c) D (d) F

10 नीचे दिए गए परिच्छेद को पढ़िए और उसके आगे आने वाले प्रश्नांशों के उत्तर दीजिए। A,B,C,D,E तथा F एक परिवार के सदस्य हैं। वे इन्जीनियर, आशुलिपिक, डॉक्टर, ड्राफ्ट्समैन, विधिवक्ता और न्यायाधीश हैं जरूरी नहीं इसी क्रम में हों। इन्जीनियर A, महिला आशुलिपिक से विवाहित है। न्यायाधीश, विधिवक्ता से विवाहित है। ड्राफ्ट्समैन F, B का पुत्र एवं E का भाई है। विधिवक्ता C, D की पुत्रवधू है। डॉक्टर E, अविवाहित है। D, F की दादी है। परिवार में दो विवाहित दम्पत्ति हैं।

(i) B का व्यवसाय क्या है?

(a) न्यायाधीश (b) विधिवक्ता

(c) ड्राफ्ट्समैन (d) निर्धारित नहीं किया जा सकता

(ii) निम्नलिखित में से कौन दम्पत्ति है/हैं?

(a) केवल AD (b) केवल BC

(c) AD और BC दोनों (d) AC और BD दोनों

(iii) D का व्यवसाय क्या है?

(a) न्यायाधीश (b) आशुलिपिक

(c) डॉक्टर (d) निर्धारित नहीं किया जा सकता

11 देवेश अपने घर से सुबह 6 :40 पर निकलता है और 25 मिनट में रमेश के घर पहुँच जाता है। उसके बाद 15 मिनट में दोनों नाश्ता कर लेते हैं और अपने ऑफिस के लिए रवाना हो जाते हैं। रास्ते में उन्हें 35 मिनट लगते हैं। अपने ऑफिस पहुँचने के लिए वे रमेश के घर से कब रवाना होते हैं?

(a) 7 : 15 (b) 7 : 20 (c) 7 : 25 (d) 7 : 30

12 सोहन 10 किमी पूर्व की ओर चलता है। इसके बाद वह अपनी दाईं ओर मुड़ जाता है और 15 किमी चलता है। पुनः वह अपने दाईं ओर 10 किमी चलता है। इसके बाद वह अपने बाईं ओर मुड़ जाता है और 20 किमी चलता है। बताइए कि वह अपने प्रारम्भिक स्थान से कितनी दूरी पर और किस दिशा में है?

(a) 25 किमी, उत्तर
(b) 35 किमी, दक्षिण
(c) 45 किमी, दक्षिण
(d) 35 किमी, उत्तर

13 पाँच व्यक्ति A, B, C, D और E या तो रक्षक हैं या चोर। रक्षक सदैव सत्य बोलते हैं, जबकि चोर सदैव झूठ बोलते हैं। A दावा करता है कि B रक्षक है। B दावा करता है कि C चोर है। C दावा करता है कि D चोर नहीं है। E दावा करता है कि A रक्षक है। D दावा करता है कि B और E अलग प्रकृति के हैं। चोरों की संख्या है

(a) 1
(b) 2
(c) 3
(d) 4

14 **निर्देश** (i-ii) *निम्नलिखित कथनों को ध्यानपूर्वक पढ़िए एवं नीचे दिए गए प्रश्नों के उत्तर दीजिए।*

छः बल्लेबाजों (सहवाग, गम्भीर, द्रविड, धोनी, युवराज एवं तेन्दुलकर) एवं चार गेंदबाजों (प्रवीन, आरपी सिंह, कपिल देव, ईशान्त) के एक बैच से छः खिलाड़ियों का एक दल अन्तर्राष्ट्रीय क्रिकेट लीग में हिस्सा लेने के लिए चुना जाना है। चयन की कुछ शर्तें इस प्रकार हैं

I. गम्भीर एवं धोनी को एकसाथ होना है।
II. द्रविड़, आरपी सिंह के साथ नही जा सकते हैं।
III. तेन्दुलकर, सहवाग या धोनी के साथ नहीं जा सकते हैं।
IV. प्रवीन एवं कपिल देव को एकसाथ होना हैं।
V. प्रवीन, ईशान्त के साथ नहीं जा सकते हैं।
VI. सहवाग एवं युवराज को एकसाथ होना है।

जब तक अन्यथा न कहा जाए, उपरोक्त शर्तें सभी प्रश्नों के लिए लागू होती हैं।

(i) यदि चार सदस्य, जिसमें युवराज शामिल हैं, को बल्लेबाज होना है एवं एक गेंदबाज कपिल देव को होना है, तो टीम में सम्मिलित होंगे

(a) सहवाग, गम्भीर, धोनी, युवराज, कपिल देव, ईशान्त
(b) गम्भीर, धोनी, युवराज, तेन्दुलकर, प्रवीन, कपिल देव
(c) सहवाग, धोनी, युवराज, तेन्दुलकर, प्रवीन, कपिल देव
(d) सहवाग, गम्भीर, धोनी, युवराज, प्रवीन कपिल देव

(ii) यदि कम-से-कम तीन सदस्य गेंदबाज होने हैं एवं द्रविड़, आरपी सिंह के साथ टीम में जाने के लिए सहमत होते हैं लेकिन आरपी सिंह, सहवाग के साथ टीम में जाने से मना करते हैं, तो टीम में सम्मिलित होंगे

(a) गम्भीर, धोनी, युवराज, प्रवीन, आरपी सिंह, ईशान्त
(b) गम्भीर, द्रविड़, धोनी, प्रवीन, कपिल देव, ईशान्त
(c) प्रवीन, ईशान्त, कपिल देव, सहवाग, द्रविड़, युवराज
(d) प्रवीन, आरपी सिंह, कपिल देव, गम्भीर, द्रविड़, धोनी

(iii) यदि द्रविड़ को सम्मिलित करके तीन सदस्य बल्लेबाज होते हैं एवं ईशान्त, प्रवीन के साथ टीम में होने के लिए सहमत होते हैं, परन्तु तब युवराज ऐसा करने के लिए मना करते हैं, तो टीम के दूसरे खिलाड़ी कौन-से होंगे?

(a) गम्भीर, धोनी, आरपी सिंह

(b) गम्भीर, धोनी, कपिल देव

(c) युवराज, तेन्दुलकर, ईशान्त

(d) सहवाग, युवराज, आरपी सिंह

15 निर्देश (i-ii) *नीचे दी गई जानकारी को पढ़कर उस पर आधारित प्रश्नों के उत्तर दीजिए।* एक शो के ऑडिशन भारत के विभिन्न सात शहरों चेन्नई, बंगलुरु, कोचीन, मुम्बई, दिल्ली, भोपाल और कोलकाता वर्ष 2011 के पहले सात महीने के दौरान (जनवरी से शुरू होकर जुलाई में समाप्त) हुए, पर जरूरी नहीं कि इसी क्रम में हों। एक महीने के दौरान केवल एक ही शहर में ऑडिशन हुए। कोलकाता ऑडिशन और कोचीन ऑडिशन के बीच केवल चार शहरों में ऑडिशन हुए। कोलकाता में ऑडिशन जून में नहीं हुआ था। कोलकाता ऑडिशन और बंगलुरु ऑडिशन के बीच केवल एक ऑडिशन हुआ। चेन्नई ऑडिशन कोलकाता ऑडिशन के तत्काल बाद हुआ था। दिल्ली ऑडिशन भोपाल ऑडिशन से तत्काल पहले हुआ। भोपाल ऑडिशन मई में नहीं हुआ था।

(i) मुम्बई ऑडिशन और चेन्नई ऑडिशन के बीच कितने ऑडिशन हुए?

(a) एक (b) दो (c) तीन (d) कोई नहीं

(e) तीन से अधिक

(ii) दिए गए क्रम के अनुसार निम्न में से कौन-सा कथन सही है?

(a) मुम्बई ऑडिशन जुलाई में हुआ था

(b) दिल्ली ऑडिशन अप्रैल में हुआ था

(c) कोचीन ऑडिशन मई से पहले हुआ था

(d) कोलकाता ऑडिशन जनवरी में हुआ था

(e) कोई सत्य नहीं है

(iii) दिए गए क्रम के आधार पर निम्नलिखित पाँच में से चार किसी प्रकार एकसमान हैं, इसलिए उनका एक समूह बनता है। वह एक कौन-सा है जो इस समूह में नहीं आता है?

(a) जनवरी-कोलकाता (b) मार्च-बंगलुरु

(c) जून-कोचीन (d) मई-दिल्ली

(e) फरवरी-चेन्नई

विजुअल
IQ टेस्ट 1

(श्रृंखला, आव्यूह पूर्ति, आकृति पूर्ति, सादृश्यता, वर्गीकरण, जल प्रतिबिम्ब, दर्पण प्रतिबिम्ब, आकृति निर्माण)

1 निम्न में से कौन-सी आकृति सबसे विषम है?

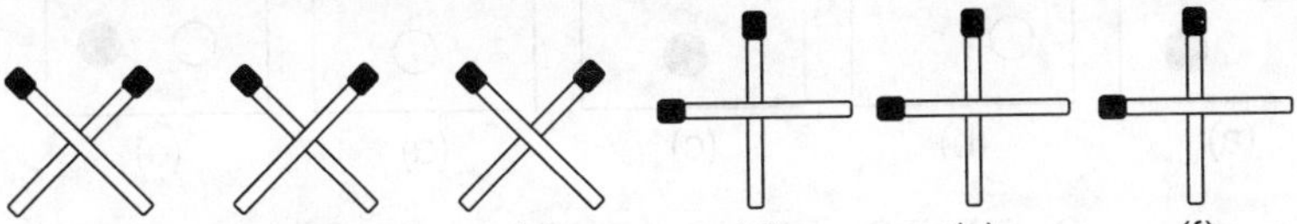

(a) (b) (c) (d) (e) (f)

2 (i) नीचे दी गई कौन-सी आकृति खाली जगह को भरेगी?

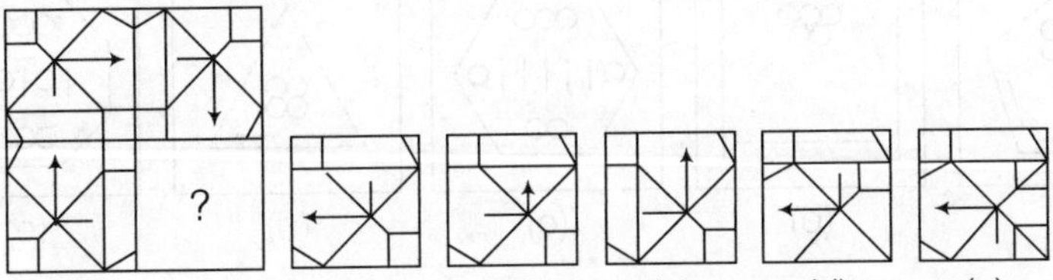

(a) (b) (c) (d) (e)

(ii) दिए गए प्रश्न में कौन-सी आकृति प्रश्न आकृति के प्रतिरूप को पूरा करेगी?

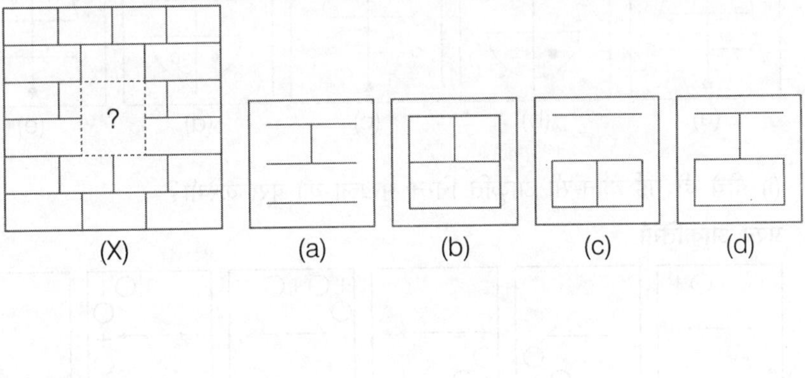

(X) (a) (b) (c) (d)

3 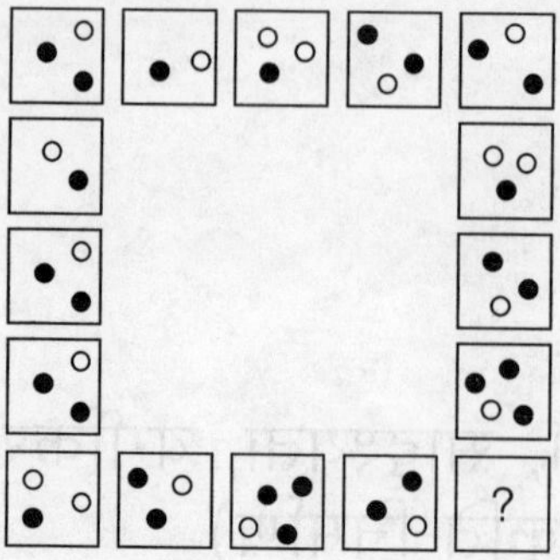

नीचे दी गई कौन-सी आकृति प्रश्नचिन्ह (?) के स्थान पर आएगी?

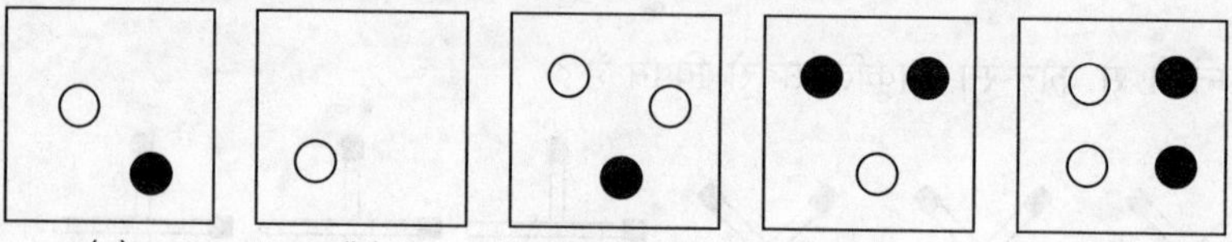

(a) (b) (c) (d) (e)

4 निम्न प्रश्न आकृतियों में से विषम आकृति को चुनें।

(i)

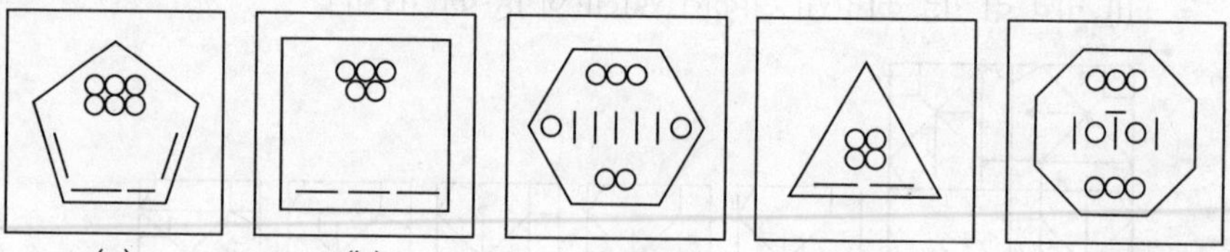

(a) (b) (c) (d) (e)

(ii)

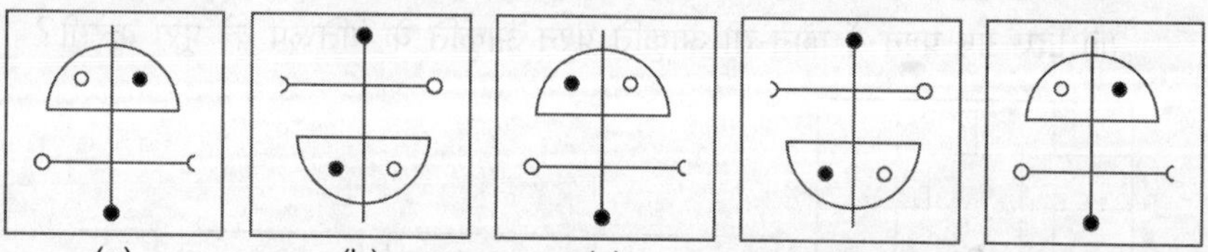

(a) (b) (c) (d) (e)

5 (i) नीचे दी गई कौन-सी आकृति निम्न शृंखला को पूरा करेगी?

प्रश्न आकृतियाँ

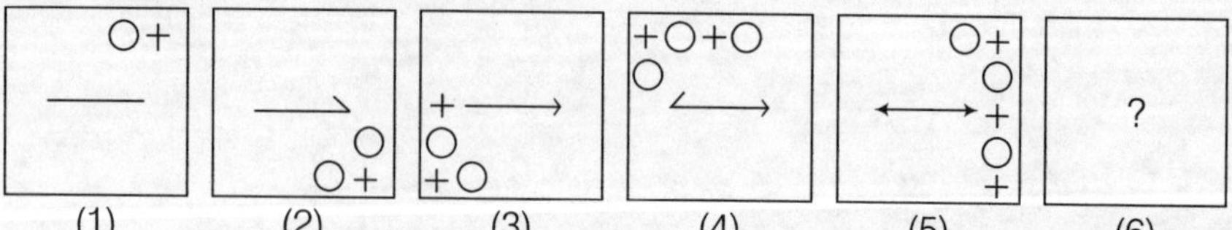

(1) (2) (3) (4) (5) (6)

उत्तर आकृतियाँ

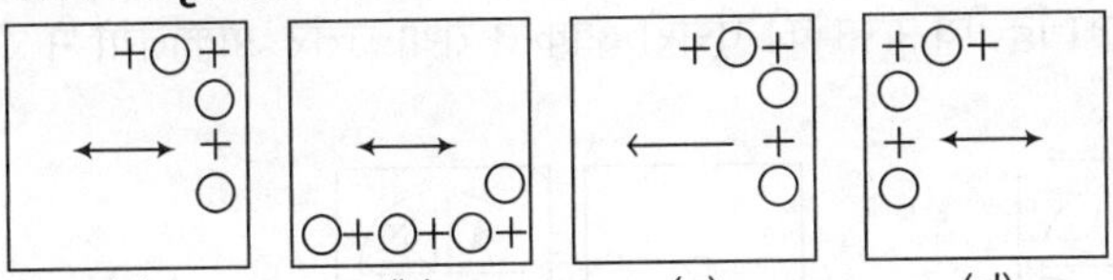

(a) (b) (c) (d)

(ii) निम्न व्यवस्था में अगली आकृति क्या होगी?

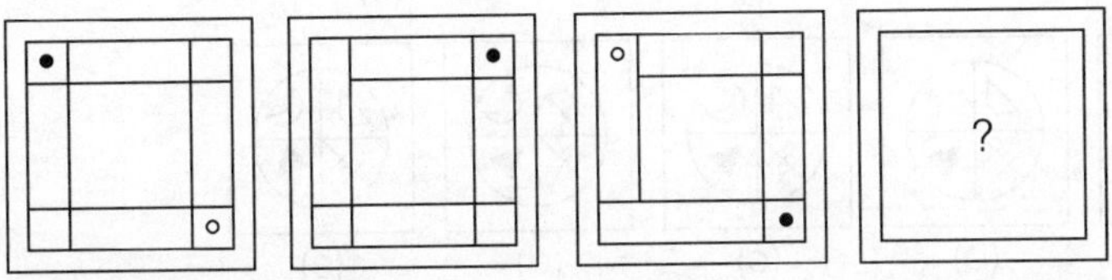

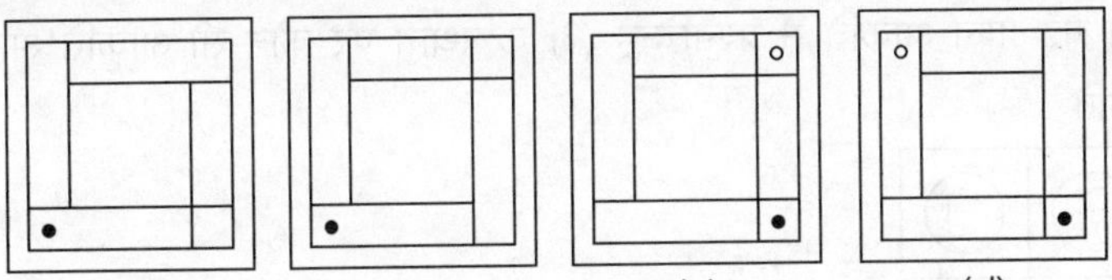

(a) (b) (c) (d)

(iii) कौन-सी आकृति दी गई श्रृंखला को आगे बढ़ाएगी?

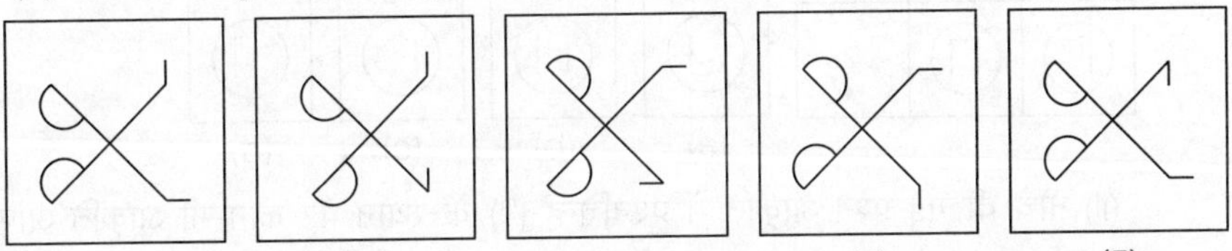

(1) (2) (3) (4) (5)

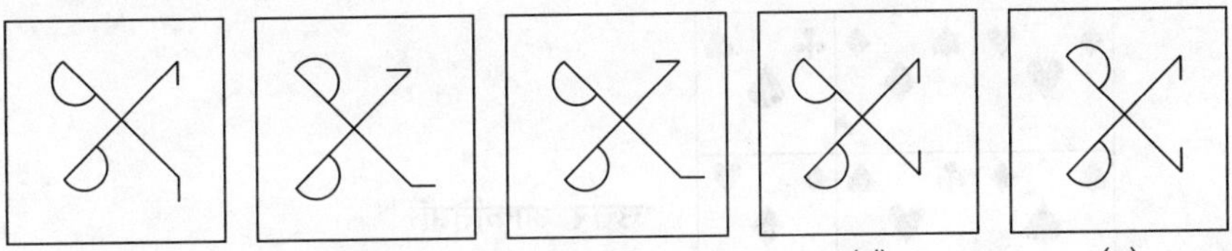

(a) (b) (c) (d) (e)

6 (i) नीचे दिए गए अक्षरों, संख्याओं और संकेतों के समूह के सही दर्पण प्रतिबिम्ब का चयन कीजिए।

Nu56p7uR$#

(a) #$Ru7p65uN (b) #$Яn7q6ᘔuИ

(c) #$Яu7q65uИ (d) #$Яu7ᑯ65uИ

(ii) नीचे दिए गए अक्षरों, संख्याओं और संकेतों के समूह के सही जल प्रतिबिम्ब का चयन कीजिए।

BK50RP62b©!

(a) BK50RP62p© i (b) BK50RP62p©i

(c) BK50RP62q©i (d) BK50RP62i©P

7 निम्न प्रश्न आकृतियों के प्रथम युग्म की पहली आकृति तथा दूसरी आकृति में एक विशेष सम्बन्ध है। यही सम्बन्ध द्वितीय युग्म की दूसरी आकृति तथा उत्तर आकृतियों में से एक में है। वह आकृति चुनें।

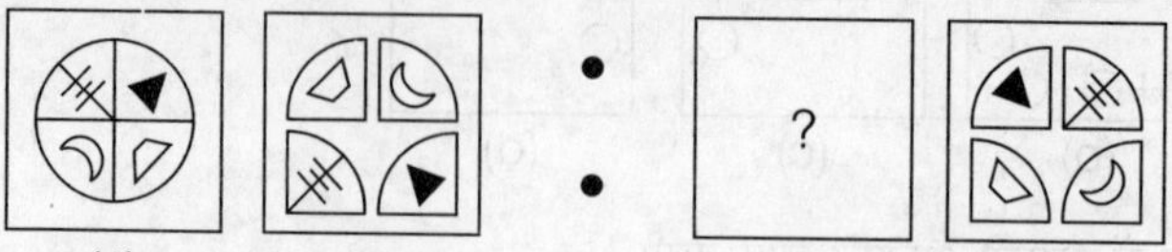

(1) (2) (3) (4)

(a) (b) (c) (d) (e)

8 (i) नीचे दी गई प्रश्न आकृति में प्रश्नचिन्ह (?) के स्थान पर कौन-सी आकृति आएगी?

प्रश्न आकृति

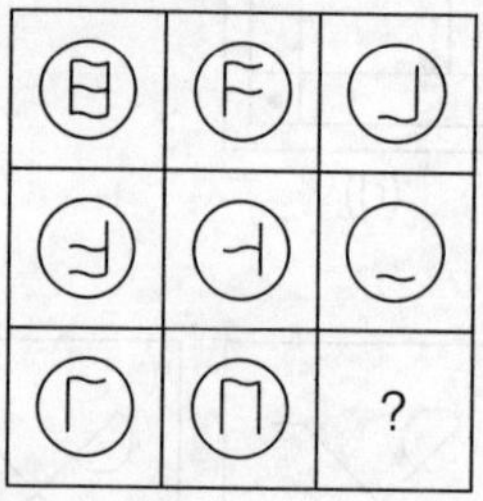

उत्तर आकृतियाँ

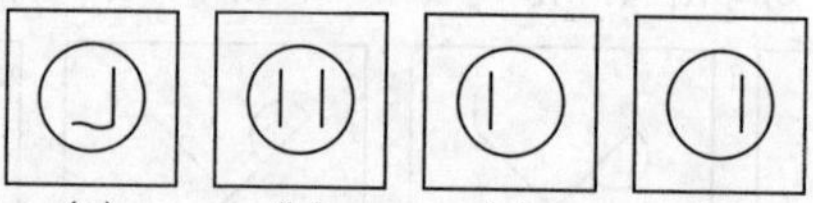

(a) (b) (c) (d)

(ii) नीचे दी गई प्रश्न आकृति में प्रश्नचिन्ह (?) के स्थान पर कौन-सी आकृति आएगी?

प्रश्न आकृति

उत्तर आकृतियाँ

(a) (b) (c) (d)

9 दो प्रश्न आकृतियाँ दी गई हैं। दोनों में एकसमान गुण हैं। वही गुण किस उत्तर आकृति में है?

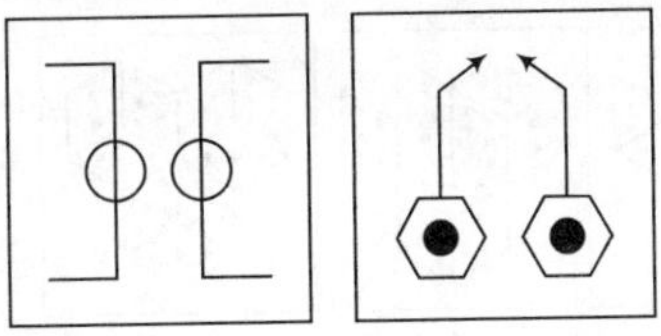

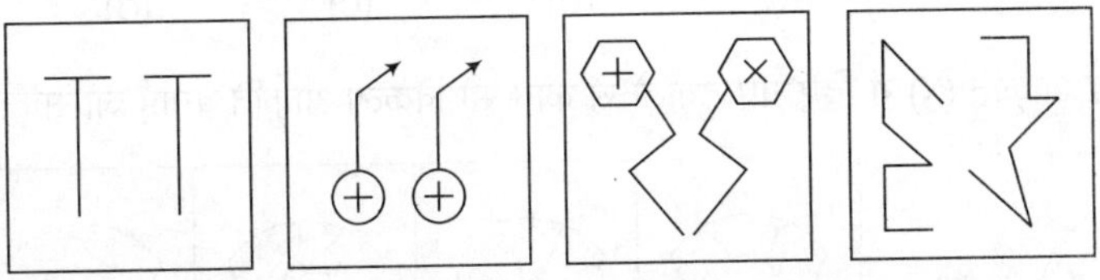

(a) (b) (c) (d)

10 निम्न शृंखला में प्रश्नचिन्ह (?) के स्थान पर क्या आएगा?

(a) (b) (c) (d)

11 नीचे दी गई आकृतियों का दर्पण प्रतिबिम्ब ज्ञात कीजिए।

(i)

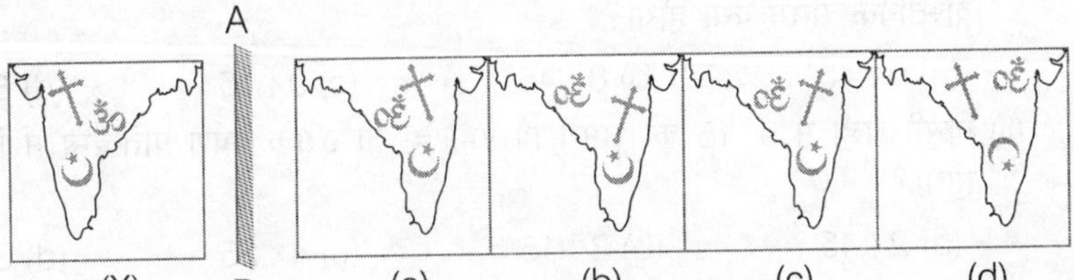

(X) (a) (b) (c) (d)

(ii)

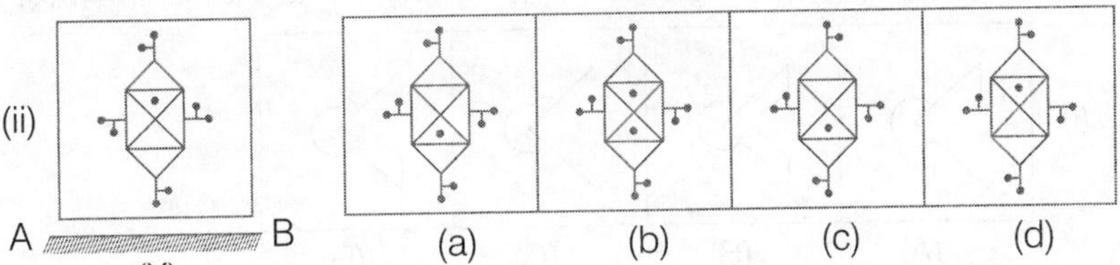

(X) (a) (b) (c) (d)

12 नीचे दी गई आकृति (X) का जल प्रतिबिम्ब ज्ञात कीजिए।

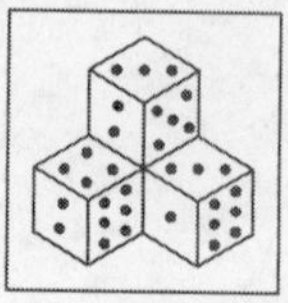

(X)

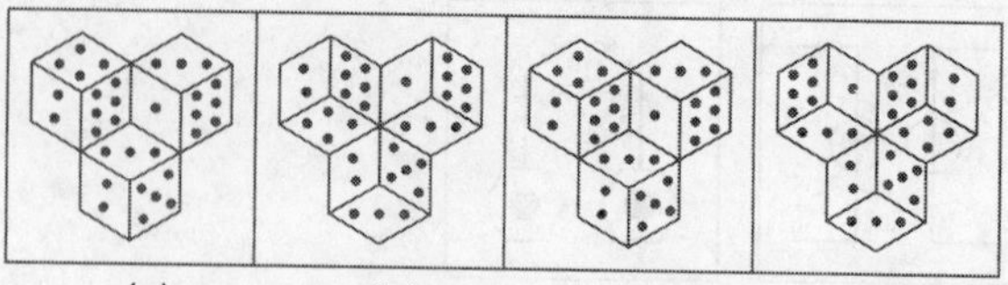

(a) (b) (c) (d)

13 नीचे दी गई आकृति (X) में दिए गए टुकड़ों से कौन-सी विकल्प आकृति बनाई जा सकती है?

(i)

(X)

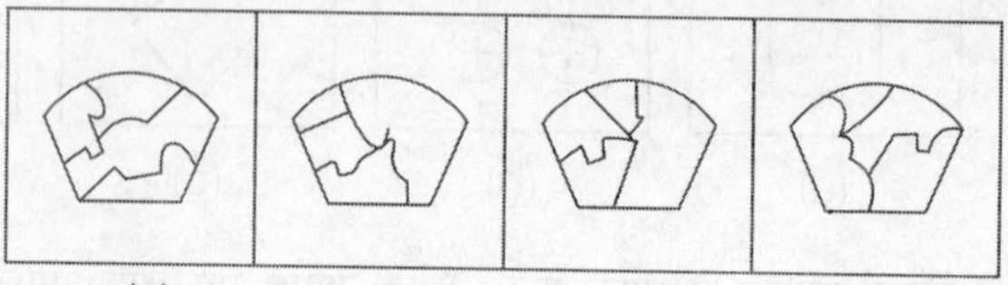

(a) (b) (c) (d)

(ii)

(X)

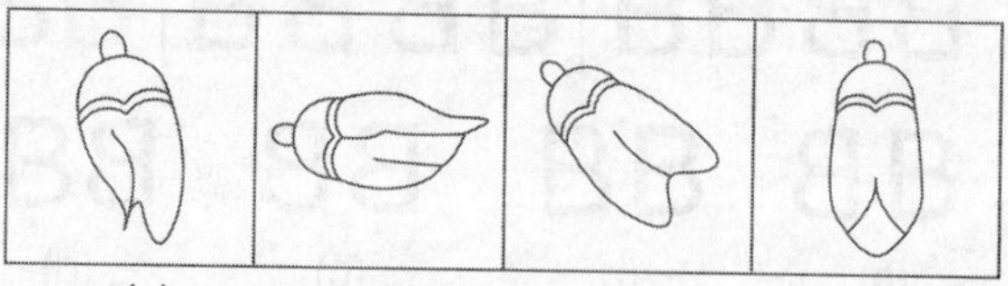

(a) (b) (c) (d)

14 (i) किसी घड़ी के दर्पण प्रतिबिम्ब को देखने पर उसमें 3 :15 का समय प्रतीत होता है। घड़ी में वास्तविक समय क्या होगा?

(a) 9 : 45 (b) 8 : 45 (c) 9 : 15 (d) 8 : 15

(ii) किसी घड़ी में 9 :15 का समय हो रहा है, तो इसके दर्पण प्रतिबिम्ब में कितना समय होगा?

(a) 2 : 45 (b) 3 : 15 (c) 4 : 25 (d) 8 : 15

15 नीचे दी गई आकृतियों को युक्ति क्रम में व्यवस्थित कर सही उत्तर को चुनिए।

(i)

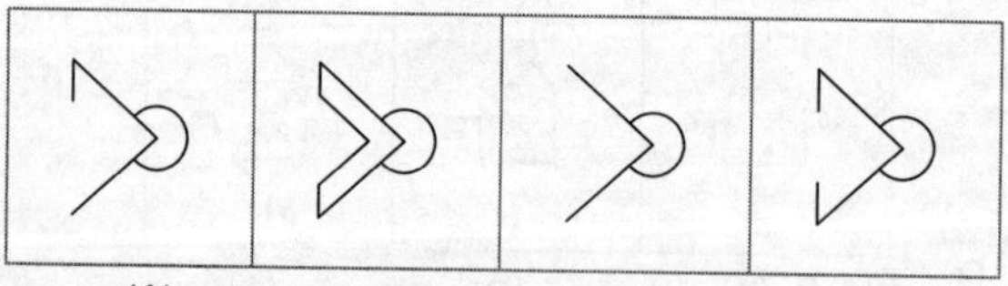

(A) (B) (C) (D)

(a) ABCD (b) DCAB (c) CADB (d) ACBD

(ii)

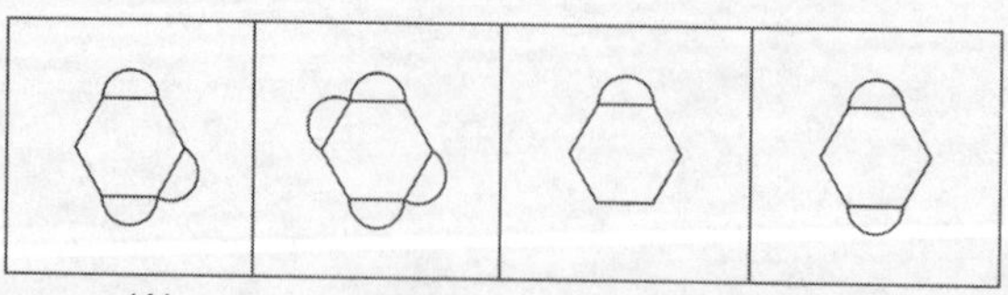

(A) (B) (C) (D)

(a) ABCD (b) CDAB (c) CDBA (d) DCAB

विजुअल
IQ टेस्ट 2

(आकृतियों की गिनती, कागज मोडना, कागज काटना, आकृतियों में बिन्दुओं की स्थिति, सन्निहित आकृतियाँ, घन एवं पासा, वेन आरेख तथा आकृतियों का समूहीकरण)

1 (i) निम्न आकृति में कितने समचतुर्भुज हैं?

(a) 15 (b) 16 (c) 18 (d) 23

(ii) निम्न आकृति में कितने वर्ग हैं?

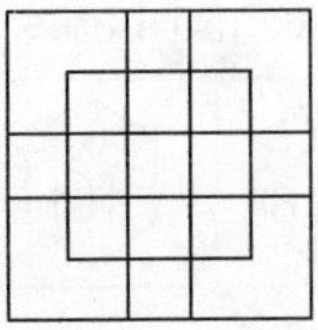

(a) 18 (b) 19 (c) 25 (d) 27

(iii) निम्न आकृति में कितने त्रिभुज हैं?

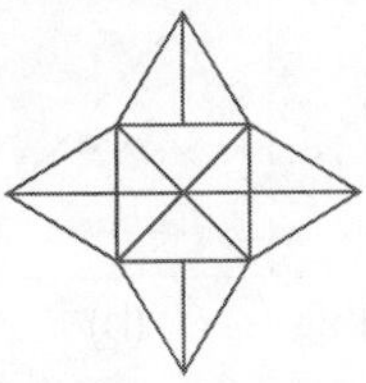

(a) 18 (b) 28 (c) 20 (d) 24

2 ऐसी विकल्प आकृति का चयन कीजिए, जो पारदर्शी कागज (X) को बिन्दुमय रेखा पर मोड़ने पर प्राप्त होगी।

(i)

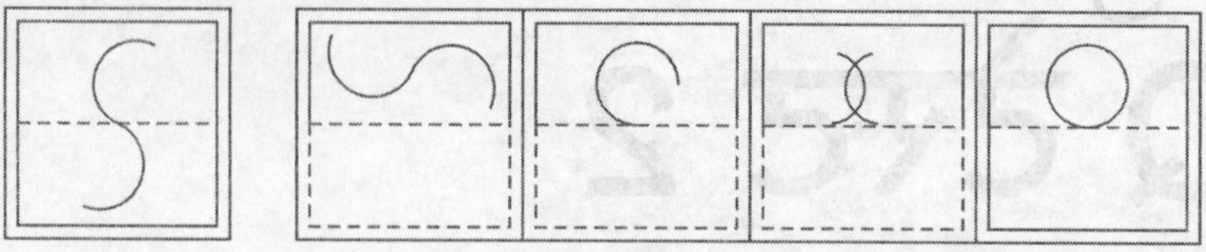

(X) (a) (b) (c) (d)

(ii)

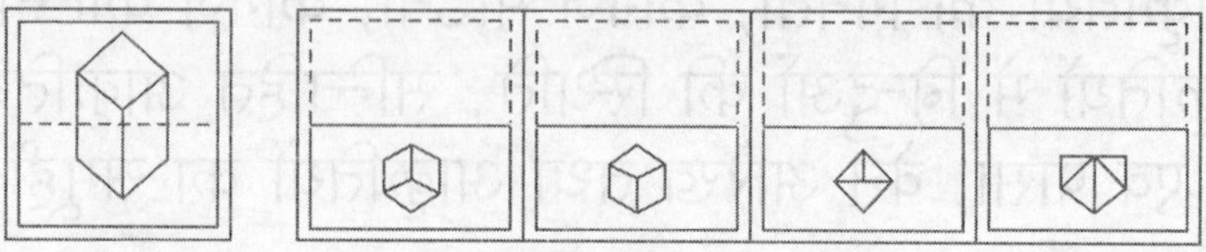

(X) (a) (b) (c) (d)

3 (i) नीचे दी गई विकल्प आकृति को मोड़कर कौन-सा पासा/घन बनाया जा सकता है?

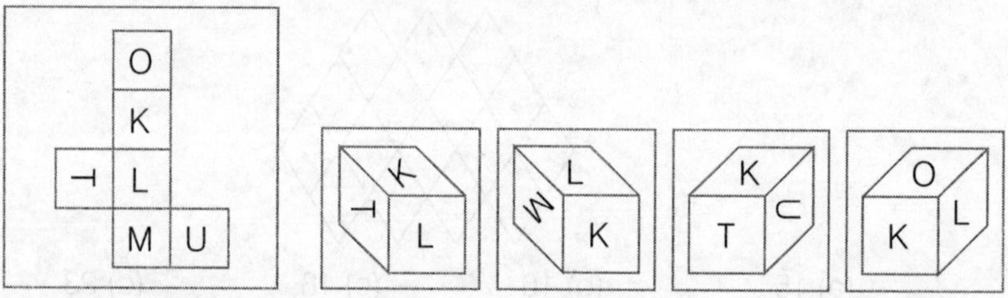

(a) (b) (c) (d)

(ii) नीचे एक पासे की विभिन्न स्थितियाँ दिखाई गई हैं। 'X' के स्थान पर क्या आएगा?

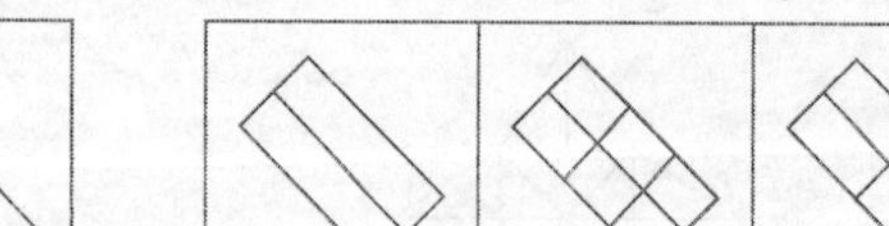

(a) 3 (b) 5 (c) 2 (d) 1

4 नीचे दी गई विकल्प आकृतियों में से किस विकल्प आकृति में आकृति (X) सन्निहित है?

(i)

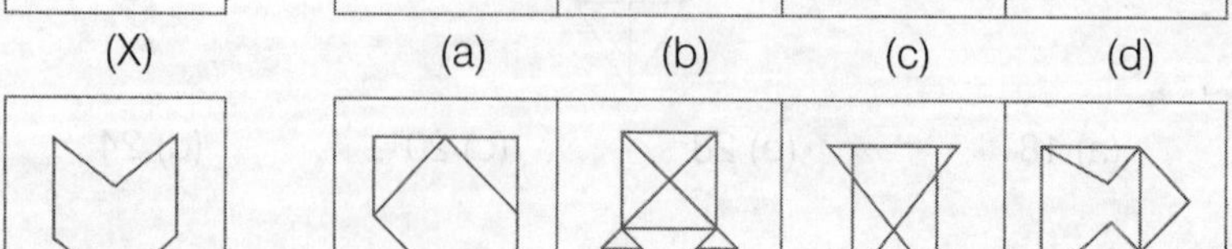

(X) (a) (b) (c) (d)

(ii)

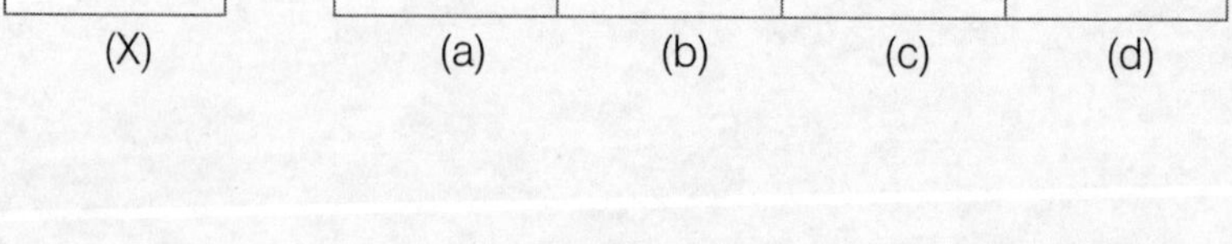

(X) (a) (b) (c) (d)

5 ऐसी विकल्प आकृति का चयन कीजिए, जिसमें बिन्दु रखने पर वही प्रतिबन्ध स्थापित हो, जैसा आकृति (X) में है।

(i)

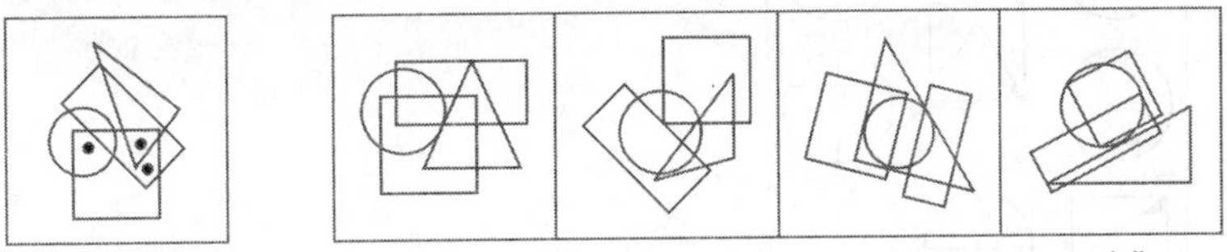

(X) (a) (b) (c) (d)

(ii)

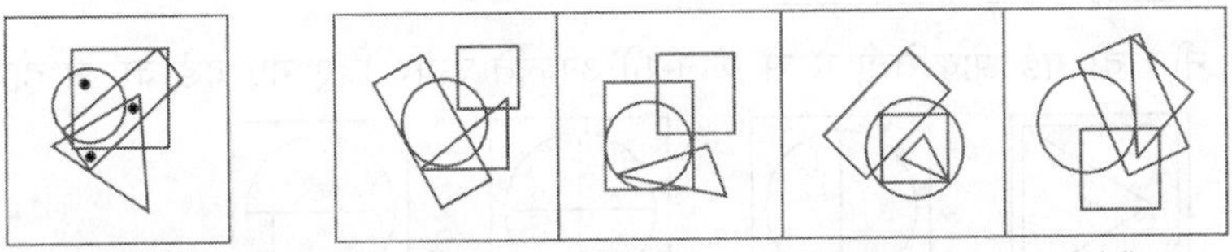

(X) (a) (b) (c) (d)

6 नीचे दी गई आकृति में अक्षरांकित ब्लॉकों से संलग्न ब्लॉकों की संख्या को नीचे दिए गए अक्षरों के सामने रिक्त बॉक्सों में भरिए।

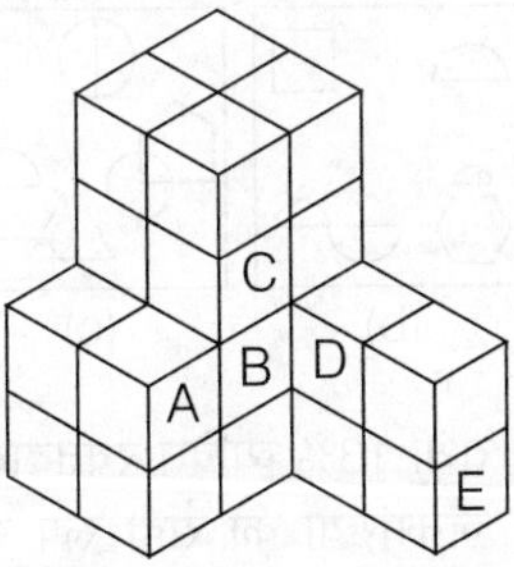

A	
B	
C	
D	
E	

7 यदि कागज के वर्गाकार टुकड़े को बीच से दो बार मोड़ा जाए और आकृति (Z) में दिखाए गए आधार पर काटा जाए, तो उसे खोलने पर वह कैसा दिखेगा? दी गई विकल्प आकृतियाँ (a), (b), (c) और (d) में से सही उत्तर आकृति को चुनिए।

(i)

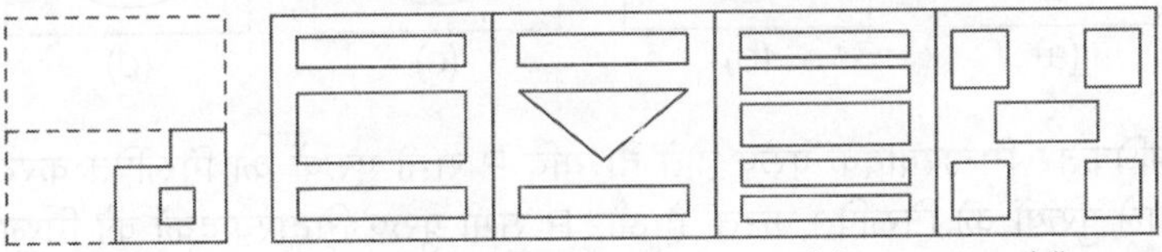

(Z) (a) (b) (c) (d)

(ii)

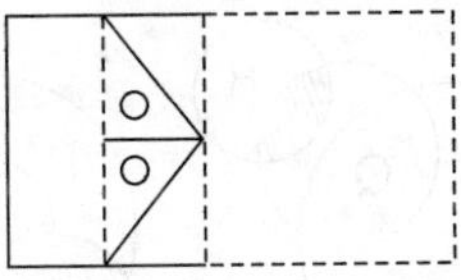

(Z)

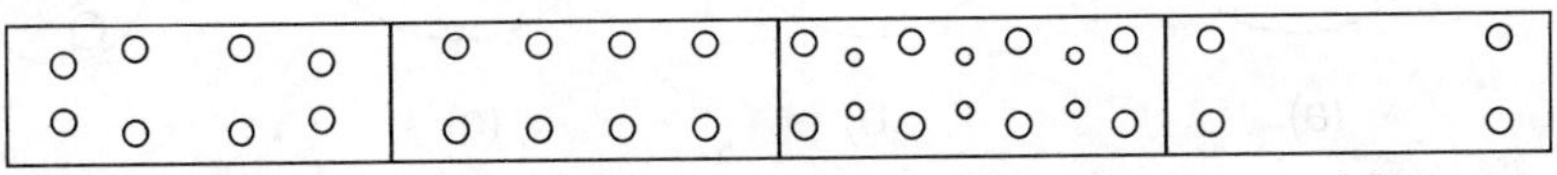

(a) (b) (c) (d)

8

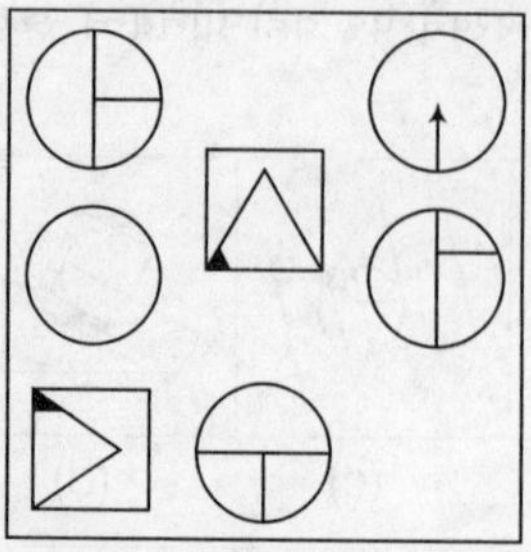

नीचे दी गई आकृतियों में से कौन-सी आकृति ऊपर दिए गए बड़े वर्ग में होनी चाहिए?

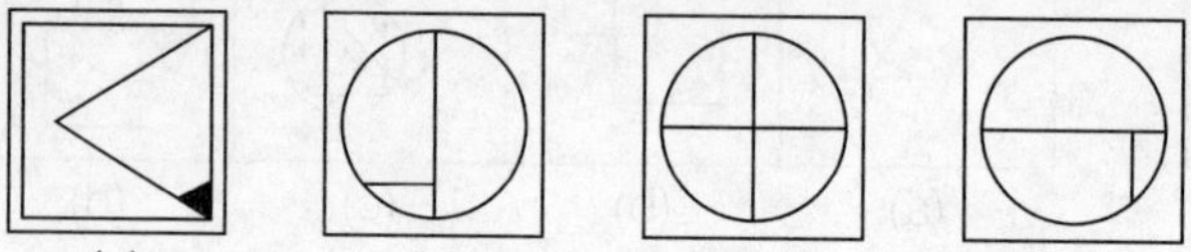

(a) (b) (c) (d)

9 ऐसी विकल्प आकृति का चयन कीजिए, जिसमें आकृति (X) के समान सभी अवयव स्थित हों।

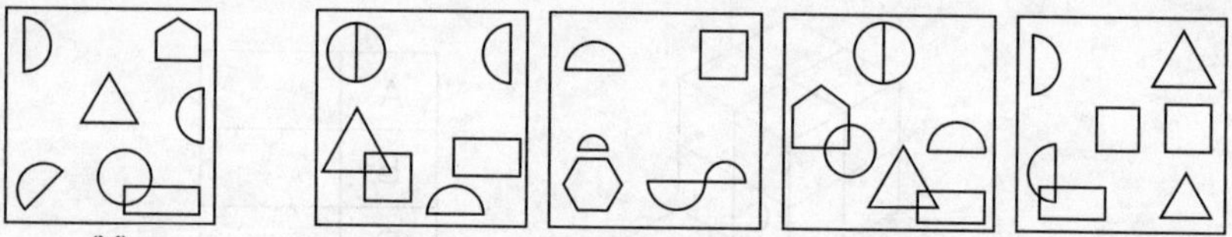

(X) (a) (b) (c) (d)

10 यदि एक गाँव में 12% व्यक्ति कैंसर से तथा 13% व्यक्ति रक्तदाब से पीड़ित हैं, तब निम्न में से कौन-सी आकृति गाँव की बीमार जनसंख्या को सही रूप से दर्शाती है?

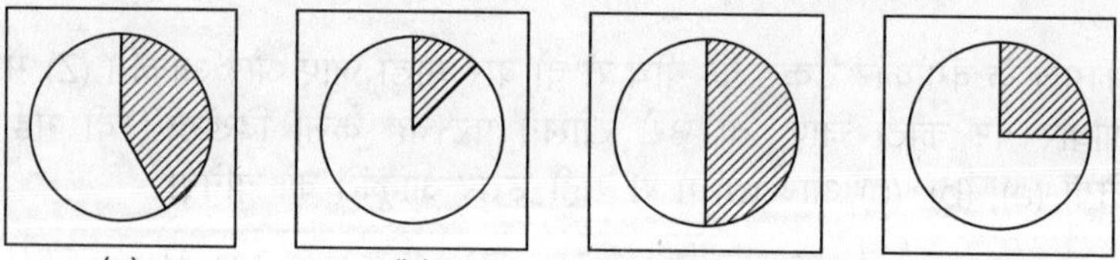

(a) (b) (c) (d)

11 अधिकतर गिटारवादक पुरुष होते हैं। यदि P सभी पुरुषों को निरूपित करता है, Q दाढ़ी वाले पुरुषों को निरूपित करता है और R सभी पुरुष गिटारवादकों को निरूपित करता है, तो उनके सम्बन्ध के लिए सही रेखाचित्र है

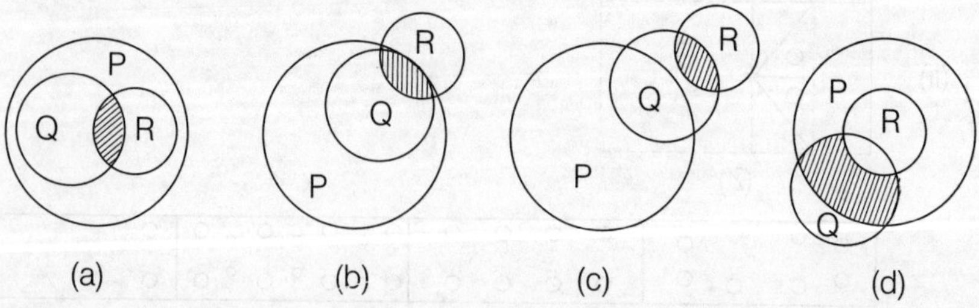

(a) (b) (c) (d)

12 (i) नीचे दी गई पाँच आकृतियों में से किन तीन आकृतियों को मिलाकर एक वर्ग बनाया जा सकता है?

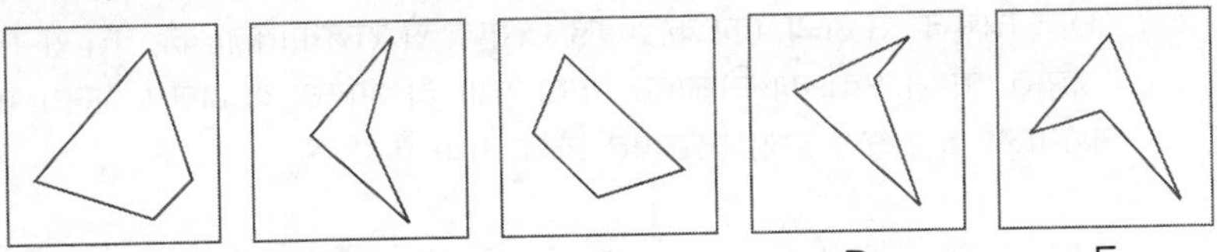

A B C D E

(a) ABD (b) BCD (c) BDE (d) CDE

(ii) नीचे दी गई विकल्प आकृतियों में से ऐसी आकृति का चयन कीजिए, जिसे आकृति (X) में फिट करने पर एक पूर्ण वर्ग बन जाए।

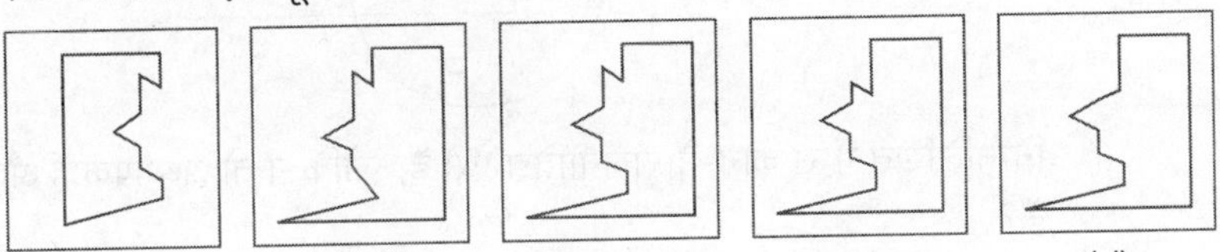

(X) (a) (b) (c) (d)

13 (i) निम्न आकृति में कितने घन हैं?

(a) 42 (b) 44 (c) 46 (d) 48

(ii) एक 4 सेमी के ठोस घन की चार सतह को पीले रंग से, दो विपरीत सतह को नीले रंग से रंगा गया है। इसे 64 छोटे-छोट घनों में काटा गया है। ऐसे कितने घन हैं, जिनकी कम-से-कम एक सतह पीले रंग से रंगी हो?

(a) 16 (b) 24 (c) 32 (d) 48

14 निम्न आरेख में चार वर्गों के व्यक्तियों को चार पृथक्-पृथक् आकृतियों द्वारा दर्शाया गया है। ये आकृतियाँ एक-दूसरे को विच्छेदित करते हुए आपस में संयुक्त हैं। दिए गए आरेख में 'छोटे त्रिभुज' से अध्यापकों को, 'बड़े त्रिभुज' से राजनीतिज्ञों को, वृत्त से स्नातकों को तथा 'आयत' से सांसदों को निरूपित किया गया है। आरेख के अलग-अलग भागों को अंग्रेजी वर्णमाला के अक्षरों द्वारा निरूपित किया गया है

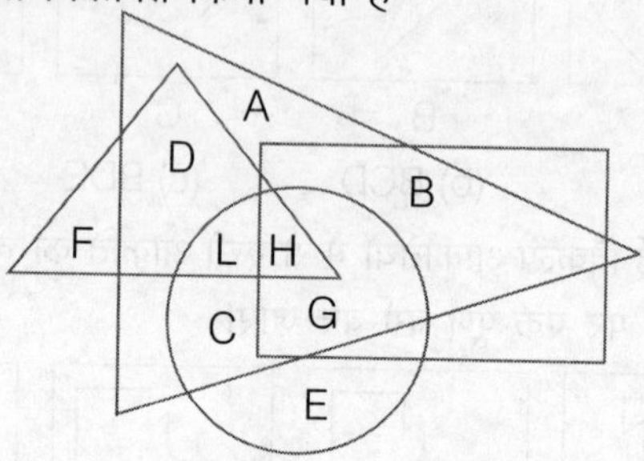

(i) निम्नलिखित में से कौन-से राजनीतिज्ञ ऐसे हैं, जोकि न तो अध्यापक हैं और न ही स्नातक हैं?

(a) C और D (b) B और G (c) L और H (d) A और B

(ii) निम्नलिखित में से ऐसे संसद सदस्य कौन हैं, जोकि स्नातक भी हैं और अध्यापक भी हैं?

(a) C (b) L (c) H (d) G

(iii) निम्नलिखित में से कौन-सा राजनीतिज्ञों का समूह संसद सदस्य नहीं है?

(a) A, D, L, C (b) C, L, H, G (c) D, L, C, H (d) A, L, C, G

15 नीचे आकृतियों का अनुक्रम दिया गया है, जिसका वर्गों में समूहीकरण किया जा सकता है। उस समूह को चुनिए, जिसमें आकृतियों को समूहबद्ध किया जा सकता है

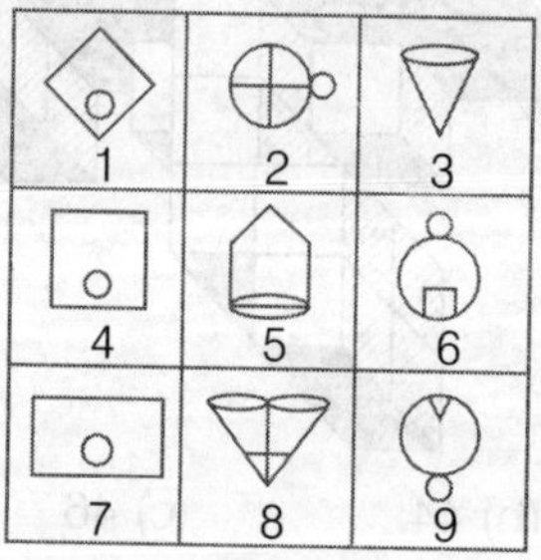

(a) (1, 2, 4); (3, 5, 6); (8, 7, 9) (b) (9, 7, 6); (5, 3, 1); (4, 8, 2)

(c) (2, 3, 4); (7, 6, 5); (9, 8, 1) (d) (1, 4, 7); (2, 6, 9); (3, 5, 8)

न्यूमेरिकल IQ टेस्ट 1

(श्रृंखला, लुप्त पद, गलत पद, गणितीय संक्रियाएँ, औसत, प्रतिशत, कार्य एवं समय, चाल और समय, मिश्रण)

1 नीचे दी गई आकृति में लुप्त संख्या ज्ञात करें।

(i)

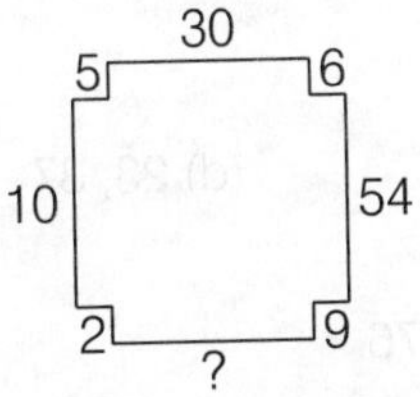

(a) 5 (b) 6 (c) 17 (d) 18

(ii)

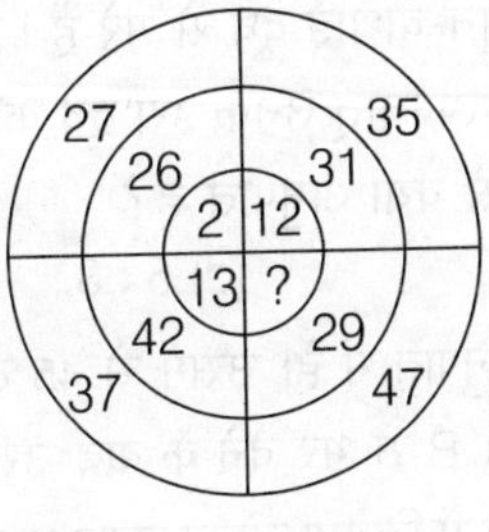

(a) 12 (b) 11 (c) 10 (d) 13

2 नीचे दी गई सारणी में एक मैरिज हॉल के कार पार्किंग शुल्क को दर्शाया गया है। इसे ध्यानपूर्वक पढ़िए और प्रश्न का उत्तर दीजिए।

समय	1 घण्टे तक	1 से 2 घण्टे	2 से 3 घण्टे	3 से 4 घण्टे	4 घण्टे के बाद
शुल्क	₹ 10	₹ 15	₹ 17	₹ 20	₹ 30 प्रति घण्टा

यदि मैं अपनी कार सुबह 8 : 30 बजे खड़ी करता हूँ और उसे सायं 3 : 20 बजे ले जाता हूँ, तब मुझे कितने रुपये शुल्क देना होगा?

(a) 152 (b) 162 (c) 172 (d) 180

3 किसी भी गणितीय चिन्ह का प्रयोग करके नीचे दिए गए प्रश्नों को हल करें।

(i) 222 = 6 (ii) 333 = 6 (iii) 444 = 6 (iv) 555 = 6

(v) 666 = 6 (vi) 777 = 6 (vii) 888 = 6 (viii) 999 = 6

4 नीचे दी गई आकृति में प्रश्नचिन्ह (?) के स्थान पर कौन-सा अंक आएगा?

(i)

(ii)

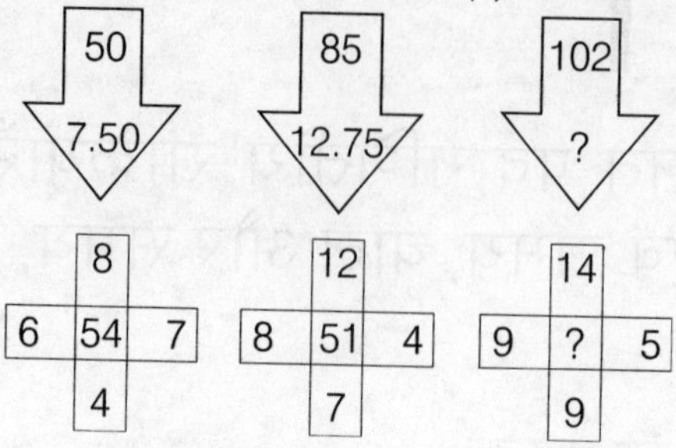

5 (i) दी गई श्रृंखला में अगले दो पद ज्ञात कीजिए।

0, 1, 1, 2, 3, 5, 8, 13, ?, ?

(a) 21, 31 (b) 21,34 (c) 17, 19 (d) 23, 37

(ii) नीचे दी गई श्रृंखला में गलत पद ज्ञात कीजिए।

1236, 2346, 3456, 4576

(a) 1236 (b) 2346 (c) 3456 (d) 4576

6 (i) समान आयतन के दो गिलास क्रमशः आधे और तीन-चौथाई दूध से भरे हैं। बाद में उनमें पानी मिलाकर उन्हें लबालब भर दिया जाता है। तत्पश्चात् उनके इस द्रव को दूसरे बर्तन में उड़ेला जाता है। इस बर्तन में दूध का पानी से क्या अनुपात है?

(a) 1 : 3 (b) 2 : 3 (c) 3 : 2 (d) 5 : 3

(ii) एक ड्रम में दो तरल पदार्थ A तथा B, 7 : 8 के अनुपात में हैं। उसमें से 45 लीटर मिश्रण निकालकर उसके स्थान पर 42 लीटर तरल पदार्थ B से भर देने के बाद उसमें A तथा B का अनुपात क्रमशः 1 : 2 हो जाता है। प्रारम्भ में, ड्रम में कितना लीटर तरल पदार्थ था?

(a) 150 लीटर (b) 120 लीटर (c) 75 लीटर (d) 100 लीटर

7 (i) राजीव एक निश्चित समय में उतना ही कार्य कर सकता है, जितना कार्य उसके दो पुत्र मिलकर उतने ही समय में करते हैं। उसके दोनों पुत्र अलग-अलग एक कार्य को क्रमशः 15 और 18 दिनों में कर सकते हैं। अकेला राजीव उस कार्य को कितने समय में पूरा कर सकता है?

(a) 8 दिन (b) $10\frac{5}{11}$ दिन (c) $3\frac{3}{11}$ दिन (d) $8\frac{2}{11}$ दिन

(ii) 12 पुरुष या 15 महिलाएँ किसी कार्य को 4 दिनों में पूरा कर सकते हैं। 6 पुरुषों ने कार्य प्रारम्भ किया और 2 दिन बाद उन्होंने कार्य बन्द कर दिया। शेष कार्य को 3 दिनों में समाप्त करने के लिए कितनी महिलाओं को लगाना चाहिए?

(a) 15 (b) 18 (c) 20 (d) इनमें से कोई नहीं

8 (i) किसी संख्या का तीन गुना, इस संख्या के $\frac{3}{5}$ से 60 अधिक हो, तो वह संख्या क्या होगी?

(a) 45 (b) 25 (c) 35 (d) 30

(ii) एक परीक्षा में 5 छात्रों को अलग-अलग अंक प्राप्त हुए। इन अंकों का गुणनफल 12 है, तो प्रत्येक छात्र के अंक ज्ञात कीजिए।

(a) 13 (b) 14
(c) 12 (d) 15

9 एक माली के पास 1000 पौधे हैं। वह इन पौधों को इस प्रकार लगाना चाहता है जिससे पंक्तियों और स्तम्भों की संख्या समान हो। इसके लिए उसको कम-से-कम कितने और अधिक पौधों की आवश्यकता है?

(a) 23 (b) 20
(c) 25 (d) 24

10 (i) एक व्यक्ति 6 घण्टों में किसी दूरी को, एक तरफ से पैदल चलकर और दूसरी तरफ से गाड़ी में वापसी तय कर सकता है। वह उस दूरी को दोनों तरफ से पैदल चलकर 10 घण्टे में तय कर सकता है। दोनों तरफ गाड़ी चलाकर उस दूरी को तय करने में उसे कितना समय लगेगा?

(a) 2 घण्टे (b) $2\frac{1}{2}$ घण्टे

(c) 4 घण्टे (d) $5\frac{1}{2}$ घण्टे

(ii) एक रेलगाड़ी एक दूरी को 40 किमी/घण्टा की औसत चाल से पूरा करती है और वह बीच में कुछ बार रुकती है। यदि रेलगाड़ी बीच में कभी रुकी नहीं होती, तो वह यह दूरी 60 किमी/घण्टा की औसत चाल से पूरा करती। यह गाड़ी इस दूरी को तय करने में कितने मिनट/घण्टा की औसत चाल से रुकती है?

(a) 20 मिनट/घण्टा (b) 18 मिनट/घण्टा
(c) 15 मिनट/घण्टा (d) 10 मिनट/घण्टा

11 (i) दो संख्याएँ X और Y, तीसरी संख्या Z से क्रमशः 20% और 28% कम हैं। संख्या Y, संख्या X से कितनी प्रतिशत कम है?

(a) 19% (b) 10% (c) 20% (d) 12%

(ii) व्यक्तियों के एक समूह में, 70% व्यक्ति पुरुष हैं और 30% व्यक्ति विवाहित हैं। यदि पुरुषों का $\frac{2}{7}$ भाग विवाहित है, तो महिलाओं का कितना भाग अविवाहित है?

(a) $\frac{2}{3}$ (b) $\frac{3}{2}$ (c) $\frac{4}{5}$ (d) $\frac{5}{4}$

12 (i) एक व्यक्ति के पास कुछ मुर्गियाँ तथा कुछ बकरियाँ हैं। यदि इनके सिरों की संख्या 48 तथा टाँगों की संख्या 140 हो, तो मुर्गियों की संख्या कितनी है?

(a) 21 (b) 27 (c) 26 (d) 30

(ii) किसी परीक्षा में एक विद्यार्थी को किसी संख्या का $\frac{3}{14}$ निकालने को कहा गया। उसने गलती से उस संख्या का $\frac{3}{4}$ निकाल लिया और उसका उत्तर सही उत्तर से 150 अधिक आया। वह संख्या है

(a) 280 (b) 480 (c) 320 (d) 300

13 क्रिकेट के किसी खिलाड़ी का उसके द्वारा खेली गई 8 पारियों में बनाए गए रनों का कोई औसत है। नौंवी पारी में वह 100 रन बनाता है जिससे उसके रनों के औसत में 9 की वृद्धि हो जाती है। उसके रनों का नया औसत है

(a) 28 (b) 29 (c) 30 (d) 31

14 एक कक्षा में 25 छात्रों का औसत भार 50 किग्रा है। यदि उसमें कक्षा के अध्यापक का भार भी शामिल कर लिया जाए, तो औसत भार में 1 किग्रा की वृद्धि हो जाती है। तद्नुसार, उस अध्यापक का भार कितना है?

(a) 75 किग्रा (b) 77 किग्रा (c) 80 किग्रा (d) 76 किग्रा

15 (i) एक व्यक्ति ने चलना आरम्भ किया। पहले घण्टे में वह 2 किमी चला। उसके बाद वह प्रत्येक घण्टे में चली गई दूरी के दो-तिहाई के बराबर चलता है। यदि वह निरन्तर चलता रहे, तो पूर्णतः स्थिर होने तक वह कितनी दूरी तय कर लेगा?

(a) 6 किमी (b) 4 किमी
(c) 8 किमी (d) 10 किमी

(ii) राकेश की नियुक्ति किसी काम पर 30 दिनों के लिए हुई और उसे ₹ 45 प्रतिदिन दिए जाते थे। मनोज की नियुक्ति भी 30 दिनों के लिए हुई तथा उसे प्रथम दिन ₹ 30 दिए गए तथा प्रत्येक अगले दिन ₹1.50 बढ़ाकर दिए गए। किसे अधिक राशि प्राप्त हुई और कितनी?

(a) राकेश, ₹140 (b) मनोज, ₹202.50
(c) राकेश, ₹150.50 (d) मनोज, ₹160

न्यूमेरिकल IQ टेस्ट 2

(ऐकिक नियम, अनुपात एवं समानुपात, साधारण ब्याज, चक्रवृद्धि ब्याज, आयु पर आधारित प्रश्न, आँकड़ों का विश्लेषण एवं आँकड़ों की पर्याप्तता)

1 (i) तीन संख्याओं का योग 315 है। यदि पहली तथा दूसरी संख्या के बीच अनुपात 2 : 3 तथा दूसरी तथा तीसरी संख्या के बीच अनुपात 4 : 5 है, तब दूसरी संख्या ज्ञात कीजिए।

(a) 110 (b) 109 (c) 108 (d) 115

(ii) यदि X का Y से अनुपात, Y का X से अनुपात का 16 गुना है, तब $\frac{X}{Y}$ का मान क्या है?

(a) $\pm\frac{4}{1}$ (b) $\pm\frac{3}{2}$ (c) $\pm\frac{5}{4}$ (d) $\pm\frac{3}{2}$

2 बन्धु एक शहर की ओर कार में यात्रा कर रहा है तथा 50 मील/घण्टा की गति से 50 मील पूरा कर लेता है। कार में 8 गैलन तेल था, लेकिन टैंक में एक छिद्र होने के कारण, अब तेल खत्म हो गया है। यदि कार 40 मील/गैलन के हिसाब से पूरे करती हो, तब कितने गैलन तेल, छिद्र से प्रति घण्टा बह गया?

(a) 5.5 (b) 6.75 (c) 1.25 (d) 4.75

3 (i) यदि चार वर्ष बाद एक परिवार के चार सदस्यों की औसत आयु 192 वर्ष हो, तब सात वर्ष बाद सभी सदस्यों की औसत आयु क्या होगी?

(a) 201 (b) 210 (c) 220 (d) 204

(ii) यदि जय, विनय से उतना ही बड़ा है जितना कि कार्तिक से छोटा है तथा विनय और कार्तिक की आयु का योग 48 वर्ष हो, तब जय की आयु ज्ञात कीजिए।

(a) 24 (b) 26 (c) 27 (d) 25

4 नीचे दी गई जानकारी का ध्यानपूर्वक अध्ययन कीजिए तथा उसके बाद दिए गए प्रश्नों का उत्तर दीजिए। एक मनोवैज्ञानिक एक टेस्ट का प्रयोग करता है जिसमें व्यक्तियों को एक पहेली हल करनी होती है। वह व्यक्तियों द्वारा पहेली हल करने में लिए गए समय को नोट करता है।

लिया गया समय (मिनट में)	$0 \le t < 1$	$1 \le t < 2$	$2 \le t < 3$	$3 \le t < 5$	$t \ge 5$
संख्या	5	18	32	7	12

(i) कितने व्यक्तियों ने पहेली हल करने में 3 मिनट से कम समय लिया?

(a) 56 (b) 57 (c) 55 (d) 58

(ii) पहेली को हल करने वाले अधिकतम व्यक्तियों ने कितने मिनट लिए?

(a) $0 \le t \le 1$ (b) $t \ge 5$ (c) $3 \le t < 5$ (d) $2 \le t < 3$

5 एक तालाब में, पानी की मात्रा प्रत्येक घण्टे के बाद दोगुनी हो जाती है। यदि तालाब एक दिन में पूरा भर जाता है, तब इसे आधा भरने में कितना समय लगा होगा?

(a) 23 घण्टे (b) 24 घण्टे (c) 25 घण्टे (d) 26 घण्टे

6 एक व्यक्ति सेब की तीन टोकरियाँ, प्रत्येक में 30 सेब लेकर सहारनपुर से दिल्ली जा रहा है। रास्ते में, वह 30 टोल टैक्स से होकर गुजरता है। प्रत्येक टोल टैक्स में, उसने प्रत्येक टोकरी के लिए टैक्स के रूप में 1 सेब दिया। जब वह दिल्ली पहुँचा, तो उसके पास कितने सेब बचे?

(a) 25 (b) 60 (c) 40 (d) 50

7 (i) एक रस्सी, 15 सेमी आधार त्रिज्या वाले एक बेलन पर 125 चक्कर लपेटी जा सकती है। यदि आधार की त्रिज्या बदलकर 25 सेमी कर दी जाए, तब वह रस्सी कितने चक्कर लपेटी जा सकती है?

(a) 75 (b) 77 (c) 76 (d) 74

(ii) शान्तनु एक कार्य का $\frac{5}{8}$ भाग 20 दिन में पूरा करता है। इसी दर से, कार्य समाप्त करने में वह और कितने दिन लेगा?

(a) 17 (b) 15 (c) 12 (d) 14

8 एक 17.5 मी ऊँचे ध्वज की परछाई 40.25 मी लम्बी बनती है। उस इमारत की ऊँचाई क्या होगी जिसकी परछाई 28.75 मी लम्बी बनती हो? (यदि दोनों के लिए समान स्थितियाँ हों)

(a) 20.25 मी (b) 35.35 मी (c) 12.5 मी (d) 10.75 मी

9 ₹1250 को A,B व C में 4:7:14 के अनुपात में बाँटा जाता है। B व A के भागों के अन्तर तथा C व B के भागों के अन्तर का अनुपात होगा

(a) 7 : 3 (b) 2 : 7 (c) 3 : 7 (d) 7 : 0

10 नीचे दी गई तालिका वर्ष 2000 के जनवरी के मास में किए गए सर्वेक्षण द्वारा एक रेलवे स्टेशन पर रेलगाड़ियों के आवागमन को दर्शाती है। तालिका का अध्ययन कीजिए और निम्नलिखित प्रश्नों के उत्तर दीजिए।

देरी (मिनट में)	**पहुँचने वाली रेलगाड़ियों की संख्या**	**छूटने वाली रेलगाड़ियों की संख्या**
0	1250	1400
0-30	114	82
30-60	31	5
60 से अधिक	5	3
कुल योग	1400	1490

(i) देर से छूटने वाली रेलगाड़ियों की कुल संख्या क्या है?

(a) 85 (b) 87 (c) 90 (d) 150

(ii) यदि रेलवे की समय-निष्ठा को, रेलगाड़ियों के रेलवे स्टेशन पर निर्धारित समय पर पहुँचने और छूटने के अवसरों की संख्या को कुल पहुँचने और छूटने के अवसरों की संख्या के प्रतिशत के रूप में परिभाषित किया जाए, तो सर्वेक्षण वाले मास में रेलवे की समय-निष्ठा है

(a) 94.3% (b) 91.7% (c) 89.2% (d) 75%

11 निम्न लेखाचित्र में, एक फैक्ट्री में 50 श्रमिकों की दैनिक मजदूरी को दर्शाया गया है। इसका अध्ययन कर निम्न प्रश्नों के उत्तर दीजिए।

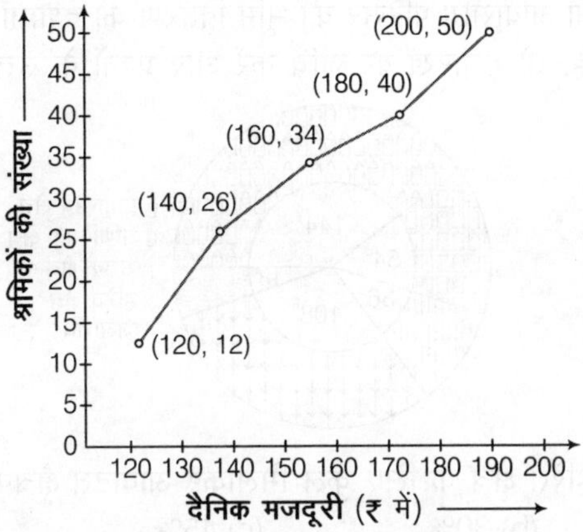

(i) कितने श्रमिकों की आय ₹150 से ₹180 के बीच है?

(a) 6% (b) 16% (c) 12% (d) 20%

(ii) फैक्ट्री में मजदूरी की माध्यिका कितनी है?

(a) ₹140 (b) ₹138 (c) ₹150 (d) ₹160

12 (i) $6\frac{1}{4}$ % साधारण ब्याज पर, ₹ 72 कितने समय में ₹81 में बदल जाएँगे?

(a) 2 वर्ष (b) 3 वर्ष (c) 2 वर्ष 6 माह (d) 3 वर्ष 6 माह

(ii) एक मशीन का क्रय मूल्य ₹200000 है। यदि प्रतिवर्ष इसके मूल्य में 10% की कमी होती है, तो 3 वर्ष बाद इस मशीन का मूल्य क्या होगा?

(a) ₹145000 (b) ₹145800 (c) ₹148500 (d) ₹148000

13 नीचे दिए गए बार ग्राफ का अध्ययन कीजिए तथा इस पर आधारित प्रश्नों के उत्तर दीजिए।

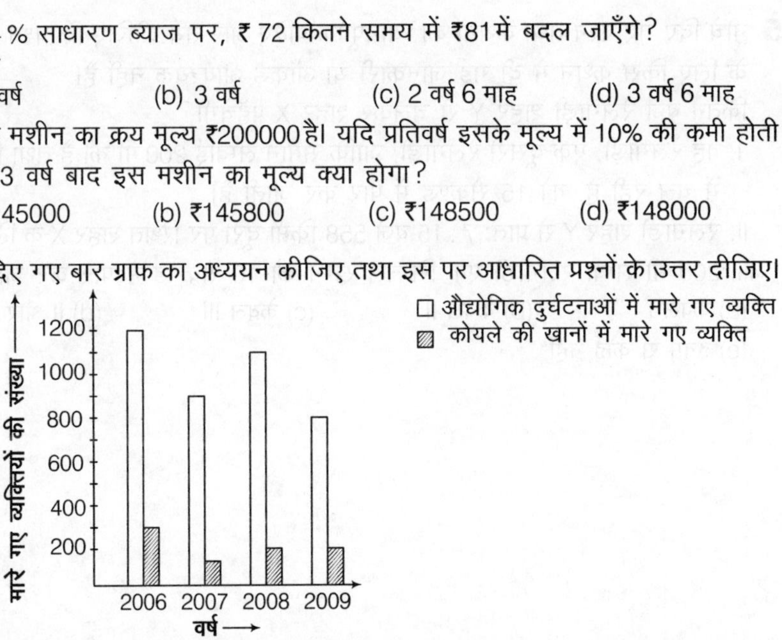

(i) किस वर्ष, औद्योगिक दुर्घटनाओं तथा कोयले की खानों में कुल मिलाकर मारे गए व्यक्तियों की संख्या सबसे कम थी?

(a) 2006 (b) 2007 (c) 2008 (d) 2009

(ii) औसतन, एक वर्ष में कितने व्यक्ति औद्योगिक दुर्घटनाओं तथा कोयले की खानों में कुल मिलाकर मारे गए?

(a) 121.25 (b) 1212 (c) 1212.5 (d) 1000

14 निम्न वृत्तारेख किसी आवासीय परिसर की भूमि वितरण को दर्शाता है। यदि परिसर का कुल क्षेत्रफल 5 एकड़ है, तो वृत्तारेख की जाँच करें और प्रश्नों के उत्तर दें।

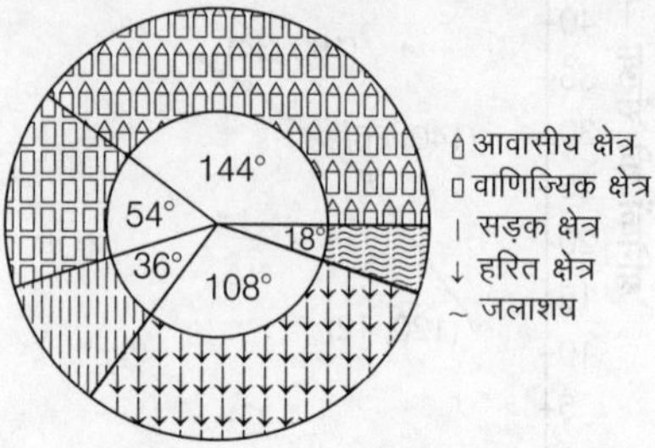

(i) जलाशय और हरित क्षेत्र के लिए कुल मिलाकर आवंटित क्षेत्रफल का प्रतिशत है

(a) 35% (b) 30% (c) 45% (d) 40%

(ii) हरित क्षेत्र के लिए आवंटित भूमि वाणिज्यिक उद्देश्य के लिए आवंटित भूमि से कितनी अधिक है?

(a) $\frac{3}{2}$ एकड़ (b) $\frac{2}{3}$ एकड़ (c) $\frac{4}{3}$ एकड़ (d) $\frac{3}{4}$ एकड़

15 नीचे दिए गए प्रश्न तथा कथनों को ध्यानपूर्वक पढ़िए और तय कीजिए कि प्रश्न का उत्तर देने के लिए किस कथन में दी गई जानकारी या आँकड़े आवश्यक नहीं हैं।

कितने बजे रेलगाड़ी शहर Y से चलकर शहर X पहुँचेगी?

I. वह रेलगाड़ी, एक दूसरी रेलगाड़ी, जोकि समान लम्बाई 200 मी की है तथा विपरीत दिशा में चल रही है, को 15 सेकण्ड में पार कर जाती है।

II. रेलगाड़ी शहर Y से प्रात: 7 : 15 बजे 558 किमी दूरी पर स्थित शहर X के लिए चलती है।

III. 200 मी लम्बी रेलगाड़ी एक सिग्नल खम्भे को 10 सेकण्ड में पार कर जाती है।

(a) केवल I (b) केवल II (c) केवल III (d) II और III

(e) इनमें से कोई नहीं

BOOK 2

IQ

जाँचें अपना IQ

- टेस्ट 1-15

‘जाँचें अपना IQ टेस्ट’

अगर आपने सभी सेक्शन टेस्ट Attempt कर लिए हैं और आप IQ टेस्ट के विभिन्न रूप जैसे– लॉजिक, विजुअल व न्यूमेरिकल आदि के प्रश्नों को आसानी से हल करने में सक्षम हैं, तब आप ‘जाँचें अपना IQ टेस्ट’ के माध्यम से अपना IQ स्कोर चैक कर सकते हैं।

जाँचें अपना IQ टेस्ट 1

1 नीचे दी गई जानकारी को ध्यानपूर्वक पढ़कर दिए गए प्रश्न का उत्तर दीजिए।

- A * B का अर्थ है 'A और B समान आयु के हैं।'
- A – B का अर्थ है 'B, A से छोटा है।'
- A + B का अर्थ है 'A, B से छोटा है।'

फराह – फरीदा – आरिफ के लिए, निम्न में से कौन-सा वक्तव्य सही नहीं हो सकता है?

(a) आरिफ, फरीदा का पिता है (b) आरिफ, फराह का छोटा भाई है
(c) फराह, आरिफ और फरीदा की माँ है (d) इनमें से कोई नहीं

2 कौन-सा दिन शुक्रवार के ठीक पहले वाले दिन के तीन दिन बाद के दिन के दो दिन पहले के दिन के ठीक बाद के दिन के तीन दिन पहले का दिन होगा?

(a) मंगलवार (b) बुधवार
(c) रविवार (d) सोमवार

3 एक व्यक्ति 20 मी पूर्व की ओर चलता है और फिर वह दक्षिण की ओर मुड़कर 50 मी चलता है। फिर से वह पूर्व की ओर मुड़कर 30 मी चलता है। इसके बाद वह उत्तर की ओर मुड़ता है और 170 मी चलता है। अब, वह प्रस्थान स्थल से कितनी दूर है?

(a) 130 मी (b) 150 मी
(c) 120 मी (d) 140 मी

4

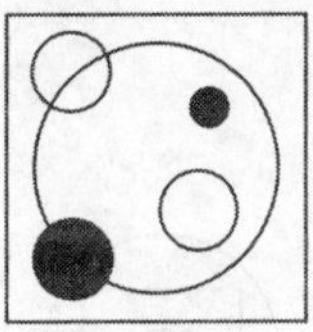

नीचे दी गई कौन-सी आकृति, ऊपर दी गई आकृति के लगभग समान है?

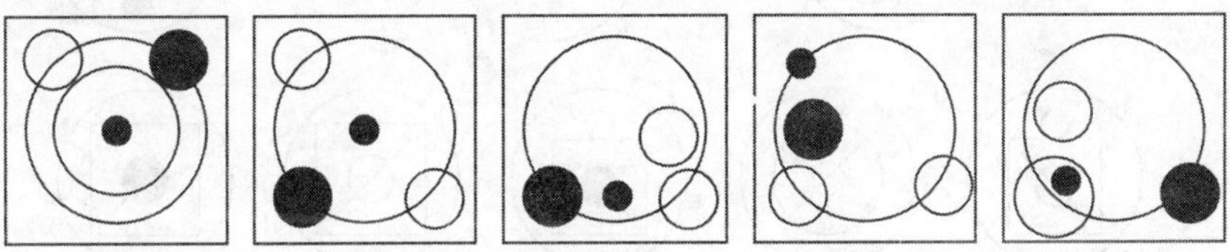

(a) (b) (c) (d) (e)

5 मनोविज्ञान, हिन्दी, अंग्रेजी, समाजशास्त्र, शिक्षाशास्त्र, अर्थशास्त्र और लेखाशास्त्र, प्रत्येक की एक-एक, (कुल सात) पुस्तकें एक मेज पर एक के ऊपर एक रखी हैं।

- समाजशास्त्र सभी पुस्तकों के ऊपर है।
- लेखाशास्त्र, शिक्षाशास्त्र के निकटतम नीचे है और शिक्षाशास्त्र, समाजशास्त्र के निकटतम नीचे है।
- हिन्दी, मनोविज्ञान के निकटतम नीचे है।

निम्नलिखित में से किन पुस्तकों के बीच में अर्थशास्त्र है?

(a) लेखाशास्त्र और शिक्षाशास्त्र (b) मनोविज्ञान और हिन्दी
(c) अंग्रेजी और मनोविज्ञान (d) समाजशास्त्र और लेखाशास्त्र

6 एक पिता एवं उसके पुत्र की आयु का योग 50 वर्ष है। पाँच वर्ष पहले, पिता की आयु अपने पुत्र की आयु की तीन गुनी थी। अब, पिता एवं पुत्र की आयु कितनी है?

(a) 35 वर्ष, 15 वर्ष (b) 40 वर्ष, 10 वर्ष
(c) 36 वर्ष, 14 वर्ष (d) 45 वर्ष, 5 वर्ष

7 तीन जहाज एक-दूसरे के पास लंगर डाले हुए हैं। नीला जहाज, लाल जहाज के दाईं ओर है तथा हरे जहाज के बाईं ओर है। यदि नीला और हरा जहाज आपस में स्थान बदल लें, तो

(a) लाल जहाज और नीला जहाज एक-दूसरे के पास हैं
(b) हरा जहाज, लाल जहाज और नीले जहाज के बीच में है
(c) लाल जहाज, नीले जहाज के एकदम (निकटस्थ) बाईं ओर है
(d) लाल जहाज बीच में है

8 एक घड़ी प्रत्येक 3 मिनट में 5 सेकण्ड आगे बढ़ जाती है तथा उसे प्रातः 8 बजे सही सेट किया गया है। यदि उसी दिन दोपहर के बाद वह 5 : 15 समय दर्शाती है, तो सही समय क्या होगा?

(a) शाम 5 : 10 बजे (b) शाम 5 बजे
(c) शाम 4 : 30 बजे (d) शाम 5 : 30 बजे

9 जिस प्रकार, 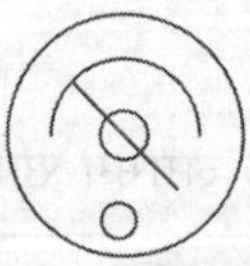 समान है 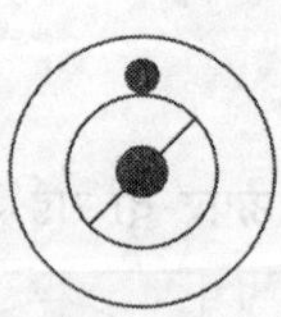 के, उसी प्रकार 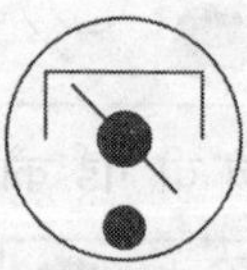 समान है

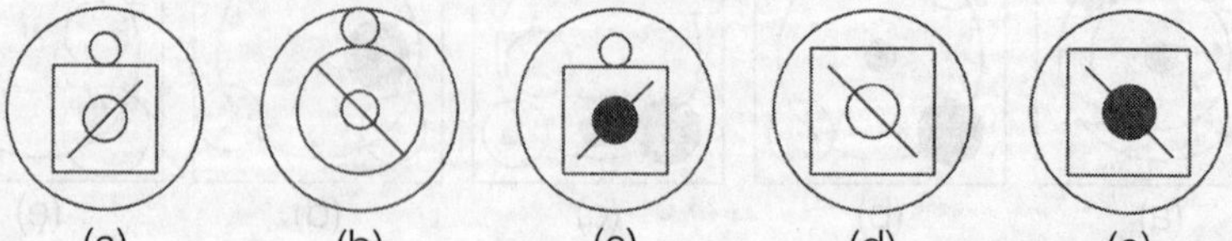

(a) (b) (c) (d) (e)

10 3 महिलाओं का औसत भार 4 किग्रा बढ़ जाता है जब उनमें एक, जिसका भार 100 किग्रा है, के स्थान पर एक दूसरी महिला आ जाती है, तो नयी महिला का भार कितना है?

(a) 106 (b) 108 (c) 112 (d) 116

11 निम्न आकृति में प्रश्नचिन्ह (?) के स्थान पर कौन-सी विकल्प आकृति आएगी?

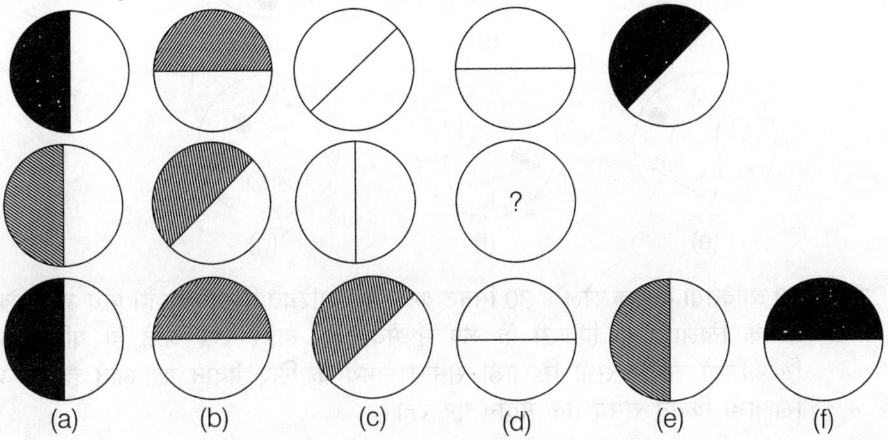

12 A एक सप्ताह में, एक कार्य का $\frac{1}{5}$ भाग करता है। B वही कार्य एक पखवारे में कर देता है। यदि B अकेले कार्य आरम्भ करके केवल 3 दिनों तक कार्य करता है तथा उसके बाद A उस कार्य को पूरा करता है, तो A उस कार्य को कितने दिनों में पूरा कर देगा?

(a) 28 (b) 30 (c) 35 (d) 40

13 **निर्देश** (i–ii) *दी गई आकृतियों में प्रश्नचिन्ह (?) के स्थान पर कौन-सी संख्या आएगी?*

(i)

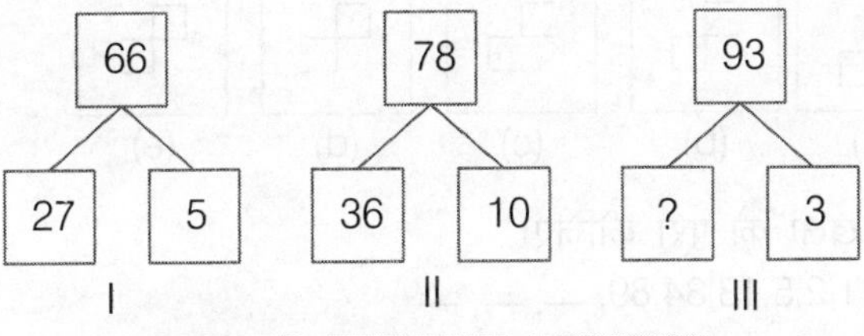

(ii)

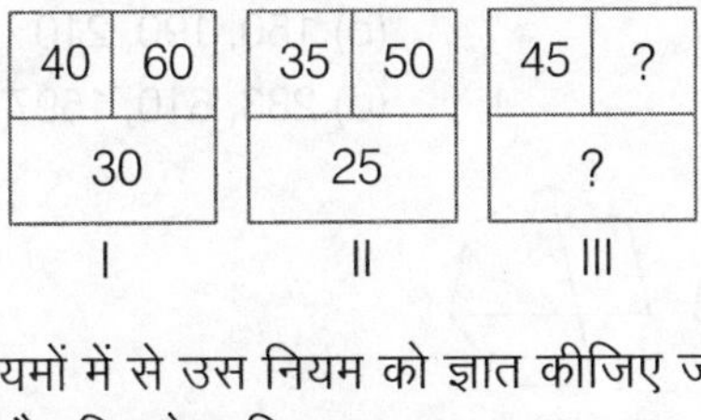

14 नीचे दिए गए नियमों में से उस नियम को ज्ञात कीजिए जो दिए गए तीन अंकों के समूह पर लागू किया गया है, जिसके परिणामस्वरूप 168, 195, 224 संख्याएँ आती हैं।

(a) 3 से गुणा कीजिए और 1 जोड़िए

(b) वर्ग कीजिए और 2 जोड़िए

(c) वर्ग कीजिए और 1 घटाइए

(d) 2 से भाग दीजिए और 1 घटाइए

15 निम्न में से कौन-सी आकृति भिन्न है?

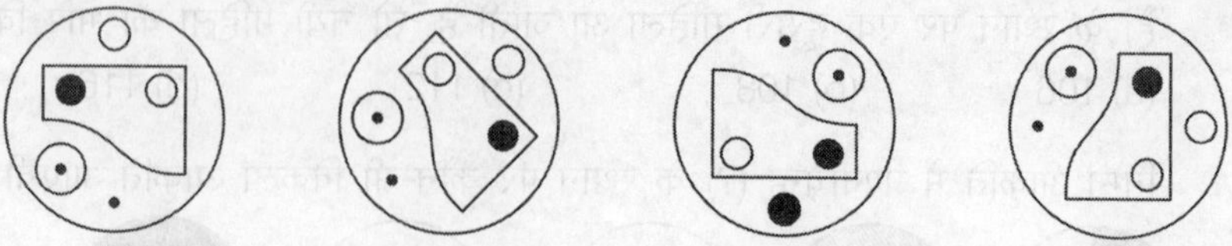

(a) (b) (c) (d)

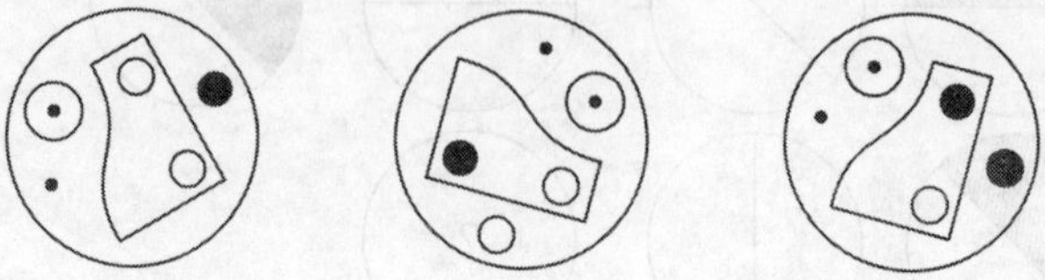

(e) (f) (g)

16 10 व्यक्तियों के एक खेल में 30 मिनट का समय निश्चित किया गया है। पाँच अन्य खिलाड़ी प्रत्येक खिलाड़ी के विकल्प के रूप में मैदान से बाहर रखे जाते हैं। यदि वैकल्पिक खिलाड़ियों सहित सभी खिलाड़ी समान समय के लिए मैदान पर आते हैं, तो प्रत्येक खिलाड़ी कितने समय तक मैदान पर रहा?

(a) 20 मिनट (b) 30 मिनट (c) 40 मिनट (d) 50 मिनट

17 कौन-सी विकल्प आकृति नीचे दिए गए अनुक्रम को जारी रखेगी?

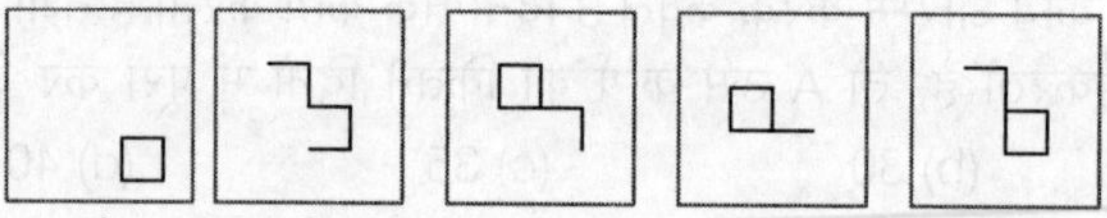

1 2 3 4 5

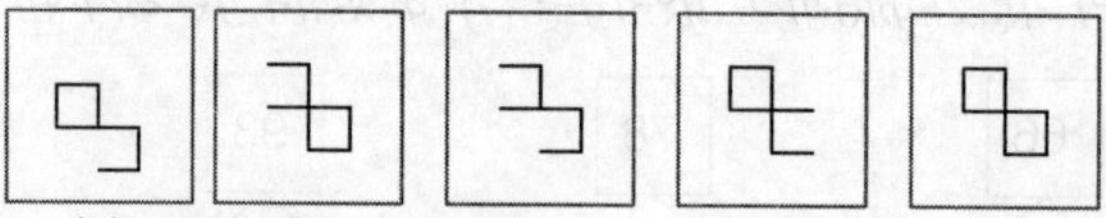

(a) (b) (c) (d) (e)

18 नीचे दी गई श्रृंखला को पूरा कीजिए।

1,2,5,13,34,89, __, __, __

(a) 110, 120, 150
(b) 150, 190, 210
(c) 223, 600, 1615
(d) 233, 610, 1597

19

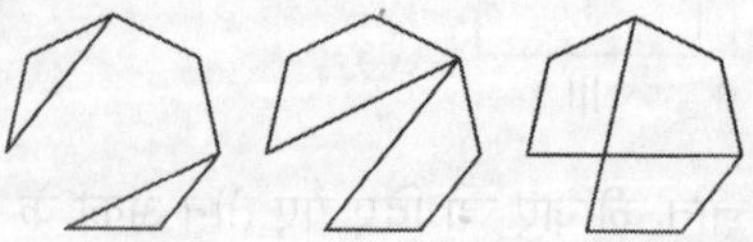

ऊपर दिए गए अनुक्रम में अगली आकृति कौन-सी होगी?

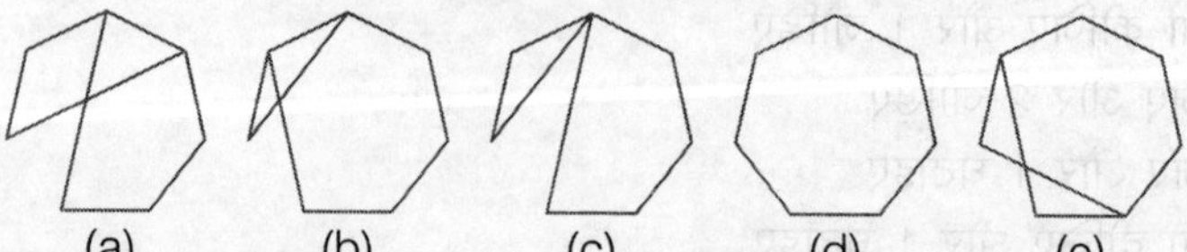

(a) (b) (c) (d) (e)

20 नौ व्यक्ति एक होटल में रात्रि भोजन के लिए गए। उनमें से आठ ने ₹ 12 (प्रत्येक ने) अपनी आवश्यकतानुसार खर्च किए और नौवें व्यक्ति ने सभी नौ व्यक्तियों के औसत खर्च से ₹ 8 अधिक खर्च किए। उनके द्वारा कुल रुपये कितने खर्च किए गए?

(a) 110 (b) 115 (c) 117 (d) 125

21 निम्न ग्राफ का ध्यानपूर्वक अध्ययन कीजिए तथा नीचे दिए गए प्रश्न का उत्तर दीजिए।

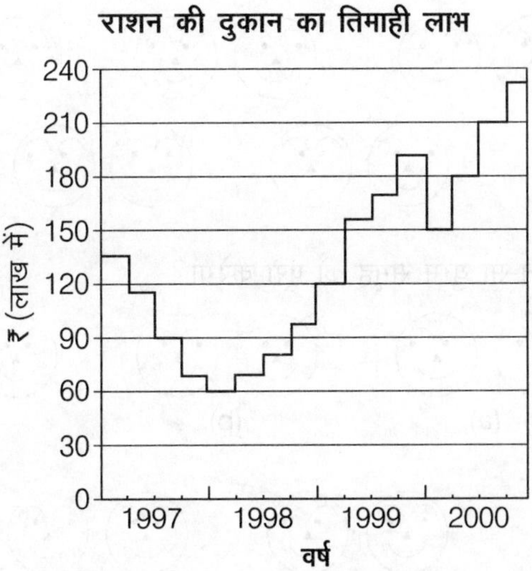

निम्न में से किस तिमाही में राशन की दुकान को सबसे कम लाभ हुआ है?

(a) 2000 की तीसरी तिमाही (b) 1999 की दूसरी तिमाही

(c) 1999 की पहली तिमाही (d) 1998 की तीसरी तिमाही

22 किसी परिवार में सात सदस्य हैं जिसमें दो विवाहित जोड़े हैं। T, M का बेटा और K का पोता है। M एक विधुर है। M और R भाई हैं और W, J की बहू है, जोकि R की माँ और D की दादी है, तो बताइए कि D, M से किस प्रकार सम्बन्धित है?

(a) पुत्र (b) दामाद

(c) भतीजा/भतीजी (d) भाई

23 नीचे दिए गए विकल्पों में से ऐसी आकृति का चयन कीजिए जो दिए गए आव्यूह को पूरा करे।

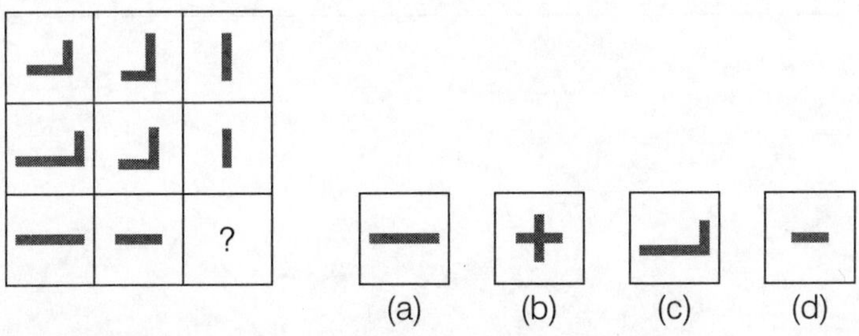

24 किसी परीक्षा में 640 लड़के और 360 लड़कियाँ सम्मिलित हुए। लड़कों में 60% तथा लड़कियों में 80% परीक्षार्थी सफल रहे। फेल होने वाले परीक्षार्थियों का प्रतिशत ज्ञात कीजिए।

(a) 32.8% (b) 35% (c) 38% (d) 40%

25 नीचे मानव चेहरे के पाँच युग्म दिए गए हैं

निम्न में से कौन-सा युग्म समूह को पूरा करेगा?

(a)

(b)

(c)

(d)

(e)

देखें अपना IQ स्कोर

स्कोर ____ /25 IQ रेटिंग ____

- Genius 23-25
- Intelligent 20-22
- Good 16-19
- Average 12-15

जाँचें अपना IQ टेस्ट 2

1 नीचे दी गई आकृति में लुप्त संख्या ज्ञात कीजिए।

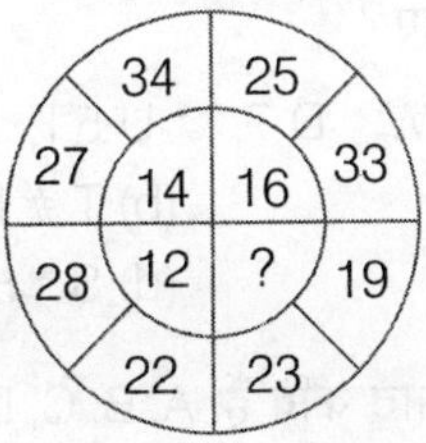

(a) 8 (b) 9 (c) 10 (d) 12

2 सात सदस्यों का एक समूह एक पंक्ति में बैठा है। X की स्थिति Y के बाईं ओर है, परन्तु वह O के दाईं ओर है। P की स्थिति Y के दाईं ओर है, परन्तु N के बाईं ओर है और M की स्थिति Z के बाईं ओर है, जो O के बाईं ओर है। ठीक मध्य में बैठे सदस्य को ज्ञात कीजिए।

(a) O (b) X (c) Y (d) P

3 एक सांकेतिक भाषा में, 'रम पम पो' का अर्थ है 'लड़का पागल है', 'टप पो टो' का अर्थ है 'लड़की सुन्दर है' तथा 'दम पम को' का अर्थ है 'वे पागल हैं।' तो उसी भाषा में किस शब्द का अर्थ 'लड़का' है?

(a) रम (b) पम (c) दम (d) पो

4 कक्षा X की परीक्षा में 100 परीक्षार्थी बैठे, 50 सभी विषयों में उत्तीर्ण हुए, 20 केवल विज्ञान के विषयों में उत्तीर्ण हुए। शेष सभी परीक्षार्थी सभी विषयों में अनुत्तीर्ण रहे। यह तथ्य दिए गए विकल्पों में से कौन-से विकल्प में प्रदर्शित है?

 से अभिप्राय उन छात्रों से है, जो सभी विषयों में उत्तीर्ण हुए।

 से अभिप्राय उन छात्रों से है, जो केवल विज्ञान विषयों में उत्तीर्ण हुए।

 से अभिप्राय उन छात्रों से है, जो केवल भाषाओं के विषयों में उत्तीर्ण हुए।

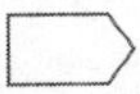 से अभिप्राय उन छात्रों से है, जो सभी विषयों में अनुत्तीर्ण हुए।

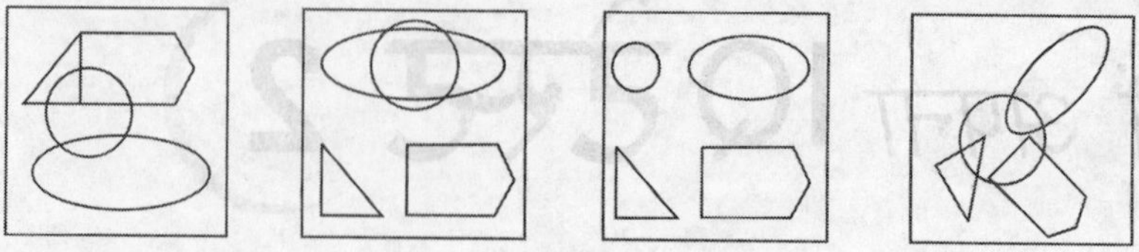

(a) (b) (c) (d)

5 वर्णाक्षर, अंक और संकेत चिन्हों के संयोजन से बनी निम्नलिखित शृंखला में प्रश्नचिन्ह (?) के स्थान पर क्या आना चाहिए?

Y 9 B *, W * D 7, * U 5 F, ?

(a) S 3 H * (b) T # H *
(c) T * # H (d) S * H 5

6 A, B, C, D, E, F, G और H आठ कवि हैं। A, B, C, D मध्यकालीन कवि हैं और E, F, G, H आधुनिक कवि हैं। आधुनिक कवि और मध्यकालीन कवि प्रश्न-पत्र में बारी-बारी से, एक के बाद दूसरे वर्ष आते हैं। आधुनिक कवियों में, जो E को पसन्द करते हैं वे F को भी पसन्द करते हैं, जो G को पसन्द करते हैं वे H को भी पसन्द करते हैं। प्रश्न-पत्र निर्माता (प्राश्निक) ने F पर एक पुस्तक लिखी है और यह उस पर प्रश्न नहीं पूछना चाहता। पिछले वर्ष A पर एक प्रश्न था इस वर्ष किस कवि पर प्रश्न आने की सम्भावना है?

(a) D (b) E (c) F (d) G

7 नीचे दी गई प्रश्न आकृति से कौन-सी आकृति बनाई जा सकती है?

प्रश्न आकृति

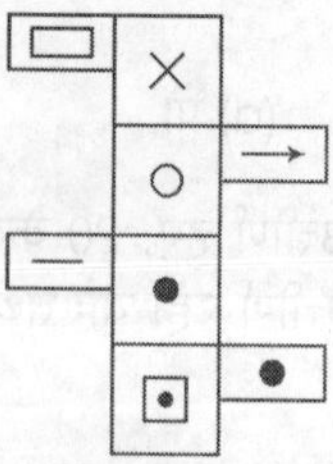

उत्तर आकृतियाँ

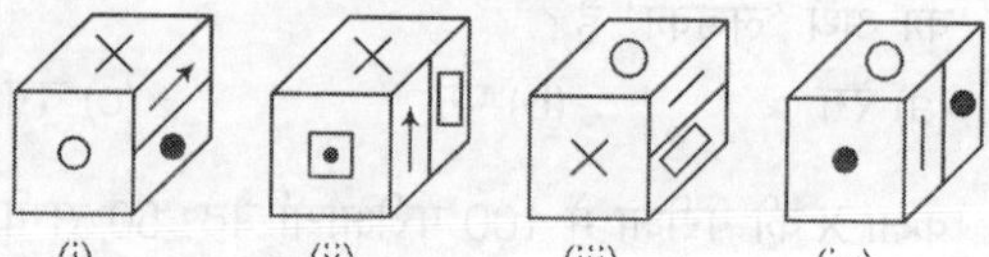

(i) (ii) (iii) (iv)

(a) (i) और (ii) (b) (i) और (iii)
(c) (i) और (iv) (d) (ii) और (iii)

8 रवि किसी दूरी को प्रतिदिन 9 घण्टे विश्राम करके 40 दिनों में तय कर सकता है। पहले से दोगुनी दूरी को, दोगुनी चाल से, प्रतिदिन दोगुने समय से विश्राम करके, वह कितने दिनों में तय करेगा?

(a) 80 (b) 90 (c) 100 (d) 70

9 अपने बच्चों में गंगा के विशेष प्रिय हैं राम और रेखा। रेखा, शरत की माँ है, जो अपने मामा मिथुन का बहुत प्रिय है। परिवार के मुखिया रामलाल हैं, जिनके उत्तराधिकारी उनके बेटे गोपाल और मोहन हैं। गोपाल और गंगा 35 वर्ष से विवाहित हैं और उनके तीन बच्चे हैं। मिथुन का मोहन से क्या सम्बन्ध है?

(a) पुत्र (b) भतीजा (c) दामाद (d) पोता

10 निम्न में से कौन-सी विकल्प आकृति, आकृति (X) में सन्निहित है?

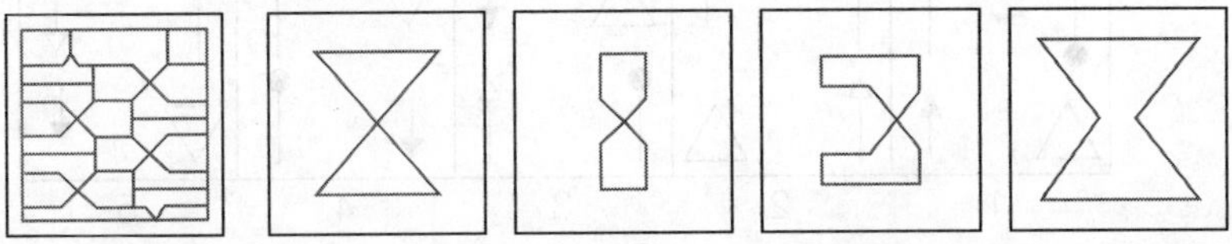

(X) (a) (b) (c) (d)

11 एक बालक अपने पिता को ढूँढ रहा है। वह 90 मी पूर्व को जाकर दाएँ घूमता है। वह 20 मी चलकर फिर दाएँ मुड़कर अपने पिता को ढूँढता हुआ अपने चाचा के घर 30 मी चलकर पहुँचा। उसके पिता वहाँ नहीं मिले। यहाँ से 100 मी दूर उत्तर दिशा में चलकर उसे अपने पिता, गली में मिले। प्रारम्भिक स्थान से कितनी दूरी पर उसे अपने पिता मिले?

(a) 80 मी (b) 90 मी (c) 100 मी (d) 120 मी

12 नीचे दी गई आकृति में कुल कितने त्रिभुज हैं?

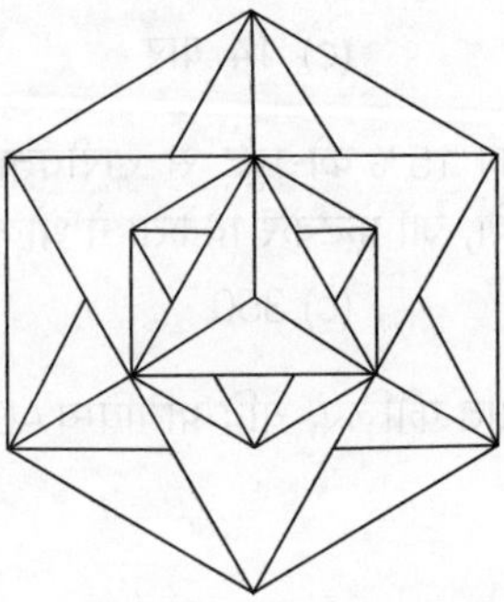

(a) 55 (b) 54 (c) 56 (d) 58

13 चिन्हों तथा संख्याओं में निम्नलिखित चार में से कौन-से विनिमय, दिए गए समीकरण को सन्तुलित करेंगे?

$$6 \times 4 + 2 = 16$$

(a) + और ×, 2 और 6 (b) + और ×, 2 और 4

(c) + और ×, 4 और 6 (d) इनमें से कोई नहीं

14 दो फ्लास्क P और Q में क्रमशः 62.5% तथा 87.5% सान्द्रता वाले ऐल्कोहॉल हैं। यदि फ्लास्क P के 2 लीटर ऐल्कोहॉल, फ्लास्क Q के 4 लीटर ऐल्कोहॉल से मिला दिया जाए, तो मिश्रण में ऐल्कोहॉल और पानी का अनुपात क्या होगा?

(a) 6 : 7 (b) 5 : 8 (c) 6 : 4 (d) 19 : 5

15 नीचे दी गई कौन-सी विकल्प आकृति, दी गई श्रृंखला को जारी रखेगी?

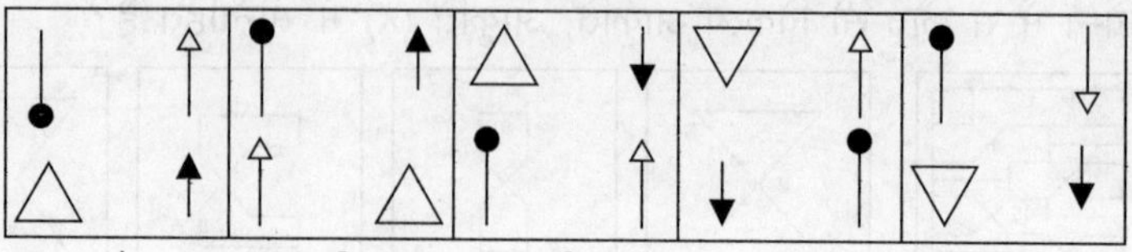

1 2 3 4 5

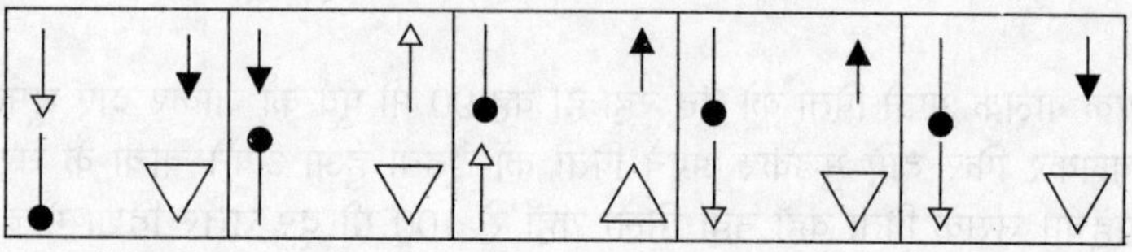

(a) (b) (c) (d) (e)

16 चार घण्टियाँ पहली बार एकसाथ बजती हैं उसके बाद क्रमशः 6, 7, 8 और 9 सेकण्ड के अन्तरालों पर बजती हैं। बताइए कि दो घण्टों में घण्टियाँ कितनी बार एकसाथ बजती हैं?

(a) 10 बार (b) 12 बार (c) 14 बार (d) 16 बार

17 एक फुटकर विक्रेता एक चक्की को 15% की छूट से खरीदता है तथा 15% के लाभ से ₹ 1955 में बेच देता है। छूट की राशि, जो फुटकर विक्रेता ने थोक विक्रेता से प्राप्त की, थी

(a) 300 (b) 250 (c) 350 (d) 400

18 आकृति (X) की प्रतिबिम्ब आकृति ज्ञात कीजिए, यदि प्रतिबिम्ब AB के अनुदिश रखा हो?

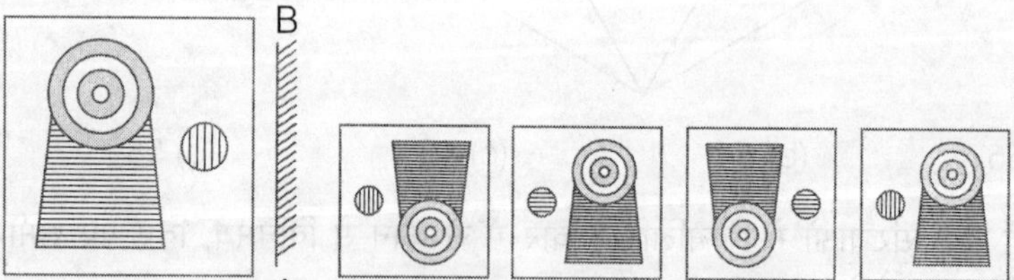

(X) (a) (b) (c) (d)

19 20 वस्तुओं का लागत मूल्य X वस्तुओं के विक्रय मूल्य के समान है। यदि लाभ 25% हो, तो X का मान ज्ञात कीजिए।

(a) 12 (b) 16 (c) 18 (d) 120

20 जिस प्रकार, 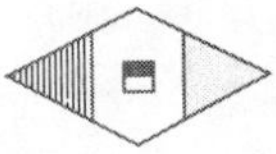 समान है 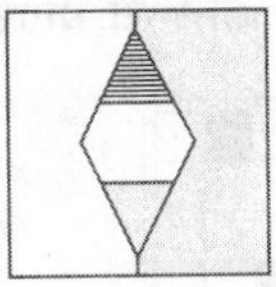 के, उसी प्रकार 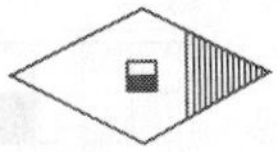 समान है,

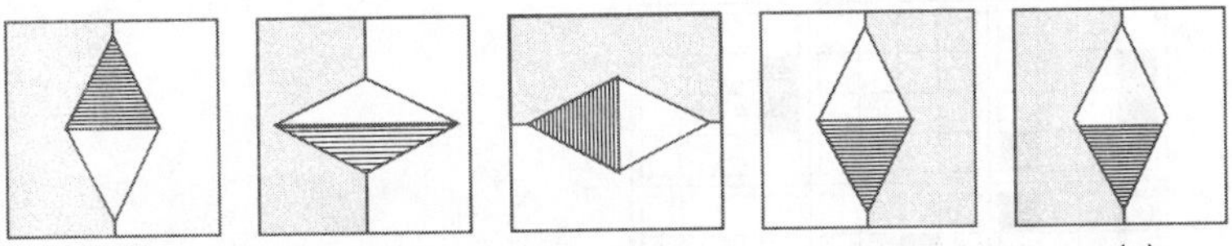

(a) (b) (c) (d) (e)

21 एक हौज में एक छेद है जो उसे 20 मिनट में खाली कर देता है। एक नल जो उसे 4 लीटर प्रति मिनट की दर से भरता है, खोल दिया जाता है। अब, हौज को खाली होने में 24 मिनट लगते हैं। हौज में कितने लीटर पानी भरा जा सकता है?

(a) 450 (b) 460 (c) 480 (d) 500

22 ऐसी आकृति का चयन कीजिए, जो शेष आकृतियों से भिन्न हो?

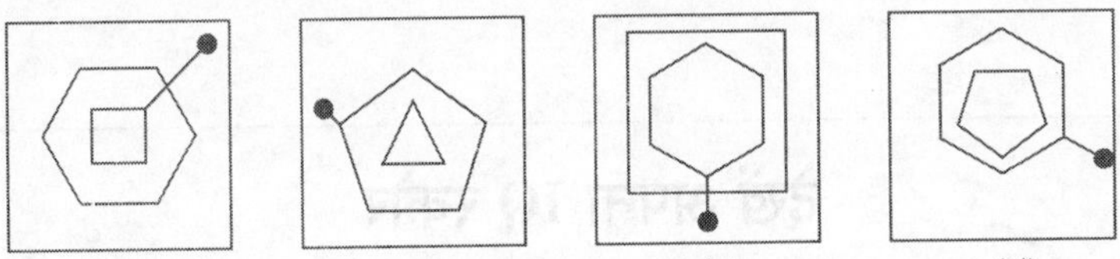

(a) (b) (c) (d)

23 A, $4\frac{1}{2}$ मिनट में 1 किमी दौड़ सकता है जबकि B, 5 मिनट में उतनी दूरी दौड़ सकता है। 1 किमी की दौड़ में A, B को कितने मीटर की शुरुआत दे सकता है, ताकि वे एकसाथ अन्तिम बिन्दु पर दौड़ समाप्त करें?

(a) 50 मी (b) 70 मी (c) 80 मी (d) 100 मी

24 एक कार्यालय में $\frac{1}{3}$ कर्मचारी महिलाएँ हैं, महिलाओं में से $\frac{1}{2}$ विवाहित हैं और विवाहित महिलाओं में से $\frac{1}{3}$ के बच्चे हैं। यदि पुरुषों में से $\frac{3}{4}$ विवाहित हैं और विवाहित पुरुषों में से $\frac{2}{3}$ के बच्चे भी हैं, तो कर्मचारियों का कितना भाग बिना बच्चों के है?

(a) $\frac{5}{18}$ (b) $\frac{4}{9}$ (c) $\frac{11}{18}$ (d) $\frac{17}{36}$

25 नीचे दिए गए बॉक्सों में से कौन-सा बॉक्स, आव्यूह को पूरा करेगा?

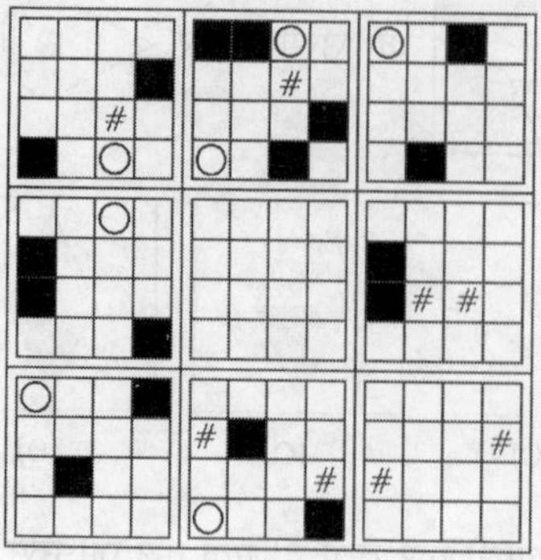

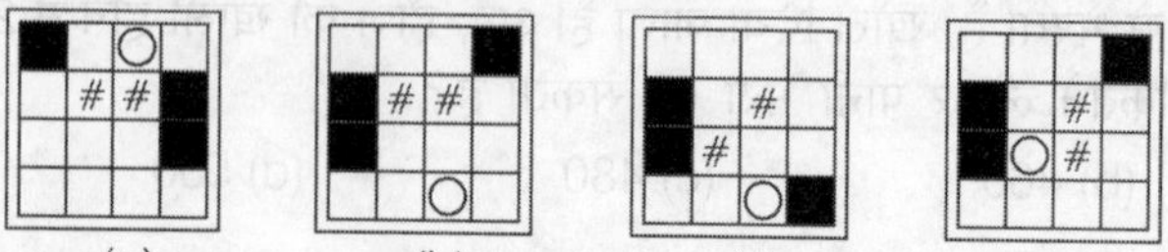

(a) (b) (c) (d)

देखें अपना IQ स्कोर

स्कोर ___/25 IQ रेटिंग

- Genius 23-25
- Intelligent 20-22
- Good 16-19
- Average 12-15

जाँचें अपना IQ टेस्ट 3

1 नीचे दी गई श्रृंखला को पूरा कीजिए।

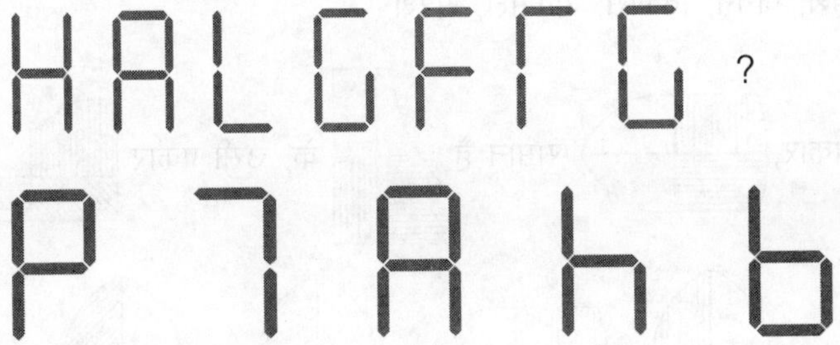

(a) (b) (c) (d) (e)

2 यदि चिन्ह '÷' और '+' तथा अंक 6 और 3 को आपस में परिवर्तित किया जाए, तो निम्न चार व्यंजकों में से कौन-सा सही होगा?

(a) $3 + 6 \div 2 = 5$ (b) $6 \div 3 + 2 = 8$

(c) $3 + 6 \div 5 = 7$ (d) $3 \div 6 + 1 = 6$

3 एक स्कूल में, 30 बच्चों ने गणित एवं भौतिकी दोनों में GCSE परीक्षा दी। उनके परिणाम निम्न सारणी में दिए गए हैं। सारणी का ध्यानपूर्वक अध्ययन कर नीचे दिए गए प्रश्नों का उत्तर दीजिए।

		गणित				
	ग्रेड	A	B	C	D	E
भौतिकी	A	2	3			
	B	1	1	4		
	C		2	3	2	
	D			4	2	2
	E		1	0	2	1

(i) कितने बच्चों को दोनों विषयों में समान ग्रेड प्राप्त हुए?

(ii) कितने बच्चों को गणित की अपेक्षा विज्ञान में उच्च ग्रेड प्राप्त हुए?

4 महेश, विकास से 1 वर्ष बड़ा है। विकास, जगन से 2 वर्ष बड़ा है। जगन, सुरेश से 1 वर्ष छोटा है। सुरेश, महेश से 2 वर्ष छोटा है। अकमल, जगन से 2 वर्ष छोटा है। यदि सभी की आयु पूर्णांक में हो तथा कोई भी दो व्यक्ति समान आयु के नहीं हों।

निम्न में से सबसे बड़े से छोटे की ओर कौन-सा सही क्रम है?

(a) महेश, विकास, जगन, सुरेश, अकमल

(b) महेश, विकास, सुरेश, अकमल, जगन

(c) महेश, विकास, सुरेश, जगन, अकमल

(d) महेश, जगन, विकास, अकमल, सुरेश

5 जिस प्रकार, 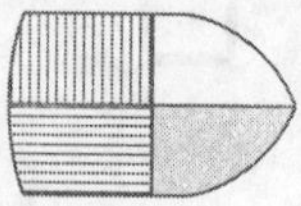 समान है 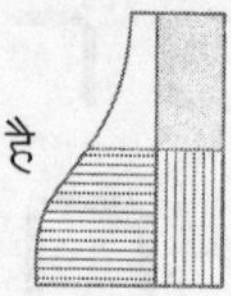 के, उसी प्रकार 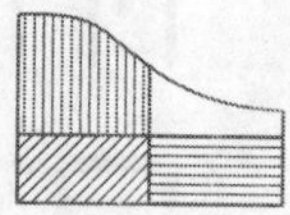 समान है

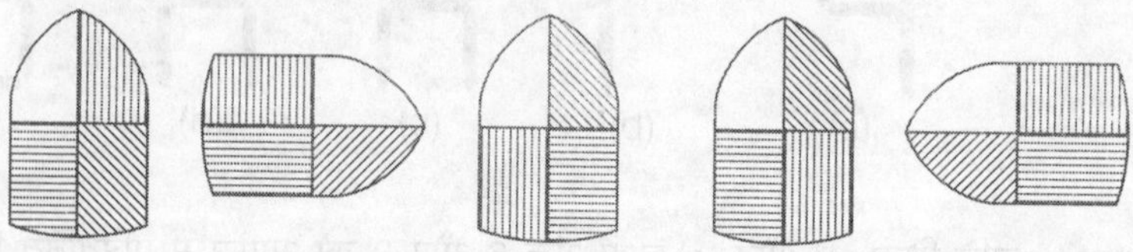

(a) (b) (c) (d) (e)

6 A, B, C, D, E और F एक गोल मेज के चारों ओर व्यवस्थित रूप से रखी हुई 6 कुर्सियों पर बैठे हैं जरुरी नहीं इसी क्रम में हों, परन्तु यह देखा गया है कि A, D और F के बीच में है। C, D के सामने है। D तथा E समीपवर्ती कुर्सियों पर नहीं हैं। निम्नलिखित में से कौन-सा एक युग्म समीपवर्ती कुर्सियों पर बैठा हुआ है?

(a) A और B

(b) C और E

(c) B और F

(d) A और C

7 नीचे दी गई आकृति में प्रश्नचिन्ह (?) के स्थान पर कौन-सी संख्या आएगी?

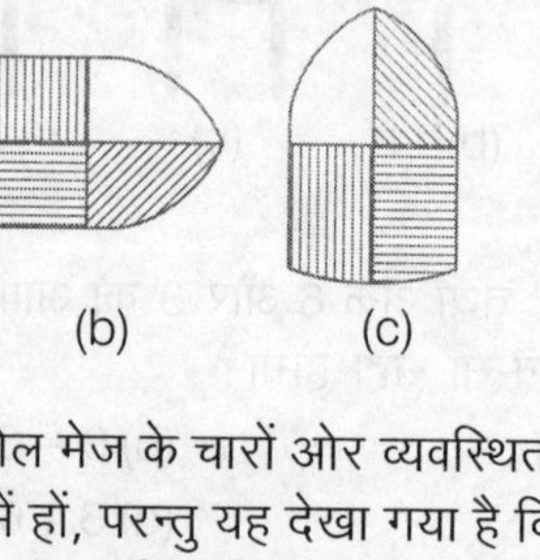

(a) 8

(b) 10

(c) 2

(d) 17

8 सुषमा का दन्त चिकित्सक के पास सायं 7 : 20 का समय मिलने का तय था। दन्त चिकित्सक के कक्ष में घुसते समय उसने दीवार घड़ी की प्रतिछवि देखी। घड़ी की सुइयाँ 4 : 40 दिखा रही थी। वह जानती थी कि प्रतिछाया होने के कारण यह सही समय नहीं है। वह नियत समय से

(a) 20 मिनट विलम्ब से है (b) 20 मिनट पूर्व है
(c) ठीक समय पर है (d) इनमें से कोई नहीं

9 दिए गए विकल्पों में से ऐसी आकृति का चयन कीजिए जो आकृति (X) में दिए गए पैटर्न को पूरा करती हो।

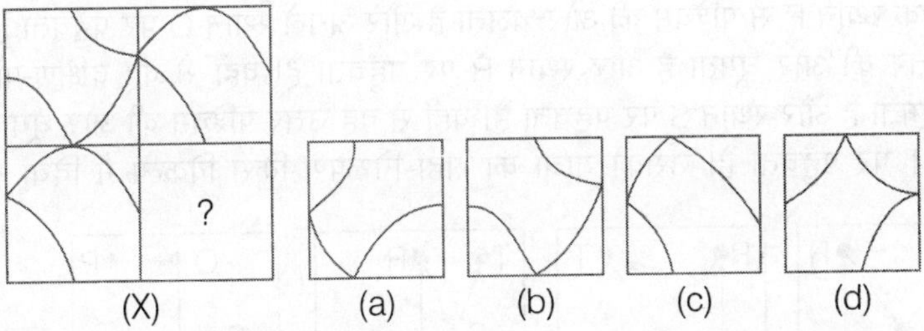

10 मुरली 20 दर्जन खिलौने ₹ 375 प्रति दर्जन के भाव से खरीदता है तथा उनमें से प्रत्येक को ₹ 33 के भाव से बेच देता है, तो उसे कितने प्रतिशत लाभ हुआ?

(a) 5.6 (b) 6.5 (c) 5 (d) 6

11 किसी फिल्म का संगीत निर्देशक एक संगीत रचना के विभिन्न पहलुओं पर काम करने के लिए चार व्यक्तियों को चुनना चाहता है। इस कार्य के लिए सात व्यक्ति उपलब्ध हैं–रोहित, तान्या, शोभा, कौशल, कुणाल, मुकेश और जसवन्त। रोहित और तान्या साथ काम नहीं करेंगे। कुणाल और शोभा साथ काम नहीं करेंगे। मुकेश और कुणाल साथ काम करना चाहते हैं।

निम्नलिखित में से कौन-सा व्यक्तियों का सर्वाधिक स्वीकार्य समूह है, जिसे संगीत निर्देशक द्वारा चुना जा सकता है?

(a) रोहित, शोभा, कुणाल और कौशल
(b) तान्या, कौशल, शोभा और रोहित
(c) तान्या, मुकेश, कुणाल और जसवन्त
(d) शोभा, तान्या, रोहित और मुकेश

12 दिए गए विवरणों के आधार पर बताइए कि कोई भी समाचार-पत्र न पढ़ने वाले लोगों की संख्या कितनी है?

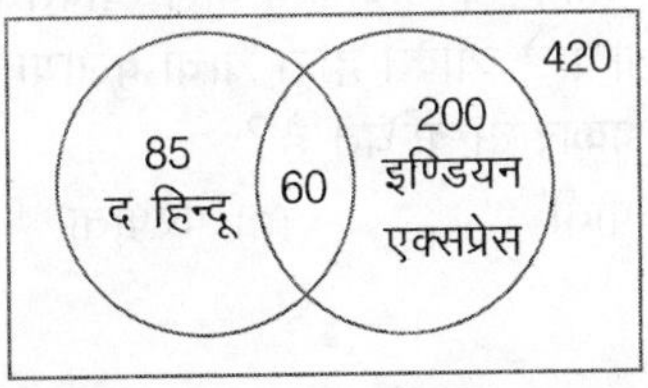

(a) 195 (b) 135 (c) 175 (d) 225

13 दी गई चार विकल्प आकृति में से एक आकृति (X) में सन्निहित है। उस विकल्प आकृति को ज्ञात कीजिए।

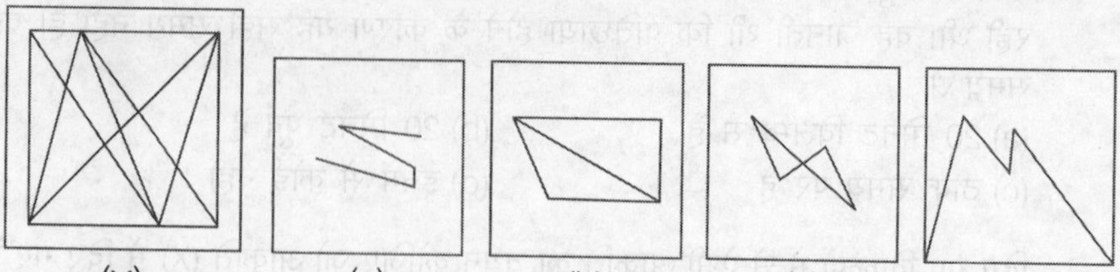

(X) (a) (b) (c) (d)

14 सोनू एक स्थान P से पश्चिम की ओर चलता है और अगले स्थान Q पर पहुँचता है। वहाँ से वह उत्तर की ओर घूमता है और स्थान R पर पहुँचता है। वहाँ से वह दक्षिण-पश्चिम की ओर घूमता है और स्थान S पर पहुँचता है। वहाँ से वह उत्तर-पश्चिम की ओर घूमता है और स्थान T पर पहुँचता है। उसकी यात्रा का सही निरूपण किस विकल्प में दिया गया है?

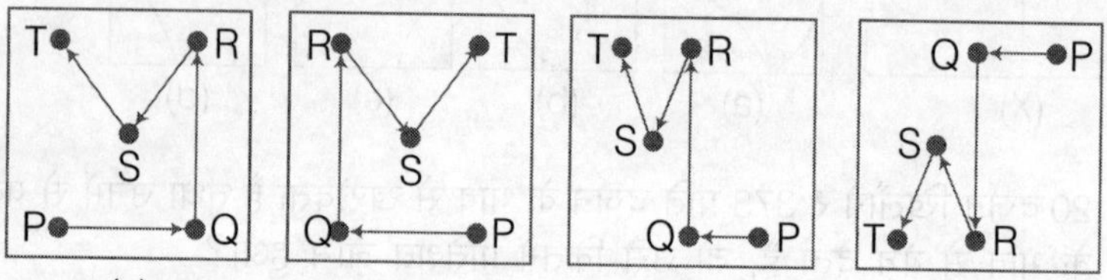

(a) (b) (c) (d)

15 निम्न श्रृंखला में अगला पद क्या होगा?

130, 215, 300, 345, ?

(a) 400 (b) 430 (c) 500 (d) 560

16 दी गई चार विकल्प आकृतियों में से आकृति (X) की सही प्रतिबिम्ब आकृति का चयन कीजिए।

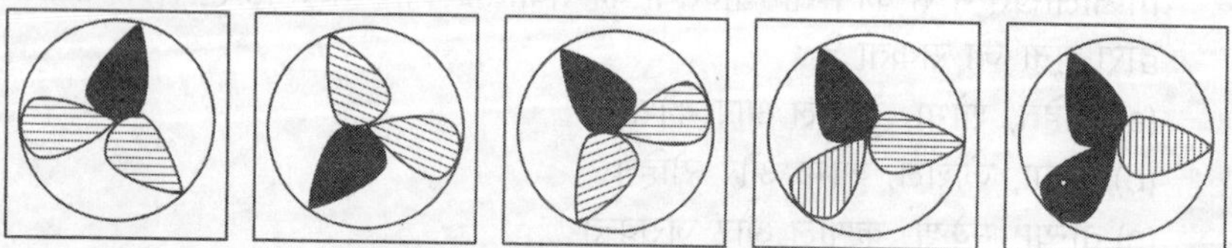

(x) (a) (b) (c) (d)

17 श्रीमान X, श्रीमान Y को तीन फोटोग्राफ की ओर इशारा करते हुए कहता है ''फोटोग्राफ I वाले व्यक्ति मेरे चाचा हैं जोकि, फोटोग्राफ II वाले व्यक्ति को चाचा बुलाते हैं। फोटोग्राफ III वाला व्यक्ति, फोटोग्राफ II वाले व्यक्ति द्वारा चाचा बुलाया जाता है।'' श्रीमान X, फोटोग्राफ II वाले व्यक्ति से किस प्रकार सम्बन्धित है?

(a) पोता (b) पोती (c) परपोता (d) इनमें से कोई नहीं

18 निम्न में से कौन-सी आकृति भिन्न है?

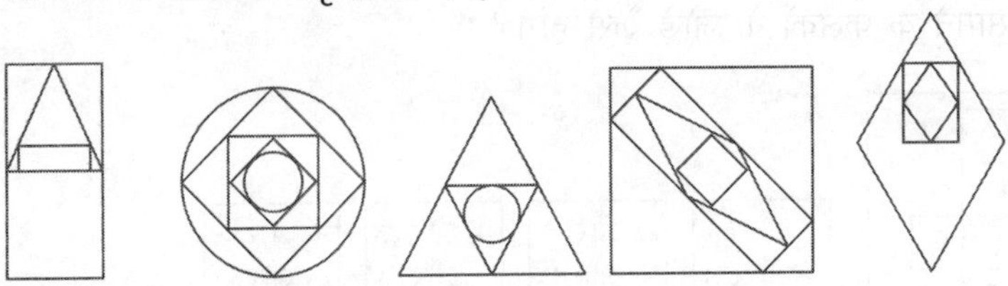

(a) (b) (c) (d) (e)

19 1200 मी लम्बे वृत्ताकार ट्रैक में, A तथा B एक ही बिन्दु से एक ही समय पर क्रमशः 18 किमी/घण्टा तथा 27 किमी/घण्टा की चाल से दौड़ना प्रारम्भ करते हैं। वे पहली बार प्रारम्भिक बिन्दु पर कितनी देर बाद एक-दूसरे से मिलेंगे, जब

(i) वे समान दिशा में दौड़ रहे हों।

(ii) वे विपरीत दिशा में दौड़ रहे हों।

(a) 240, 160 (b) 480, 480 (c) 240, 240 (d) 160, 480

20 निम्न आकृति आव्यूह में प्रश्नचिन्ह (?) के स्थान पर कौन-सी विकल्प आकृति आएगी?

(a) (b) (c) (d)

21 केट अपनी गणित के छः टेस्ट परीक्षाओं में निम्न अंक प्राप्त करती है

88, 92, 74, x, 94, 85

यदि एक टेस्ट में अधिकतम सम्भावित अंक 100 हैं, तो क्या केट परीक्षा में औसतन अंक 90 प्राप्त कर सकती है?

22 किसी काम को पूरा करने के लिए x, y और z को क्रमशः 8, 12, 16 दिन लगते हैं। यदि उस पर पहले x, 2 दिन काम करे, उसके पश्चात् y उतने दिन काम करे जब तक z के लिए 25% काम शेष रहे, फिर z उस काम को पूरा करे, तो काम को पूरा करने में कुल कितने दिन लगेंगे?

(a) 10 (b) 12 (c) 14 (d) 15

23 एक वर्गाकार कागज के टुकड़े को बीच से मोड़ा जाता है तथा इसे दो बराबर आयतों में काट दिया जाता है। वर्गाकार टुकड़े के सम्बन्ध में, निम्न में से कौन-सा कथन सत्य है?

(a) दोनों आयतों का क्षेत्रफल वर्ग के क्षेत्रफल से अधिक है

(b) वर्ग का परिमाप हमेशा दोनों आयतों के परिमाप के योग से अधिक है

(c) दोनों आयतों के परिमापों का योग वर्ग के परिमाप का $1\frac{1}{2}$ गुना है

(d) वर्ग का क्षेत्रफल सदैव दोनों आयतों के क्षेत्रफल के योग के तीन गुने से अधिक है

24 यदि घन बनाने के लिए आकृति (X) में दर्शाए अनुसार कागज को मोड़ा जाए, तो आमने-सामने के फलकों के जोड़े कैसे होंगे?

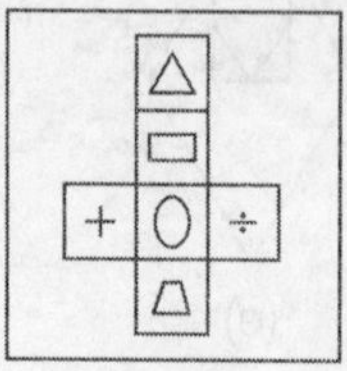

(X)

(a)	(b)	(c)	(d)
+ और ○	△ और ○	+ और △	+ और ÷
÷ और ▭	+ और ÷	÷ और ⏢	△ और ⏢
△ और ⏢	⏢ और ▭	○ और ▭	▭ और ○

25 नीचे दिया गया ग्राफ किसी कम्पनी के वर्ष 1995 से 2000 तक के वार्षिक प्रतिशत लाभ को दर्शाता है।

$$\text{प्रतिशत लाभ} = \frac{\text{आय} - \text{व्यय}}{\text{व्यय}} \times 100$$

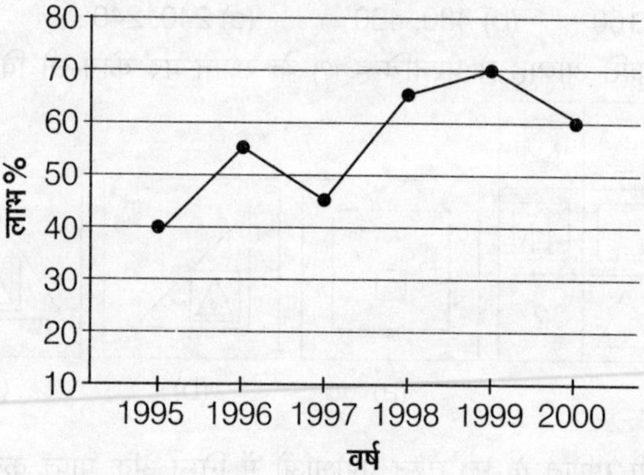

यदि वर्ष 1996 और 1999 में व्यय समान हो, तो वर्ष 1996 और 1999 में आय अनुपात होगा

(a) 1 : 1 (b) 2 : 3 (c) 13 : 14 (d) 9 : 10

देखें अपना IQ स्कोर

स्कोर $\frac{\quad}{25}$ IQ रेटिंग

- Genius 23-25
- Intelligent 20-22
- Good 16-19
- Average 12-15

जाँचें अपना IQ टेस्ट 4

1 नीचे आकृतियों का एक अनुक्रम दिया गया है जिसका वर्गों में समूहीकरण किया जा सकता है। दिए गए विकल्पों में से उस समूह को चुनिए, जिसमें आकृतियों को समूहबद्ध किया जा सकता है।

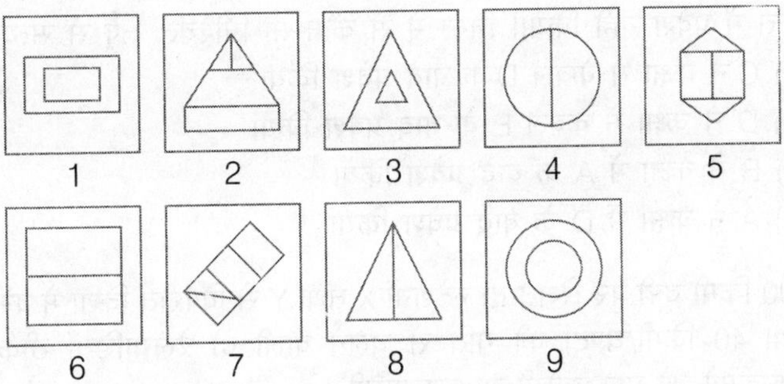

(a) 1, 3, 8; 2, 4, 6; 5, 7, 9
(b) 1, 2, 3; 4, 5, 6; 7, 8, 9
(c) 3, 4, 7; 2, 5, 9; 1, 6, 8
(d) 1, 3, 9; 4, 6, 8; 2, 5, 7

2 उस संख्या को ज्ञात कीजिए जो किसी भी स्थिति में संख्या द्वारा गुणा किए जाने पर सदैव वही रहेगी बशर्ते कि गुणनफल के अंकों को एकसाथ जोड़ा जाए।

(a) 8 (b) 9 (c) 6 (d) 7

3 नीचे दी गई पाँच आकृतियों में से ऐसी तीन आकृतियों का चयन कीजिए जिन्हें आपस में मिलाकर एक त्रिभुज बनाया जा सके।

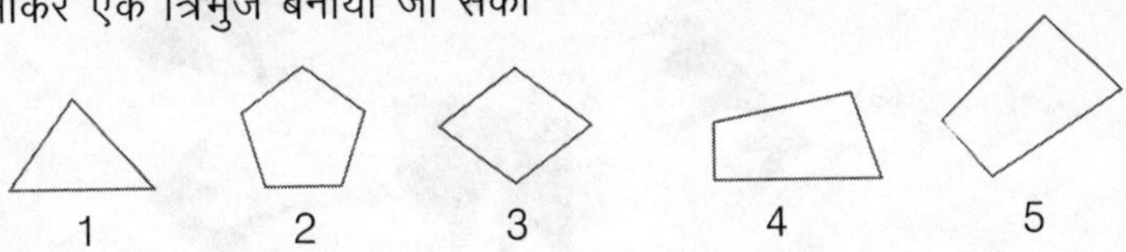

(a) 123 (b) 234 (c) 145 (d) इनमें से कोई नहीं

4 निम्न श्रृंखला में अगला पद ज्ञात कीजिए।

1ZA, 3YB, 6XC, 10WD, ?

(a) 17XF (b) 15VE (c) 19FX (d) 11XI

5 निम्न आव्यूह में प्रश्नचिन्ह (?) के स्थान पर कौन-सी संख्या आएगी?

41	43	4
47	53	36
?	61	4

(a) 57 (b) 59 (c) 63 (d) 67

6 नीचे तालिका में पहली पंक्ति में कुछ अक्षर दिए गए हैं और दूसरी पंक्ति में संख्याएँ। संगत संख्याएँ अक्षरों के और अक्षर संख्याओं के संकेत हैं।

अक्षर	X	N	G	P	M	B	S	T	C	H
संख्या	2	5	8	0	6	3	9	7	1	4

नीचे दिए गए विकल्पों में से 92GC54 का सही कोड चुनिए।

(a) SX81NH (b) SXCGNH (c) SX18NH (d) SX81NH

7 A, B, C, D व E कक्षा में पाँच छात्र हैं। D ने A या E के साथ प्रवेश नहीं किया, बल्कि C से पहले किया। B ने C से पहले प्रवेश नहीं किया, बल्कि A के साथ किया तथा E ने सबसे अन्त में प्रवेश नहीं किया। निम्न में से कौन-सा निश्चित रूप से सत्य है?

(a) C ने कक्षा में केवल D के बाद प्रवेश किया
(b) D ने कक्षा में केवल E के बाद प्रवेश किया
(c) B ने कक्षा में A के बाद प्रवेश किया
(d) A ने कक्षा में D के बाद प्रवेश किया

8 200 किमी दूरी पर स्थित दो स्टेशनों X तथा Y से विपरीत दिशा में क्रमशः 60 किमी/घण्टा तथा 40 किमी/घण्टा की गति से चलने वाली दो रेलगाड़ियाँ ठीक कितने समय बाद एक-दूसरे को पार करेंगी या टकराएँगी?

(a) 2 घण्टे (b) 3 घण्टे (c) $2\frac{1}{2}$ घण्टे (d) $1\frac{1}{2}$ घण्टे

9 मध्य आकृति के चारों ओर दी गई आकृतियों में से कौन-सी आकृति मध्य आकृति में फिट करने पर एक पूर्ण आयताकार ब्लॉक बनाएगी?

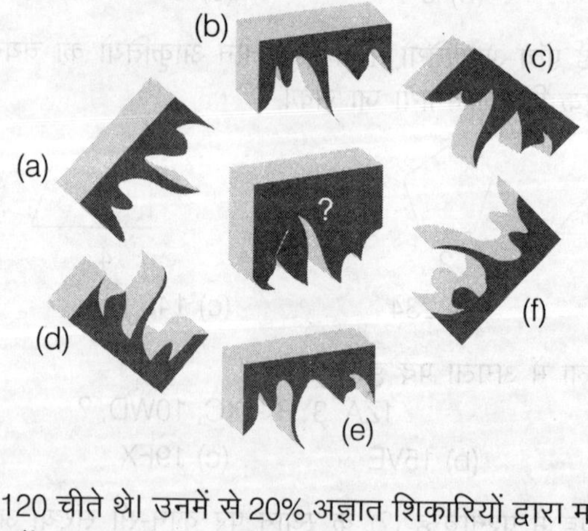

10 एक अभ्यारण्य में 120 चीते थे। उनमें से 20% अज्ञात शिकारियों द्वारा मार दिए गए, शेष में से 50% अभ्यारण्य में आग लगने से मर गए, अब अभ्यारण्य में कितने चीते जीवित बचे हैं?

(a) 96 (b) 48 (c) 100 (d) 50

11 निम्न में से कौन-सी आकृति भिन्न है?

(a) (b) (c) (d) (e)

12 पाँच पुरुषों और तीन महिलाओं में से एक पुरुष और एक महिला वाली दो सदस्यी समिति का गठन किया जाना है। महिलाओं में से, श्रीमती A उस समिति की सदस्य नहीं होना चाहती जिसमें श्रीमान B को सदस्य के रूप में लिया गया हो। कितने विभिन्न तरह से समिति का गठन सम्भव है?

(a) 15 (b) 3 (c) 10 (d) 14

13 निम्न में से कौन-सा विकल्प भिन्न है?

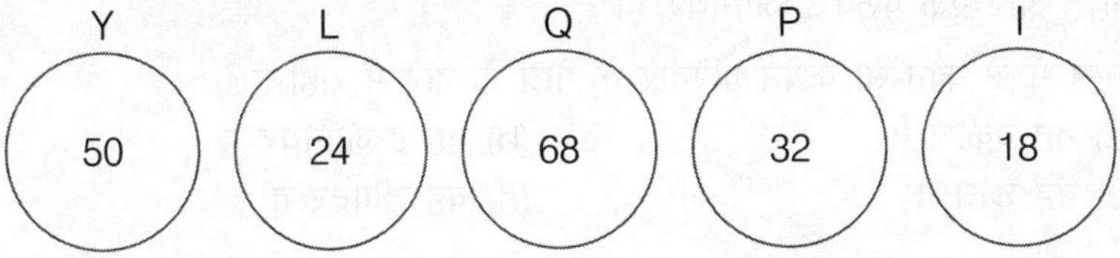

(a) (b) (c) (d) (e)

14 एक शहर की जनसंख्या हर 7 वर्ष में दोगुनी हो जाती है। यदि 2009 में जनसंख्या 12483 थी, तो किस वर्ष तक जनसंख्या में 49932 की वृद्धि हो जाएगी?

(a) 2016 (b) 2023 (c) 2030 (d) 2037

15 नीचे दिए गए आरेख में प्रत्येक त्रिभुज उन ग्राहकों का प्रतिनिधित्व करता है जिनके पास टीवी के कनेक्शन हैं। इनमें से कौन-से त्रिभुज उन ग्राहकों को भी दर्शाते हैं जिनके पास सभी चैनलों के कनेक्शन हैं?

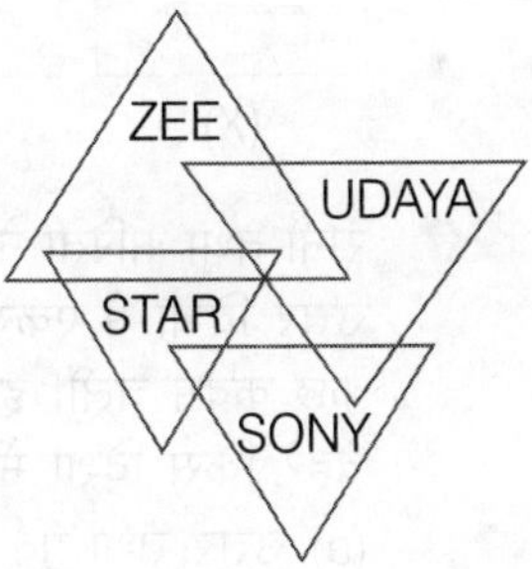

(a) ZEE
(b) SONY
(c) STAR और UDAYA
(d) ZEE और SONY

16 निम्न कथनों का परीक्षण कीजिए।

I. जॉर्ज सोमवार को संगीत की कक्षा में उपस्थित होता है।
II. वह बुधवार को गणित की कक्षा में उपस्थित होता है।
III. उसकी साहित्य की कक्षा शुक्रवार को नहीं होती।
IV. वह गणित की कक्षा के दूसरे दिन इतिहास की कक्षा में उपस्थित होता है।
V. मंगलवार को, वह अपनी खेलकूद की कक्षा में उपस्थित होता है।

यदि वह एक दिन में एक ही विषय की कक्षा में जाता हो और रविवार को उसका अवकाश रहता हो, तो अन्य किस दिन भी उसका अवकाश रहेगा?

(a) सोमवार (b) शुक्रवार (c) शनिवार (d) बुधवार

17 नीचे दी गई आकृतियों को उचित अनुक्रम में व्यवस्थित करके सही विकल्प का चयन कीजिए।

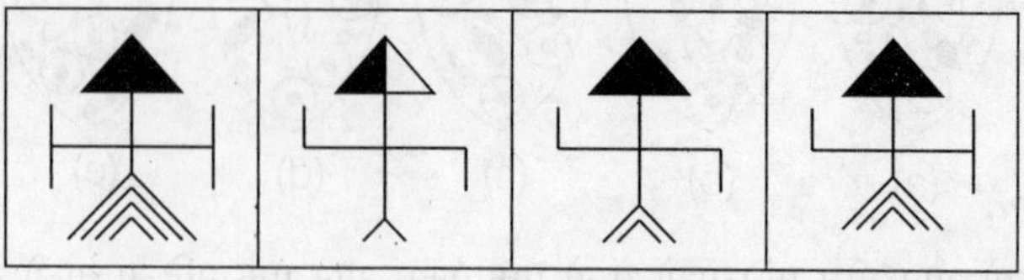

(a) ABCD (b) BCDA (c) BDAC (d) DCBA

18 P, Q, R, S, T, U एक परिवार के 6 सदस्य हैं, जिनमें दो विवाहित जोड़े हैं। शिक्षक T का विवाह डॉक्टर S से हुआ है जो R और U की माँ है। वकील Q का विवाह P से हुआ है। P का एक पुत्र और एक पौत्र है। दो विवाहित महिलाओं में एक गृहिणी है। परिवार में एक छात्र भी है और एक पुरुष इन्जीनियर है।

निम्न में से कौन-सा कथन परिवार के पौत्र के बारे में सही है?

(a) वह वकील है (b) वह इन्जीनियर है
(c) वह छात्र है (d) वह डॉक्टर है

19 उस विकल्प आकृति को चुनिए, जिसमें आकृति (X) के समान बिन्दुओं को रखने पर वहीं प्रतिबन्ध पूरा हो जाए, जैसा कि आकृति (X) में है।

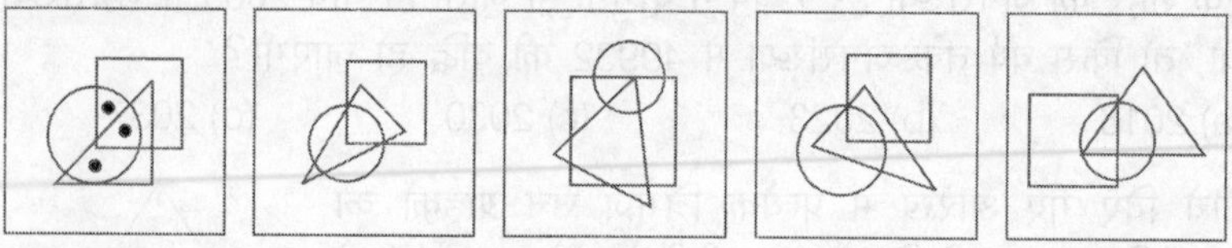

(X) (a) (b) (c) (d)

20 रानी तथा सरिता ने एक स्थान X से यात्रा आरम्भ की। रानी पश्चिम दिशा में और सरिता उत्तर दिशा में एकसमान गति से चलीं। कुछ समय बाद दोनों अपनी बाईं ओर मुड़ी और कुछ कदम चलीं। इसके बाद, यदि वे दोबारा अपने बाईं ओर मुड़ें, तो X स्थान से उनके चेहरे किस दिशा में होंगे?

(a) उत्तर तथा पूर्व (b) उत्तर तथा पश्चिम
(c) पश्चिम तथा उत्तर (d) पूर्व तथा दक्षिण

21 निम्न आकृति में कितने घन हैं?

(a) 38 (b) 40 (c) 42 (d) 45

22 निम्न अनुक्रम में अगली आकृति कौन-सी होगी?

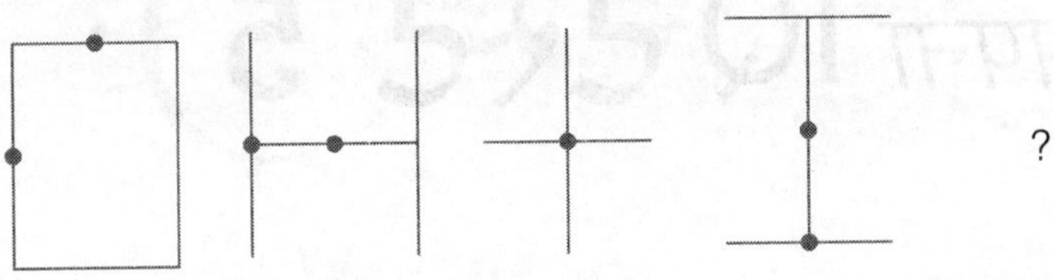

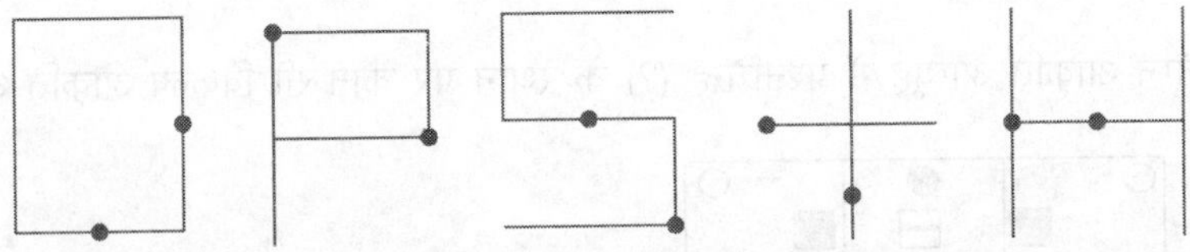

(a) (b) (c) (d) (e)

23 क्रिकेट टीम की औसत आयु 27 वर्ष है। इनमें से 24 तथा 27 वर्ष आयु वाले दो खिलाड़ियों के स्थान पर 23 तथा 28 वर्ष आयु वाले नये खिलाड़ी आ गए, तो अब, टीम की औसत आयु क्या है?

(a) 30 (b) 27 (c) 28 (d) 26

24 चार लड़कियाँ तथा चार लड़के एक वर्ग में केन्द्र की ओर मुख करके बैठे हुए हैं। प्रत्येक वर्ग के कोनों पर तथा उसकी भुजाओं के मध्य-बिन्दुओं पर बैठे हैं। मधु की स्थिति ऊषा के ठीक सामने विकर्ण रूप में है, जो गीता के दाईं ओर बैठी है। गीता से अगला राम, गोपी के सामने है, जो बोस के बाईं ओर बैठा है। सुमा की स्थिति मधु के दाएँ न होकर प्रेमा के सामने है। बोस के सामने कौन बैठा है?

(a) राम (b) प्रेमा (c) गीता (d) मधु

25 दो व्यक्ति A व B, 400 मी के वृत्ताकार ट्रैक में 5 किमी लम्बी रेस में दौड़ते हैं। यदि उनकी चालों का अनुपात 5:4 है, तो विजयी व्यक्ति कितनी बार दूसरे व्यक्ति को पार करेगा?

(a) 3 (b) 2 (c) 4 (d) 1

देखें अपना IQ स्कोर

स्कोर ___/25 IQ रेटिंग ______

- Genius 23-25
- Intelligent 20-22
- Good 16-19
- Average 12-15

जाँचें अपना IQ टेस्ट 5

1 निम्न आकृति आव्यूह में प्रश्नचिन्ह (?) के स्थान पर कौन-सी विकल्प आकृति आएगी?

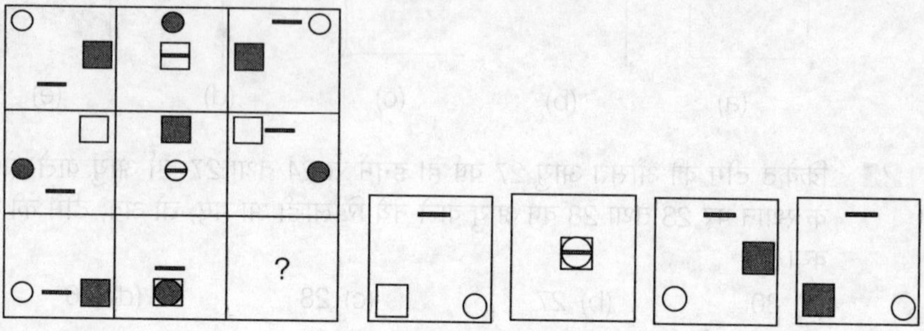

(a) (b) (c) (d)

2 यदि वीनस, मरकरी से अधिक चमकदार है, मरकरी, जुपिटर से अधिक चमकदार नहीं है और जुपिटर, वीनस से अधिक चमकदार है, किन्तु प्लूटो से अधिक चमकदार नहीं है, तो सबसे अधिक चमकदार कौन है?

(a) जुपिटर (b) मरकरी (c) प्लूटो (d) वीनस
(e) इनमें से कोई नहीं

3 नीचे दी गई विकल्प आकृतियों में आकृति (X) की जल प्रतिबिम्ब के समान आकृति का चयन कीजिए।

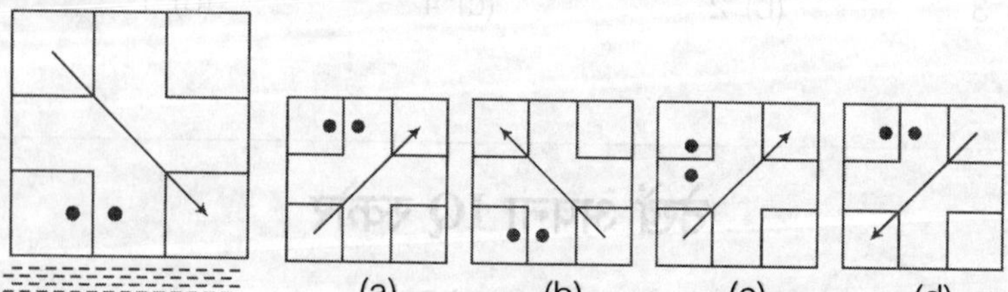

(X) (a) (b) (c) (d)

4 नीचे दिए गए शब्दों को तर्कसंगत क्रम में व्यवस्थित कीजिए।

(a) आवेदन (b) चयन (c) परीक्षा (d) साक्षात्कार
(e) विज्ञापन

5 नीचे दी गई आकृति में कुल कितने त्रिभुज हैं?

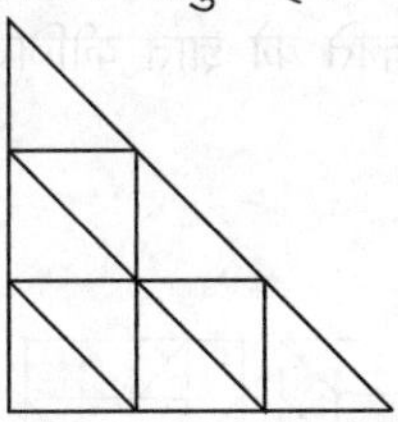

(a) 10 (b) 11 (c) 12 (d) 13

6 दो लड़के अनिल और श्याम एक-दूसरे के विपरीत दिशा में 3 किमी चलते हैं। अनिल पूर्व दिशा की ओर चल रहा है। 3 किमी चलने के बाद दोनों अपने दाईं ओर मुड़कर पुनः 3 किमी चलते हैं। दोनों गणना करके एक-दूसरे के आमने-सामने होने के लिए मुड़ते हैं। श्याम किस दिशा में देख रहा है?

(a) दक्षिण (b) दक्षिण-पूर्व (c) पूर्व (d) उत्तर-पश्चिम

7 विकल्प आकृति (a), (b), (c) तथा (d) में से कौन-सी आकृति दी गई आकृति (X) को पूर्ण वर्ग बनाने के लिए उसमें फिट की जा सकती है?

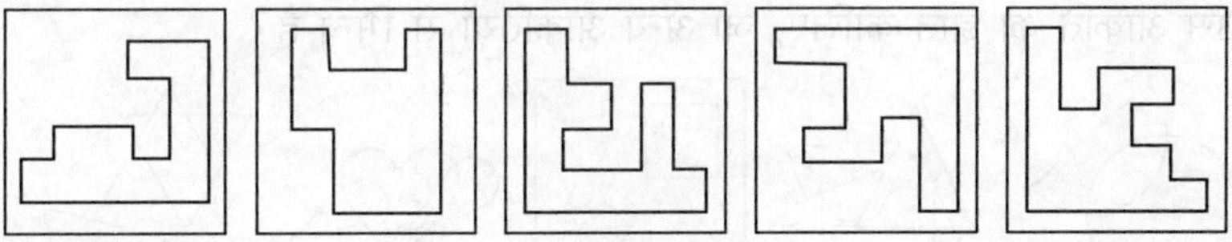

(X) (a) (b) (c) (d)

8 फलों की तीन टोकरियाँ हैं। पहली टोकरी में दूसरी टोकरी से दोगुने फल हैं। तीसरी टोकरी में पहली टोकरी के $\frac{3}{4}$ फल हैं। सभी टोकरियों के फलों का औसत 30 फल हैं। पहली टोकरी में कुल कितने फल हैं?

(a) 20 (b) 30 (c) 40 (d) 45

9 नीचे दी गई आकृति में लुप्त संख्या ज्ञात कीजिए।

1	3	5	35
2	3	6	49
7	?	4	90

(a) 5 (b) 10 (c) 15 (d) 25

10 आरती और सौरभ, श्री/श्रीमति शाह के बच्चे हैं। रीतू और शक्ति, श्री/श्रीमति मेहरा के बच्चे हैं। सौरभ और रीतू विवाहित जोड़ा है और उनकी दो पुत्रियाँ मुक्ति और श्रुति हैं। शक्ति का विवाह रीना के साथ हुआ है और उनके दो बच्चे सुभाष और रेशमा हैं, तो बताइए कि आरती, श्रुति से किस प्रकार सम्बन्धित है?

(a) बुआ (b) चाची (c) पुत्री (d) इनमें से कोई नहीं

11 नीचे दी गई चार विकल्प आकृतियों में से कोई एक आकृति प्रश्न आकृति (X) में सन्निहित है। उस सन्निहित विकल्प आकृति को ज्ञात कीजिए।

(X) (a) (b) (c) (d)

12 एक आदमी अपनी सामान्य चाल की $\frac{3}{4}$ चाल पर चलता हुआ अपने गन्तव्य स्थान पर सामान्य समय से 20 मिनट देरी से पहुँचा। यदि वह अपनी सामान्य चाल से जाता, तो उसे कितना समय और लगता?

(a) 60 मिनट (b) 40 मिनट (c) 50 मिनट (d) 70 मिनट

13 उस आकृति को ज्ञात कीजिए, जो अन्य आकृतियों से भिन्न है?

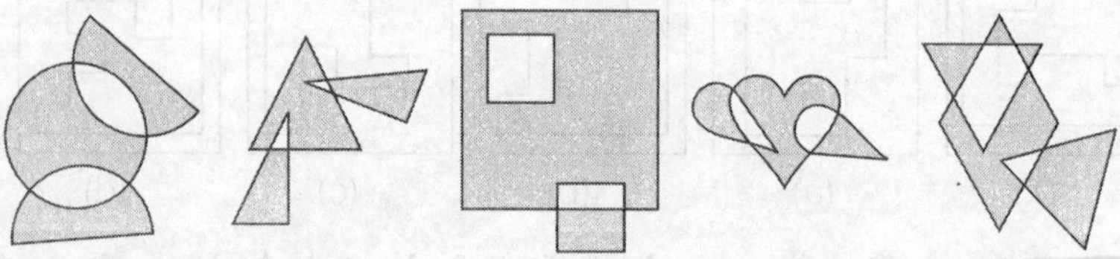

(a) (b) (c) (d) (e)

14 एक पेटेन्ट दवाइयों का उत्पादक अपनी दवा के 12 दर्जन के प्रत्येक ऑर्डर पर एक दर्जन अधिक दवा की बोतलें तथा अंकित मूल्य पर 25% छूट देता है। यदि एक बोतल का अंकित मूल्य ₹ 113 हो, तो ज्ञात कीजिए कि वह एक बोतल को कम-से-कम कितने रुपये में बेचे जिससे कि उसे कोई हानि न हो?

(a) ₹ 75.25 (b) ₹ 78.23 (c) ₹ 79.75 (d) ₹ 73.57

15 **कथन** कुछ डॉक्टर इन्जीनियर हैं।
सभी वैज्ञानिक डॉक्टर हैं।
कुछ मैनेजर लेखक हैं।

उपरोक्त के आधार पर निम्न में से कौन-सा निष्कर्ष सत्य है?

(a) कोई भी डॉक्टर वैज्ञानिक नहीं है (b) सभी डॉक्टर वैज्ञानिक हैं
(c) कुछ लेखक वैज्ञानिक हैं (d) सभी डॉक्टर लेखक हैं
(e) कुछ वैज्ञानिक इन्जीनियर हो सकते हैं

16 निम्न में से भिन्न विकल्प का चयन कीजिए।

(a)	(b)	(c)	(d)
3 | 15 | 2	4 | 20 | 2	4 | 14 | 3	2 | 13 | 5
9	12	2	6

17 एक विक्रेता को 33 मी कपड़ा बेचकर उसके 11 मी कपड़े की लागत प्राप्त हो जाती है। तद्नुसार, उसका लाभ प्रतिशत कितना है?

(a) 33% (b) $33\frac{1}{3}\%$ (c) $35\frac{1}{2}\%$ (d) $36\frac{1}{3}\%$

18 जिम, सिड, अली, जैक और जॉर्ज एक गोल्फ टूर्नामेन्ट में हिस्सा लेते हैं। जैक ने अली से अधिक शॉट खेले, सिड ने जैक से अधिक शॉट खेले, अली ने जिम से अधिक शॉट खेले तथा जॉर्ज ने सिड से कम शॉट खेले। किन्हीं भी दो खिलाड़ियों ने बराबर शॉट नहीं खेले। निम्न में से कौन-सा एक निष्कर्ष सही है?

(a) जैक ने जिम से अधिक, लेकिन अली से कम शॉट खेले

(b) जैक ने जिम और सिड दोनों से कम शॉट खेले

(c) जैक ने जिम से अधिक शॉट खेले और जिम ने अली से कम शॉट खेले

(d) जॉर्ज ने अली से अधिक शॉट खेले

19 किसी विशेष अनुदूरिक रूपान्तरण में एक घन के तीन दृश्य नीचे दिए गए हैं

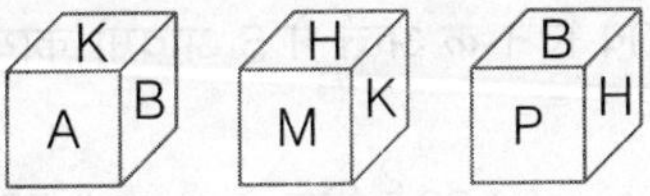

A के सम्मुख फलक पर कौन-सा अक्षर है?

(a) H (b) P (c) B (d) M

20 किसी कोड भाषा में अंग्रेजी वर्णक्रम के सभी अक्षरों के लिए भिन्न-भिन्न पूर्णांक संख्याएँ निर्धारित की गई हैं और किसी शब्द में अक्षरों के मानों का आपस में गुणनफल उस शब्द के मान के बराबर है।

उदाहरणतया, यदि F = 5, O = 3 तथा X = 2, तब FOX = 30

अब यदि TEEN = 52, TILT = 77, TALL = 363 हो, तब TATTLE का मान क्या होगा?

(a) 76 (b) 66 (c) 121 (d) 484

21 नीचे दिए गए अनुक्रम के प्रश्नचिन्ह (?) के स्थान पर क्या आएगा?

Q1	P2	N4	?	G11

(a) J9 (b) H7 (c) K7 (d) M9

22 दो वर्ष पहले मेरी मोटरबाइक का मूल्य ₹ 62500 था। यदि प्रतिवर्ष 4% मूल्य घट जाता है, तो इस समय उसका मूल्य क्या होगा?

(a) ₹ 57600 (b) ₹ 55600 (c) ₹ 756000 (d) ₹ 56700

23 किसी व्यापारी ने बिक्री के समय रेडिमेड वस्त्रों के मूल्यों पर 25% की छूट देने की घोषणा की है। यदि कोई खरीदार ₹ 400 की छूट लेना चाहता है, तो उसे ₹ 320 मूल्य वाली कितनी कमीजें खरीदनी होंगी?

(a) 10 (b) 5 (c) 15 (d) 8

24 नीचे दी गई विकल्प आकृतियों में से ऐसी आकृति चुनिए, जो दी गई शृंखला को जारी रखती है।

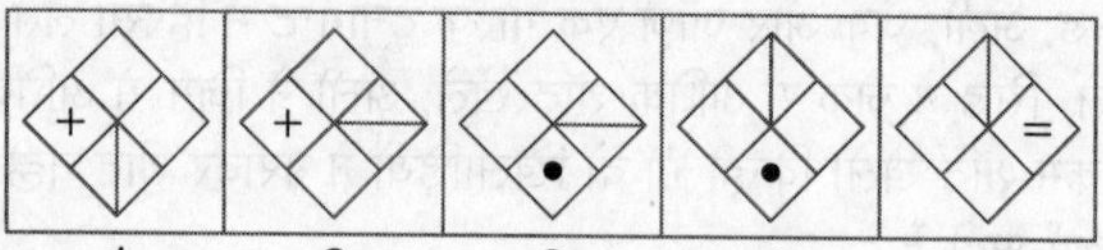

1 2 3 4 5

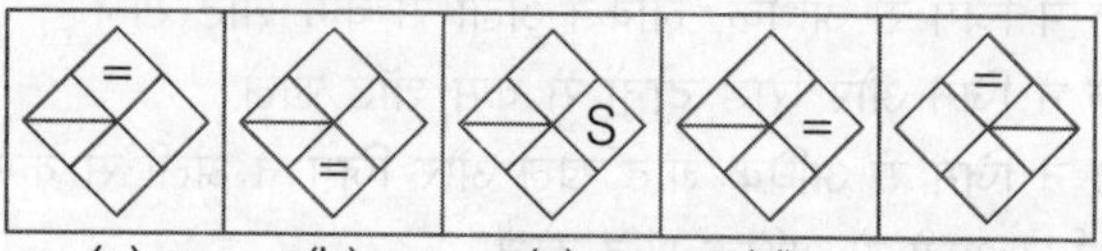

(a) (b) (c) (d) (e)

25 40 आदमी किसी कार्य को 40 दिन में पूरा कर सकते हैं। उन्होंने एकसाथ मिलकर कार्य करना आरम्भ किया, किन्तु प्रत्येक 10वें दिन के अन्त में 5 आदमी कार्य छोड़ते रहे। कार्य कितने समय में पूरा हुआ होगा?

(a) 55 दिन (b) $55\frac{1}{2}$ दिन (c) $56\frac{2}{3}$ दिन (d) 58 दिन

देखें अपना IQ स्कोर

स्कोर $\frac{\quad}{25}$ IQ रेटिंग

- Genius 23-25
- Intelligent 20-22
- Good 16-19
- Average 12-15

जाँचें अपना IQ टेस्ट 6

1

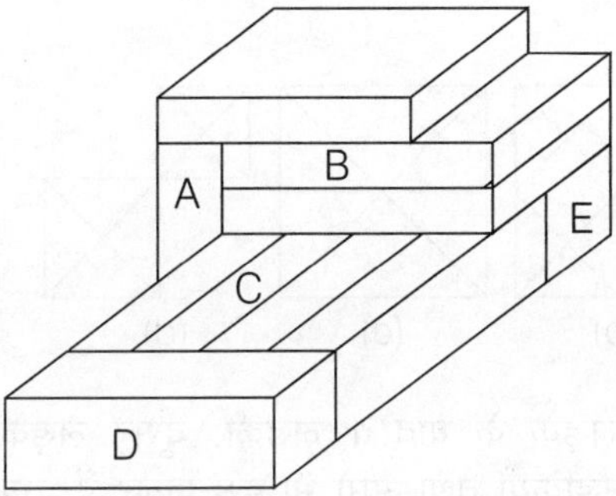

नीचे दिए गए बॉक्स में उन ब्लॉकों की संख्या भरिए, जो ऊपर दी गई आकृति में प्रत्येक अक्षरांकित ब्लॉकों को स्पर्श करता है।

A	
B	
C	
D	
E	

2 वे बच्चे जिन्होंने परीक्षा पास की है, उनमें से श्यामा ऊपर से 12वीं तथा नीचे से 28वीं हैं। आठ बच्चे परीक्षा में फेल हो गए, जबकि पाँच बच्चे परीक्षा में सम्मिलित नहीं हुए। कक्षा में कुल कितने बच्चे थे?

(a) 52 (b) 39 (c) 44 (d) 47

3 नीचे दी गई विकल्प आकृतियों में से कौन-सी आकृति आव्यूह में प्रश्न चिन्ह (?) के स्थान पर आएगी?

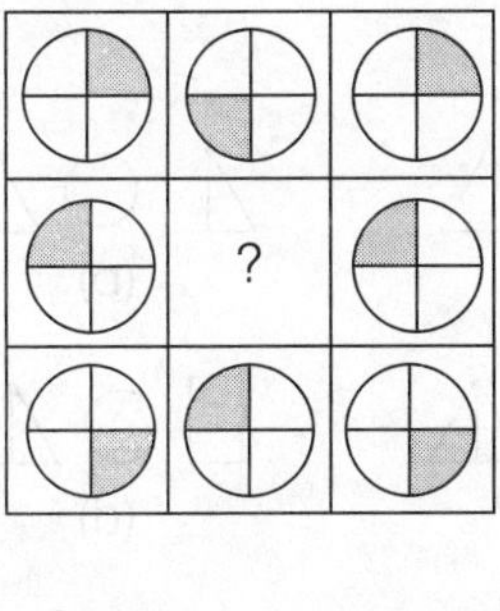

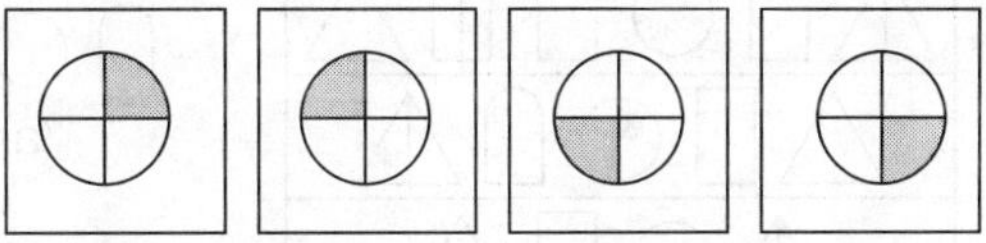

(a) (b) (c) (d)

4 श्रीमान X जोकि एक गणितज्ञ है '6 से सम्बन्धित' संख्याओं को इस प्रकार परिभाषित करते हैं कि या तो संख्या 6 से विभाजित हो या संख्या के अंकों का योग 6 हो या संख्या के अंकों में से एक अंक 6 हो। शेष अन्य सभी संख्याएँ '6 से सम्बन्धित नहीं हैं।' इस परिभाषा के आधार पर 1 से 60 के बीच पूर्णांक संख्याओं में से कितनी संख्याएँ 6 से सम्बन्धित नहीं हैं?

(a) 18 (b) 24 (c) 42 (d) 43

5 नीचे दी गई उत्तर आकृतियों में से कौन-सी आकृति प्रश्न आकृति (X) से बनाई जा सकती है?

प्रश्न आकृति **उत्तर आकृतियाँ**

(X) (a) (b) (c) (d)

6 35 बच्चों की एक पंक्ति में, पहले लड़के के बाद 1 लड़की, दूसरे लड़के के बाद 2 लड़कियाँ, तीसरे लड़के के बाद 3 लड़कियाँ तथा आगे भी इस प्रकार हैं, तब पंक्ति में लड़कियों की संख्या क्या है?

(a) 7 (b) 20 (c) 28 (d) 30

7 नीचे दिए गए अन्तिम ग्रिड में कौन-सी संख्या लुप्त है?

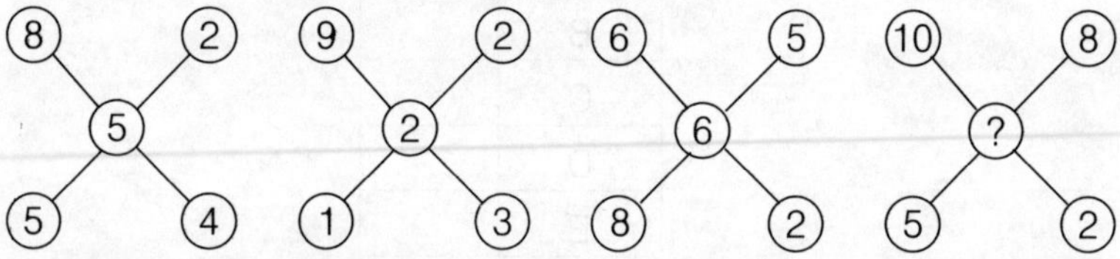

8 एक लड़की कुछ विशेष सिक्कों को एकत्र किया करती थी। जब वह 20 वर्ष की थी, तब उसने सिक्कों को एकत्र करने के लिए एक बॉक्स खरीदा। वह अपने प्रत्येक जन्मदिन पर, इसमें 250 सिक्के रखती थी तथा उसकी बहन भी सिक्के एकत्र करती थी, जोकि अपने प्रत्येक जन्मदिन पर इसमें से 50 सिक्के ले लेती थी। जब वह लड़की 60 वर्ष की हुई, तब उसने अपना बॉक्स खोला, तो उसमें केवल 500 सिक्के थे। यह तार्किक रूप से कैसे सम्भव है?

9 नीचे दी गई आकृति में अगली पंक्ति कौन-सी होगी?

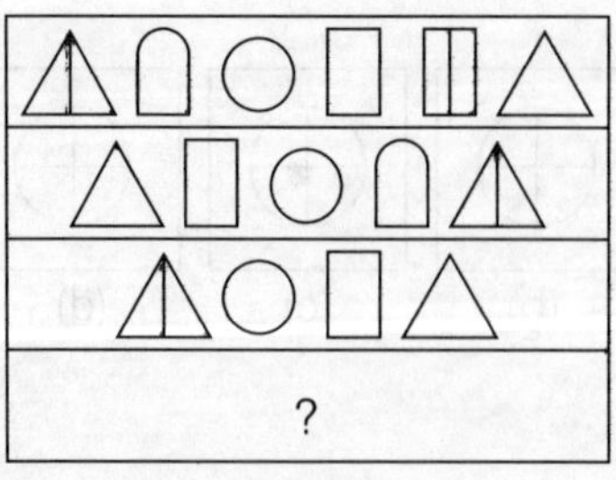

10 यदि →, + के लिए, ←, – के लिए, ↓, × के लिए, ↑, ÷ के लिए, ↖ = के लिए, ↘ > के लिए है, तो बताइए निम्नलिखित में से कौन-सा व्यंजक सही है?

(a) 5 ↓ 6 → 6 ← 12 ↑ 4 ↖ 30 (b) 3 ↓ 4 → 15 ↑ 3 ← 7 ↖ 10

(c) 10 ← 8 → 5 ↓ 4 ← 3 ↑ 1 ↖ 20 (d) 6 → 7 → 82 ↓ 16 ↑ 8 ↖ 15

11 जिस प्रकार,  सम्बन्धित है  से,

उसी प्रकार, 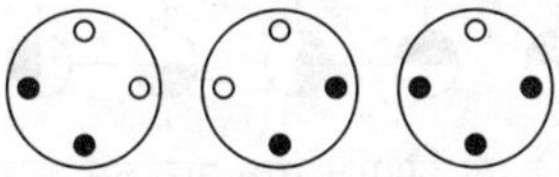 सम्बन्धित है

(a) (b) (c) (d) (e)

12 एक परिवार के सभी छः सदस्य A, B, C, D, E तथा F एकसाथ यात्रा कर रहे हैं। B, C का पुत्र है लेकिन C, B की माता नहीं है। A और C विवाहित युगल हैं। E, C का भाई है। D, A की पुत्री है। F, B का भाई है, तो A के कितने बच्चे हैं?

(a) 1 (b) 2 (c) 3 (d) 4

13 आधी छुट्टी (मध्यान्तर) के बाद एक विद्यालय 1 बजे से 3 : 52 बजे अपराह्न तक खुलता है। इस अवधि में चार पीरियड लगे थे। प्रत्येक पीरियड के बाद एक कमरे से दूसरे कमरे तक जाने में 4 मिनट की छूट दी जाती है। बताइए कि प्रत्येक पीरियड कितने मिनट का था?

(a) 30 मिनट (b) 43 मिनट (c) 39 मिनट (d) 40 मिनट

14 नीचे दी गई विकल्प आकृतियों में से ऐसी आकृति का चयन कीजिए, जिसमें आकृति (X) सन्निहित है।

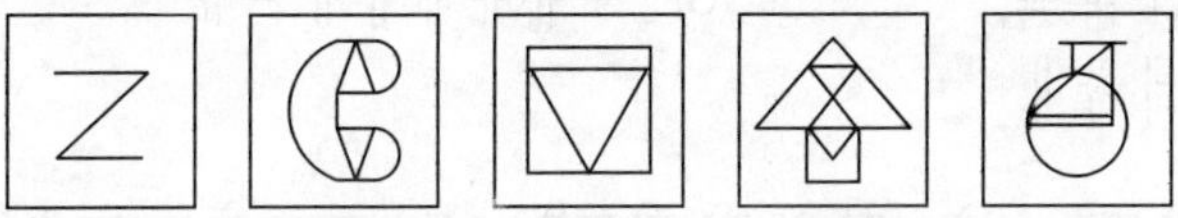

(X) (a) (b) (c) (d)

15 दो वर्ष पूर्व माता की आयु अपने पुत्र से चार गुनी थी। अब से 6 वर्ष बाद उसकी आयु अपने पुत्र की आयु के दोगुने से 10 वर्ष अधिक होगी। उनकी आयु का वर्तमान अनुपात क्या है?

(a) 38 : 11 (b) 44 : 11 (c) 5 : 1 (d) 7 : 2

16 निम्न आव्यूह में, प्रश्नचिन्ह (?) के स्थान पर कौन-सी संख्या आएगी?

7	10	9	6
5	1	3	7
2	3	2	1
4	12	8	?

(a) 1 (b) 0 (c) 5 (d) 7

17 छः संख्याओं का औसत x है तथा उनमें से तीन संख्याओं का औसत y है। यदि शेष तीन संख्याओं का औसत z हो, तो निम्न में से कौन-सा विकल्प सही है?

(a) $x = y + z$ (b) $2x = y + z$

(c) $x = 2y + z$ (d) $x = y + 2z$

18 निम्नांकित आकृतियों पर विचार कीजिए।

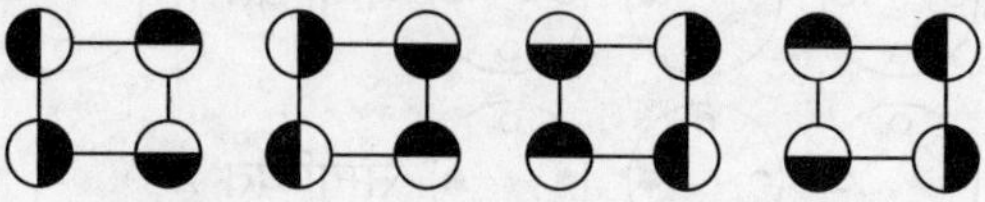 ?

ऊपर अंकित चार आकृतियों में मनकों की स्थिति एक अनुक्रम के अनुसार बदलती है। उसी अनुक्रम का अनुसरण करते हुए निम्नांकित आकृतियों में से कौन-सी एक, ऊपर की पाँचवीं आकृति के रूप में आनी चाहिए?

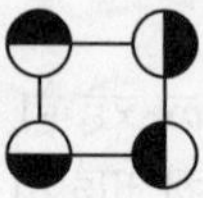
(a)

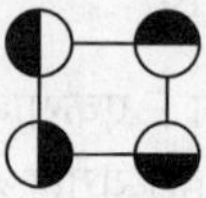
(b)

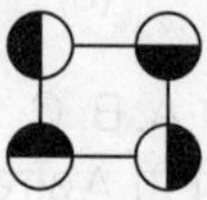
(c)

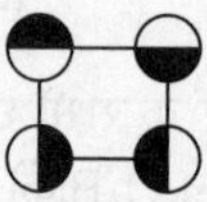
(d)

19 माही और स्नेहा एक शॉल बुनना प्रारम्भ करती हैं। 10 घण्टे बाद स्नेहा छोड़ देती है तथा माही शेष शॉल को अकेले 6 घण्टे में बुनती है। यदि माही अकेले उस शॉल को 20 घण्टे में बुन सकती है, तो स्नेहा उस शॉल को अकेले कितने घण्टों में बुन लेगी?

(a) 15 (b) 25 (c) 40 (d) 50

20 निम्न आकृतियों में से भिन्न आकृति का चयन कीजिए।

(a) 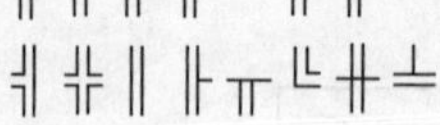

(b) 

(c) 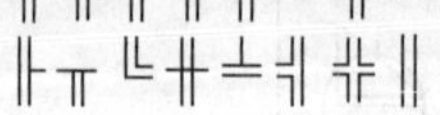

(d)

(e) 

21 यदि 1 किमी दौड़ में रवि, अंकित को 35 मी की दूरी ˙.I 7 सेकण्ड से हराता है, तब रवि द्वारा दौड़ पूरी करने में लिया गया समय ज्ञात कीजिए।

(a) 190 (b) 200 (c) 193 (d) 195

22 यदि ₹ 200 से ₹ 300 तक कीमत वाली पुस्तकों को ₹ 300 से ₹ 425 तक बेचा जाता है। आठ पुस्तकों को बेचकर अधिकतम सम्भावित लाभ कितना कमाया जा सकता है?

(a) ₹ 225 (b) ₹ 1800 (c) ₹ 1600 (d) ₹ 1000

23 दिए गए चित्र में, तीन वृत्त क्रमश: व्यवसायी राजनीतिज्ञ एवं शिक्षित को दर्शाते हैं। ये तीनों वृत्त एक-दूसरे को काटते हैं जिसे संख्याओं से दर्शाया गया है। संख्या 5 सन्दर्भित है

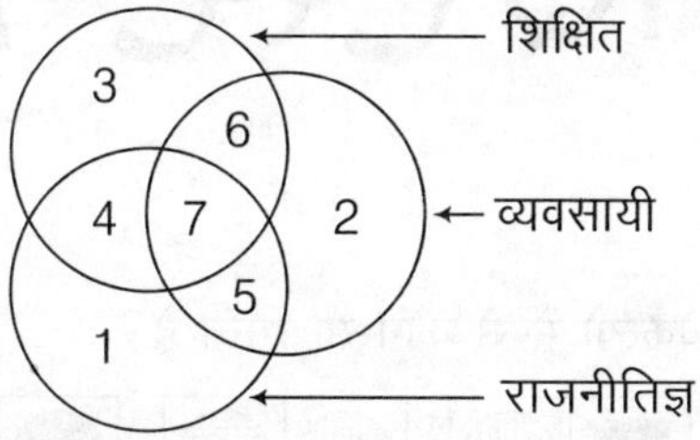

(a) कुछ एक राजनीतिज्ञ, शिक्षित व्यवसायी हैं
(b) कुछ एक शिक्षित व्यवसायी हैं, लेकिन राजनीतिज्ञ नहीं हैं
(c) कुछ एक शिक्षित राजनीतिज्ञ हैं, लेकिन व्यवसायी नहीं हैं
(d) कुछ एक व्यवसायी राजनीतिज्ञ हैं, लेकिन शिक्षित नहीं हैं

24 एक सुबह सूर्योदय के बाद, सुरेश एक खम्भे के सामने मुख करके खड़ा था। यदि खम्भे की छाया उसके एकदम बाईं ओर पड़ती है, तो वह किस ओर मुख करके खड़ा था?

(a) पूर्व (b) पश्चिम (c) उत्तर (d) दक्षिण

25 एक विद्यालय में, कुल छात्रों की संख्या 2160 है। निम्न पाई चार्ट में उन छात्रों द्वारा प्रयुक्त विभिन्न वाहनों को दर्शाया गया है। इस चार्ट के आधार पर प्रश्न का उत्तर दीजिए।

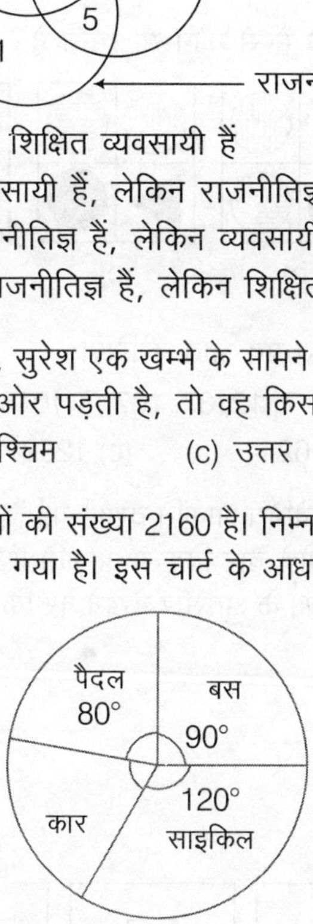

कार द्वारा विद्यालय आने वाले छात्रों का प्रतिशत कितना है?

(a) 19.44% (b) 29% (c) 21.5% (d) 18.75%

देखें अपना IQ स्कोर

स्कोर ―/25 IQ रेटिंग

- Genius 23-25
- Intelligent 20-22
- Good 16-19
- Average 12-15

जाँचें अपना IQ टेस्ट 7

1 नीचे दिए गए पाँच विकल्पों में से कौन-सा भिन्न है?

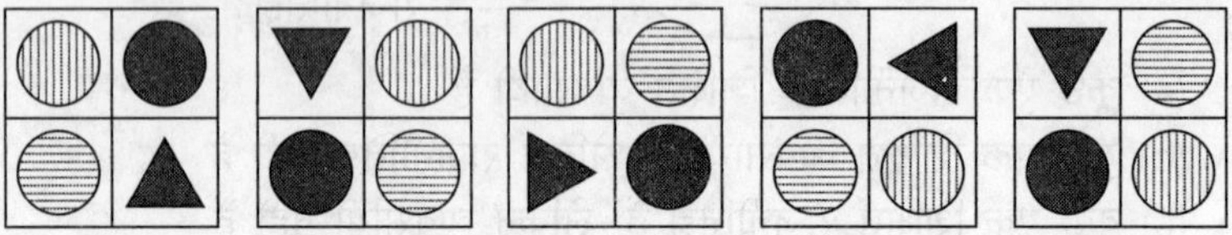

(a) (b) (c) (d) (e)

2 नीचे दी गई श्रृंखला में लुप्त पद ज्ञात कीजिए।

7, 12, 37, 107, ?, 10187

(a) 1562 (b) 1362 (c) 1262 (d) 1460

3 नीचे आकृति (X) में एक त्रिविमिय आकृति दर्शाई गई है, जिसमें एक तीर का निशान आकृति की ओर संकेत करता है। नीचे चार विकल्प आकृतियाँ दी गई हैं। आपको यह बताना है कि आकृति (X) को तीर की दिशा के अनुसार देखने पर किस विकल्प आकृति जैसी दिखेगी?

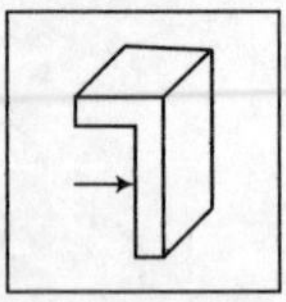

(X)

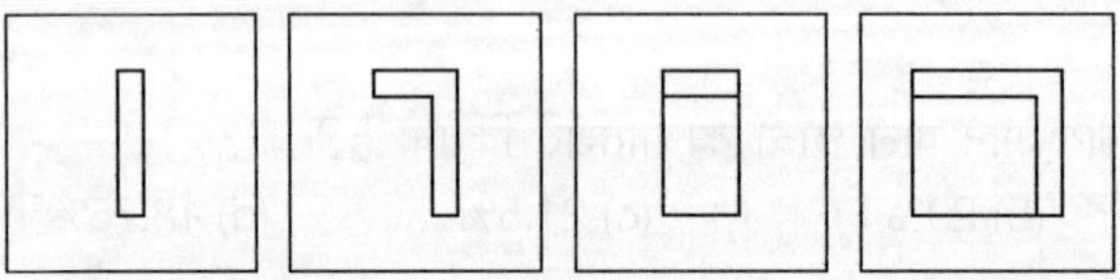

(a) (b) (c) (d)

4 राज एक वर्गाकार क्षेत्र के मध्य में खड़ा है। वह उत्तर-पूर्व की दिशा में तिरछा चलना शुरू करता है। उसके बाद वह दाएँ मुड़ता है और क्षेत्र के अन्तिम छोर पर पहुँच जाता है। उसके बाद वह दाएँ मुड़कर चलना शुरू करता है। मध्य रास्ते में, वह फिर दाएँ मुड़कर चलना शुरू कर देता है। आधे रास्ते में, वह अपने बाएँ मुड़ता है और नये छोर पर पहुँच जाता है। इस समय राज किस दिशा में है?

(a) उत्तर-पश्चिम (b) दक्षिण-पश्चिम

(c) उत्तर (d) दक्षिण

5 नीचे दी गई आकृति (X) को मोड़कर a, b व c में से कौन-सी आकृति प्राप्त की जा सकती है?

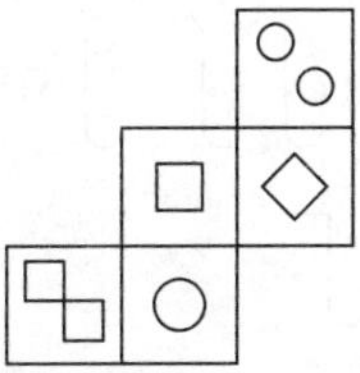

(X)

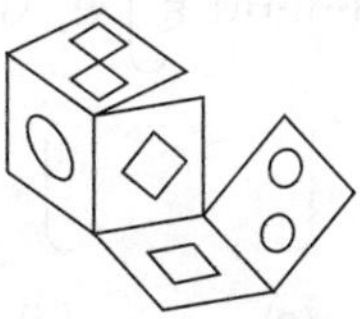

(a)

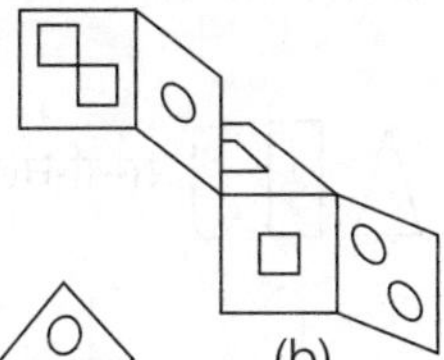

(b)

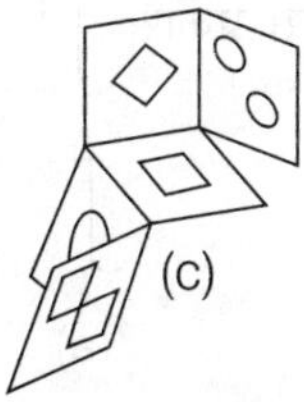

(c)

6 एक सीढ़ी पर सात व्यक्ति A, B, C, D, E, F और G इस क्रम में नहीं हैं, बल्कि A, E से ऊपर है, लेकिन C से नीचे है। B मध्य में है। G, A और B के बीच में है। E, B और F के बीच में है। यदि F, E और D के बीच में है, तो सीढ़ी के सबसे निचले सोपान पर कौन-सा व्यक्ति होगा?

(a) D (b) F (c) E (d) A

7

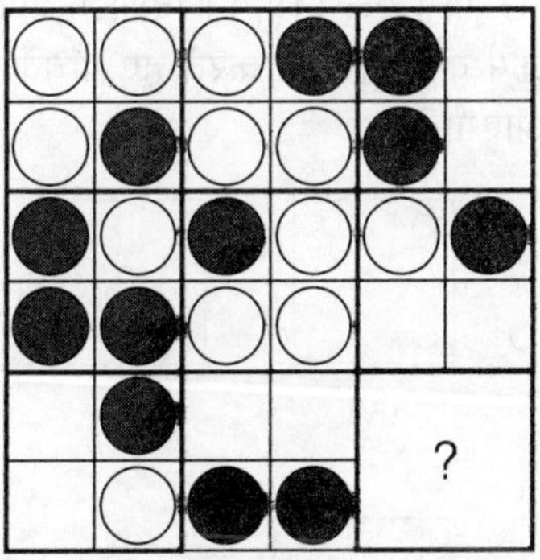

ऊपर दी गई आकृति में से कौन-सा वर्ग लुप्त है?

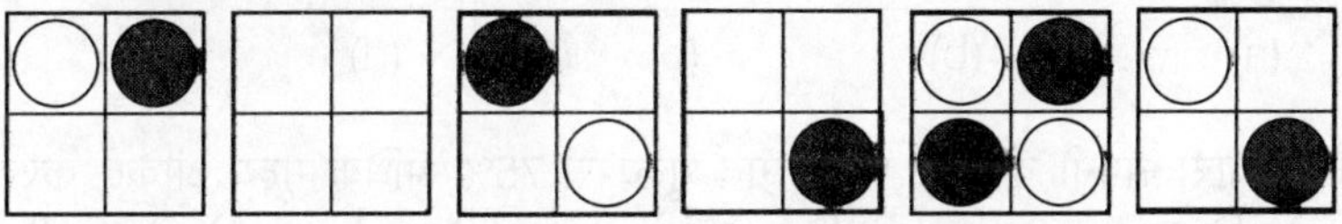

(a) (b) (c) (d) (e) (f)

8 निम्न श्रृंखला में गलत पद ज्ञात कीजिए।

288, 432, 648, 972, 1456, 2187

(a) 288 (b) 1456 (c) 432 (d) 648

9 नीचे पहली आकृति, दूसरी आकृति से उसी प्रकार सम्बन्धित है जिस प्रकार, तीसरी आकृति, चौथी आकृति से सम्बन्धित है। चौथी आकृति के स्थान पर आने वाली आकृति ज्ञात कीजिए।

जिस प्रकार  सम्बन्धित है 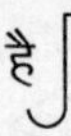 से, उसी प्रकार  सम्बन्धित है

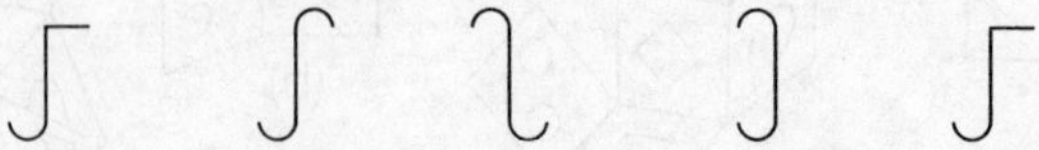

(a) (b) (c) (d) (e)

10 पीटा, कटनिस से पूछती है "मेरी घड़ी में इस समय सायं के 9:00 बजे हैं। क्या तुम जानती हो कि, 23999997 घण्टे बाद क्या समय होगा?"

(a) सायं 6:00 बजे (b) सायं 3:00 बजे
(c) सायं 7:00 बजे (d) सायं 11:00 बजे

11 आकृति (i) से (iv) के निम्नोक्त समुच्चय में कुछ भाग एक नियमित दिशा में अपना स्थान परिवर्तित करते हुए दिखाए गए हैं, उसी अनुक्रम का अनुसरण करते हुए पाँचवें स्थान पर निम्नलिखित में से कौन-सी विकल्प आकृति आएगी?

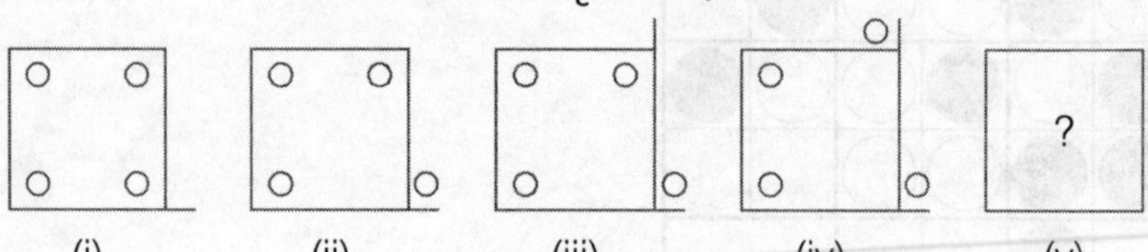

(i) (ii) (iii) (iv) (v)

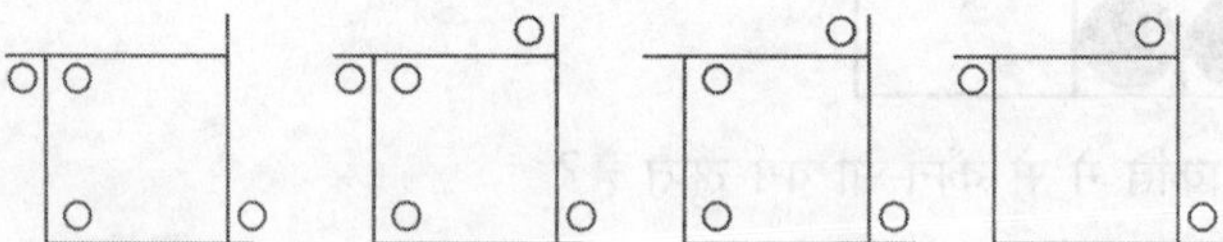

(a) (b) (c) (d)

12 एक व्यापारी अपनी वस्तुओं पर लागत मूल्य से 75% अधिक मूल्य अंकित करता है। वह कितने प्रतिशत छूट दे सकता है जिससे उसे व्यवसाय में न तो लाभ हो और न ही हानि?

(a) 75% (b) 42.85% (c) 25% (d) 50%

13 मोहन, अरुण के पिता की बहन का पुत्र है। प्रकाश, रीवा का पुत्र है, जोकि विकास की माता तथा अरुण की दादी है। प्रणव, लीला का पिता और मोहन का दादा है। रीवा, प्रणव की पत्नी है, तो बताइए कि विकास की पत्नी, लीला से किस प्रकार सम्बन्धित है?

(a) भाभी (b) माता (c) सास (d) बुआ

14 एक मशीन, जो एक फीते को 10 मी के टुकड़ों में काटती है, उसे एक बार काटने में 6 सेकण्ड लगते हैं। उसे 3 किमी लम्बा फीता पूरी तरह से टुकड़ों में काटने में कितना समय लगेगा?

(a) 174 सेकण्ड (b) 180 सेकण्ड (c) 1794 सेकेण्ड (d) 1800 सेकण्ड

15 निम्न में से कौन-सा आरेख गेहूँ, अनाज तथा मक्का के बीच सम्बन्ध को सही प्रकार से दर्शाता है?

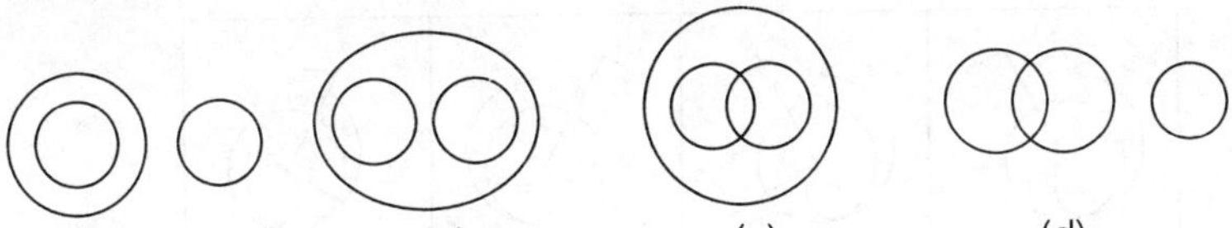

(a) (b) (c) (d)

16 एक पिता अपने पुत्र के जेब खर्च में 20% की बढ़ोत्तरी कर देता है। यदि पुत्र को बढ़ोत्तरी के बाद ₹300 मिले, तो बढ़ोत्तरी से पहले उसे कितने रुपये मिलते थे?

(a) ₹ 250 (b) ₹ 240

(c) ₹ 200 (d) ₹ 230

17 सभी पशुओं में, मेरे पास 2 को छोड़कर सभी खरगोश हैं, 2 को छोड़कर सभी मछलियाँ हैं, 2 को छोड़कर सभी बिल्लियाँ हैं। यहाँ पर, कुल कितने खरगोश, मछली और बिल्लियाँ हैं?

18 एक परिवार में माता की आयु पुत्री की आयु से दोगुनी है। पिता, माता से 10 वर्ष बड़े हैं। भाई, माता से 20 वर्ष छोटा है और अपनी बहन से 5 वर्ष बड़ा है। पिता की आयु क्या है?

(a) 62 वर्ष (b) 60 वर्ष

(c) 58 वर्ष (d) 55 वर्ष

19 नीचे दिए गए खाली वृत्तों में 1 से 9 तक की संख्या को इस प्रकार भरिए कि वृत्तों द्वारा बने त्रिभुज की प्रत्येक भुजाओं में संख्याओं का योग 20 हो।

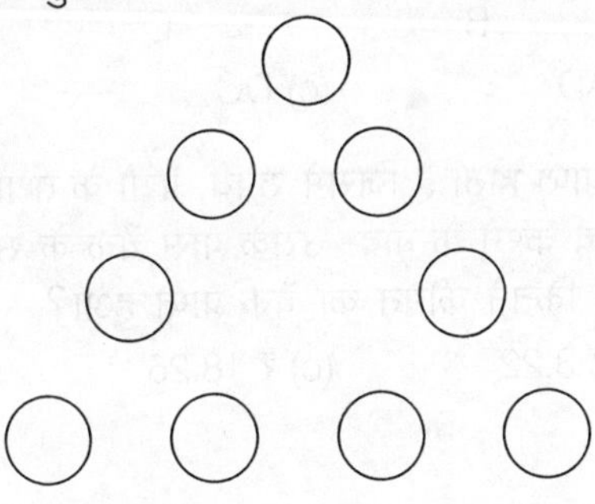

20 एक घड़ी पहले घण्टे के दौरान 1 मिनट, दूसरे घण्टे के अन्त में 2 मिनट, तीसरे घण्टे के अन्त में 4 मिनट, चौथे घण्टे के अन्त में 8 मिनट तेज हो जाती है। इस प्रकार यह सिलसिला चलता है। यह बताइए कि किस घण्टे के अन्त में घड़ी ठीक 60 मिनट से अधिक तेज हो जाएगी?

(a) पाँचवाँ (b) छठा (c) सातवाँ (d) आठवाँ

21 किसी परीक्षा में 22 परीक्षार्थियों के औसत प्राप्तांक 45 हैं। प्रथम 10 के औसत प्राप्तांक 55 तथा अन्तिम 11 के 40 हैं। 11वें परीक्षार्थी के प्राप्तांकों की संख्या क्या है?

(a) 45 (b) 55 (c) 50 (d) 0

22 नीचे दी गई आकृतियों में से उन दो आकृतियों को ज्ञात कीजिए, जिसमें एक आकृति दूसरी की दर्पण प्रतिबिम्ब हो।

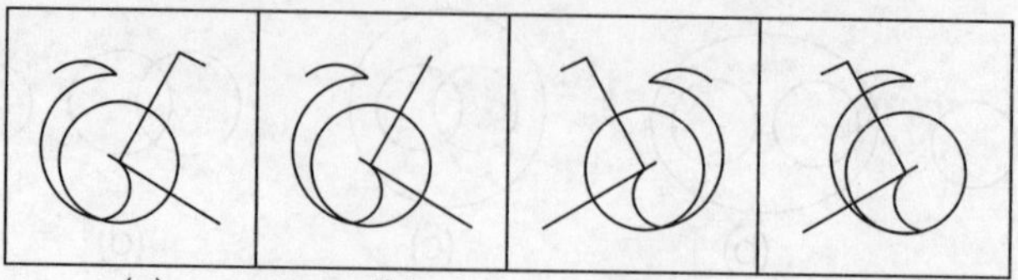

(a) (b) (c) (d)

23 दो कारें एक समान यात्रा तय करने के लिए एक ही स्थान से चलना प्रारम्भ करती हैं। पहली कार, दूसरी कार से 2 मिनट पहले निकलती है। यदि पहली कार 40 किमी/घण्टा की चाल से तथा दूसरी कार 90 किमी/घण्टा की चाल से निकलती है, तब वे प्रारम्भ स्थान से कितनी दूरी पर एक-दूसरे से मिलेंगी?

(a) $\frac{4}{3}$ किमी (b) 2.4 किमी (c) $\frac{3}{4}$ किमी (d) 1.7 किमी

24 किन दो वर्गों का दर्पण प्रतिबिम्ब बनाकर तथा काले भाग को ग्रे भाग में तथा ग्रे भाग को काले भाग में परिवर्तित कर एक-दूसरे को प्राप्त कर सकते हैं?

A B C D

(a) AC (b) AD (c) DC (d) BC

25 एक व्यक्ति को एक चैक प्राप्त होता है जिसमें रुपये, पैसों के तथा पैसे, रुपये के स्थान पर लिखे होते हैं। ₹ 5.42 खर्च करने के बाद, उसके पास चैक के सही मान का छः गुना शेष रहता है, तो बताइए उसे कितने कीमत का चैक प्राप्त हुआ?

(a) ₹ 6.44 (b) ₹ 3.22 (c) ₹ 18.25 (d) ₹ 8.36

देखें अपना IQ स्कोर

स्कोर $\frac{\quad}{25}$ IQ रेटिंग

- Genius 23-25
- Intelligent 20-22
- Good 16-19
- Average 12-15

जाँचें अपना IQ टेस्ट 8

1 क्या बाईं ओर दी गई आकृति को मोड़कर दाईं ओर की आकृति ज्ञात की जा सकती है?

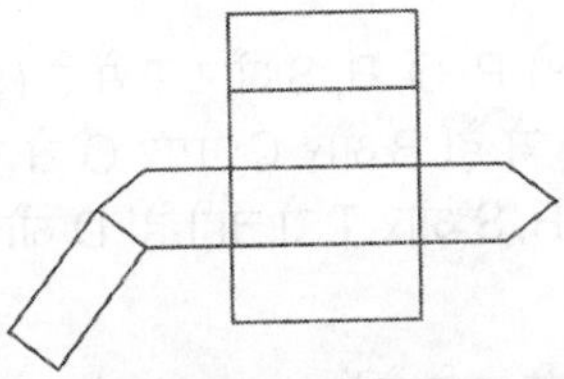

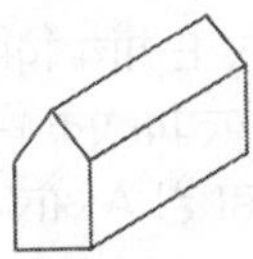

2 शहर A तथा शहर B के बीच की दूरी 330 किमी है। एक रेलगाड़ी शहर A से सुबह 8 बजे 60 किमी/घण्टा की चाल से शहर B की ओर चलती है तथा दूसरी रेलगाड़ी शहर B से सुबह 9 बजे 75 किमी/घण्टा की चाल से शहर A की ओर चलती है। दोनों रेलगाड़ियाँ एक-दूसरे से किस समय मिलेंगी?

(a) सुबह 10 बजे (b) सुबह 10 : 30 बजे (c) सुबह 11 बजे (d) सुबह 11 : 30 बजे

3 नीचे दी गई आकृति में प्रश्नचिन्ह (?) के स्थान पर कौन-सी संख्या आएगी?

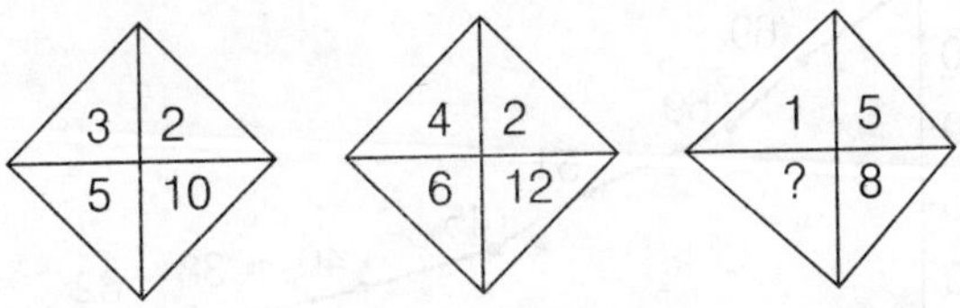

(a) 5 (b) 4 (c) 3 (d) 2

4 सेना के जवानों को अपने कैम्प तक जाना है। उन्हें पता है कि जहाँ वे खड़े हैं वहाँ से 4 किमी सामने एक गोलम्बर है। गोलम्बर से बाईं ओर का रास्ता नदी की ओर और दाईं ओर का रास्ता स्टेडियम की ओर जाता है। नदी का बहाव उत्तर-दक्षिण है। नदी के किनारे-किनारे 6 किमी जाने के बाद एक पुल आता है। सेना को पुल के विपरीत दिशा में 15 किमी चलकर कैम्प पहुँचना है और यदि गोलम्बर तथा नदी के किनारे की दूरी 5 किमी हो, तो कैम्प के सापेक्ष सेना के जवान अभी किस दिशा में हैं?

(a) पश्चिम (b) पूर्व (c) उत्तर-पूर्व (d) दक्षिण-पश्चिम

5 उस विकल्प का चयन कीजिए, जो आकृति (X) की सही दर्पण प्रतिबिम्ब है।

(X) (a) (b) (c) (d)

6 बदरी के पास 9 जोड़ी नीले मोजे तथा 9 जोड़ी काले मोजे हैं। उसने इन सभी को एक ही थैले में रख दिया। यदि वह थैले में से एकसाथ तीन मोजे बाहर निकाले, तो एक जोड़ी समान रंग के मोजे निकालने की कितनी सम्भावना है?

(a) 1 (b) 3 (c) 7 (d) 9

7 निम्न श्रृंखला में गलत पद ज्ञात कीजिए।

6, 91, 584, 2935, 11756, 35277, 70558

(a) 91 (b) 70558 (c) 584 (d) 2935

8 A, B, C, D और E पाँच विभिन्न नगरों P, Q, R, S और T से हैं (अनिवार्यतः इसी क्रम में नहीं)। इनमें से प्रत्येक एक भिन्न नगर से है। B और C नगर Q से नहीं हैं। B और E नगर P और R से नहीं हैं। A और C नगर R, S और T से नहीं हैं। D और E नगर Q और T से नहीं हैं।

निम्नलिखित में से कौन-सा कथन सही नहीं है?

(a) C, नगर P से है (b) D, नगर R से है
(c) A, नगर Q से है (d) B, नगर S से है

9 एक जग में गर्म पानी भरा गया तथा प्रत्येक 5 मिनट में उसका तापमान नोट किया गया। प्राप्त परिणामों को निम्न ग्राफ द्वारा दर्शाया गया है।

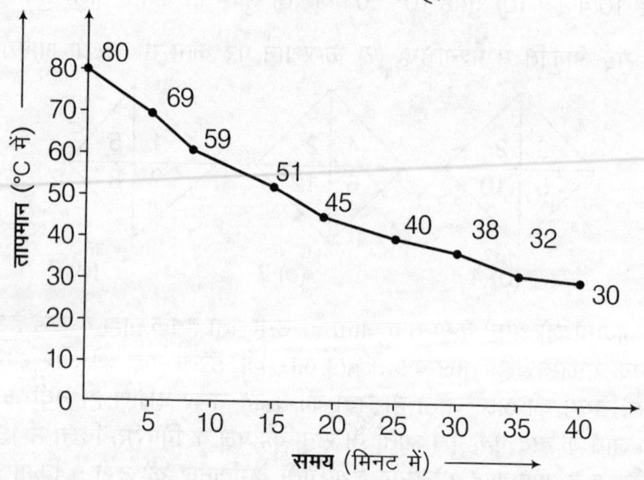

(i) 25 मिनट बाद कितना तापमान था?

(a) 45°C (b) 40°C (c) 50°C (d) 65°C

(ii) 69°C से 38°C तक तापमान गिरने में कितना समय लगा?

(a) 35 मिनट (b) 30 मिनट (c) 25 मिनट (d) 40 मिनट

10 एक माली के पास 1000 पौधे हैं। वह इन पौधों को इस प्रकार लगाना चाहता है जिससे पंक्तियों और स्तम्भों की संख्या समान हो। इसके लिए उसको कम-से-कम कितने और अधिक पौधों की आवश्यकता होगी?

(a) 16 (b) 32 (c) 24 (d) 100

11 यदि Z = 52 तथा ACT = 48 हो, तब BAT का मान होगा

(a) 39 (b) 41 (c) 44 (d) 46

12 नीचे दी गई विकल्प आकृतियों में से ऐसी आकृति चुनिए, जो नीचे दी गई आकृति (X) के समान एक वर्गाकार पारदर्शक को बिन्दुमय रेखा पर मोड़ने पर प्राप्त होगी।

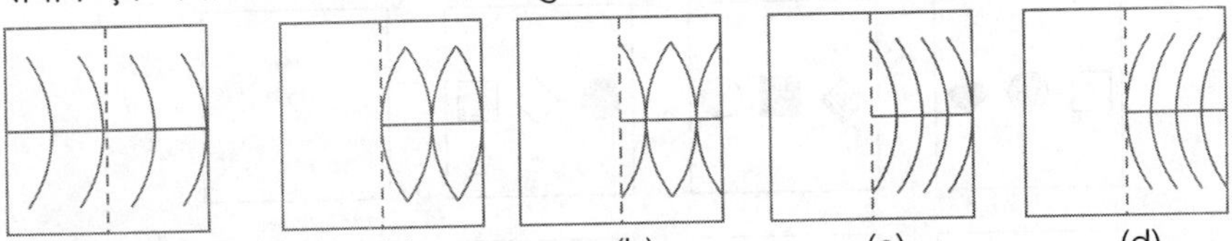

(X) (a) (b) (c) (d)

13 दो बर्तनों में द्रव A और B का अनुपात क्रमशः 5 : 1 और 1 : 3 है। दोनों बर्तनों के द्रव को किसी अन्य बर्तन में किस अनुपात में मिलाया जाए, जिससे मिश्रण में द्रव A तथा B का अनुपात 1 : 1 हो जाए?

(a) 2 : 3 (b) 4 : 3 (c) 3 : 2 (d) 3 : 4

14 दिए गए चार विकल्पों में से ऐसी आकृति का चयन कीजिए, जो आकृति आव्यूह को पूरा करेगी।

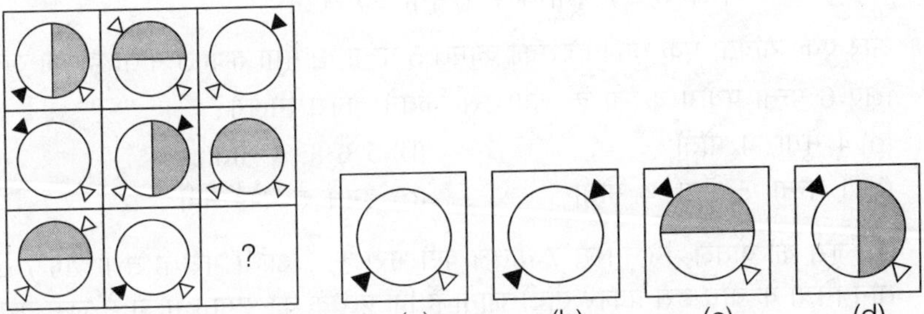

(a) (b) (c) (d)

15 एक फुटबॉल लीग में 12 टीमें हैं। टूर्नामेण्ट में डबल राउण्ड रोबिन के आधार पर मैच खेले जाने के पश्चात् दो सर्वश्रेष्ठ टीमें फाइनल मैच खेलती हैं। डबल राउण्ड रोबिन का अर्थ है कि प्रत्येक टीम प्रत्येक दूसरी टीम से खेलती है। टूर्नामेण्ट में कुल कितने मैच खेले जाएँगे?

(a) 66 (b) 67 (c) 132 (d) 133

16 निम्न में से भिन्न आकृति ज्ञात कीजिए।

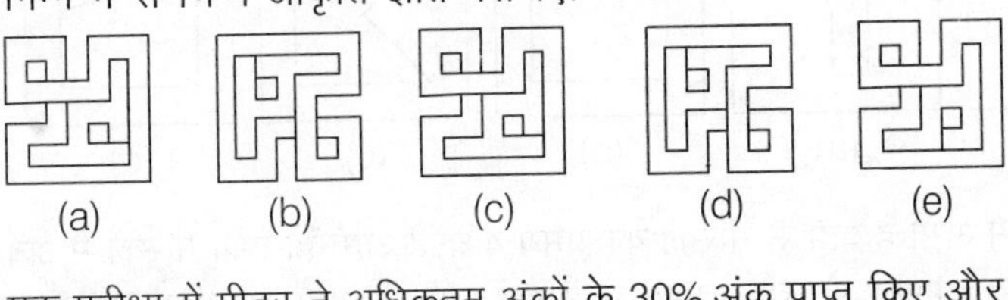

(a) (b) (c) (d) (e)

17 एक परीक्षा में पीटर ने अधिकतम अंकों के 30% अंक प्राप्त किए और 10 अंक से फेल हो गया। उसी परीक्षा में पाउल ने कुल अंकों के 40% अंक प्राप्त किए और उत्तीर्ण अंकों से 15 अंक अधिक प्राप्त किए। परीक्षा में उत्तीर्ण होने के लिए कितने अंक आवश्यक हैं?

(a) 33 (b) 75 (c) 85 (d) 100

18 यदि चार पिता, दो दादा जी तथा चार पुत्र फिल्म देखने गए। उन्हें कम-से-कम कितने टिकट खरीदना आवश्यक है?

(a) 10 (b) 4 (c) 8 (d) 6

19 कौन-सी विकल्प आकृति दी गई श्रृंखला को जारी रखती है?

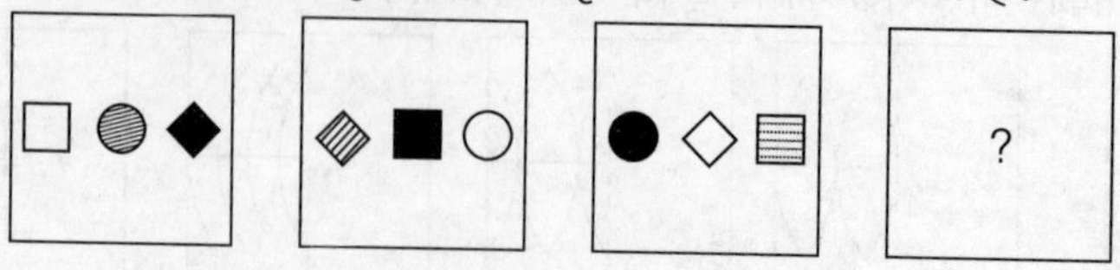

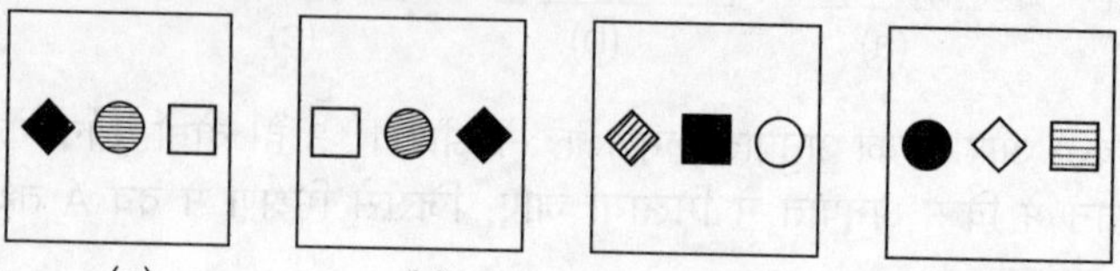

(a) (b) (c) (d)

20 माना हड़प्पा सभ्यता में पन्ना, मूँगा तथा मोती मुद्रा के रूप में प्रयोग किए जाते थे। यदि उनकी कीमत निम्न प्रकार की गई हो

1 पन्ना = 7 मूँगा और 1 मूँगा = 7 मोती

और एक व्यक्ति, एक गुफा जिसकी कीमत 5 पन्ना, 2 मूँगा तथा 3 मोती है, को खरीदने के लिए 6 पन्ना प्रयोग करता है, तब उसे कितने वापस मिलेंगे?

(a) 4 मूँगा, 4 मोती (b) 5 मूँगा, 4 मोती
(c) 1 पन्ना, 5 मूँगा, 4 मोती (d) इनमें से कोई नहीं

21 21 जूस की बोतल, जिनमें से 7 बोतलें पूरी भरी हैं, 7 आधी भरी हैं तथा शेष 7 खाली हैं, तीन मित्रों के बीच इस प्रकार बाँटी जानी हैं कि प्रत्येक को समान मात्रा में जूस तथा समान संख्याओं में बोतलें प्राप्त हों। आपके पास कोई मापने वाला यन्त्र नहीं है, तब तीनों मित्रों में बोतलें किस प्रकार बाँटी जाएँगी?

22 नीचे दिए गए टुकड़ों से निम्नलिखित चार विकल्प आकृतियों में से कौन-सी एक आकृति बन सकती है?

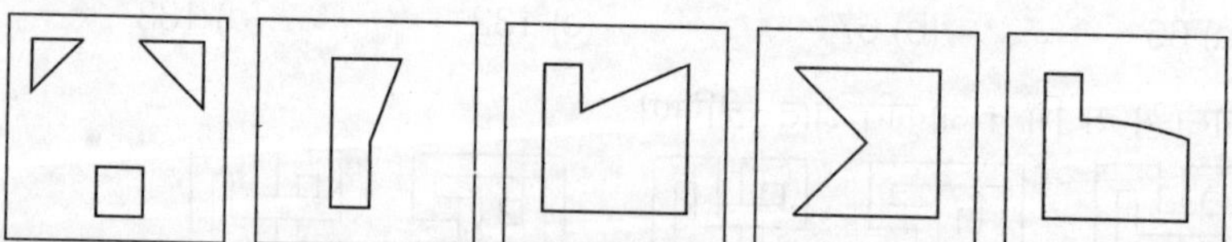

(X) (a) (b) (c) (d)

23 यदि जहाँ हम अभी हैं वहाँ से मॉस्को का समय 4 घण्टे आगे हो तथा मॉस्को में अब से ठीक 16 घण्टे बाद दोपहर हो, तो बताइए जहाँ हम अभी हैं, वहाँ वास्तविक समय क्या है?

(a) आधी-रात (b) रात 8 बजे
(c) सायं 4 : 00 बजे (d) दोपहर 12 : 00 बजे

24 नीचे दिए गए पहले युग्म की आकृतियाँ जिस प्रकार एक-दूसरे से सम्बन्धित हैं, उसी आधार पर दूसरे युग्म की दूसरी आकृति ज्ञात कीजिए।

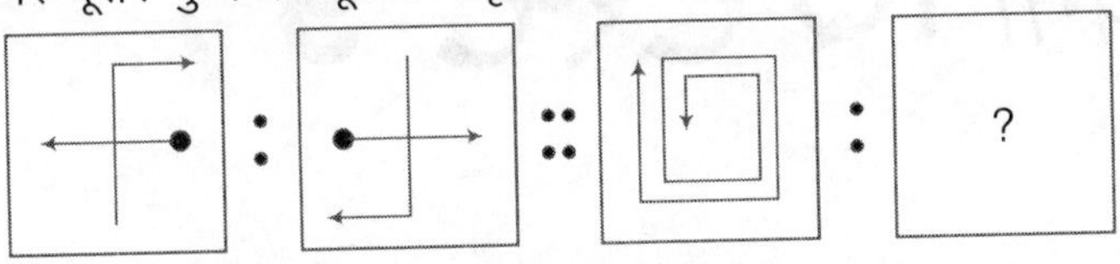

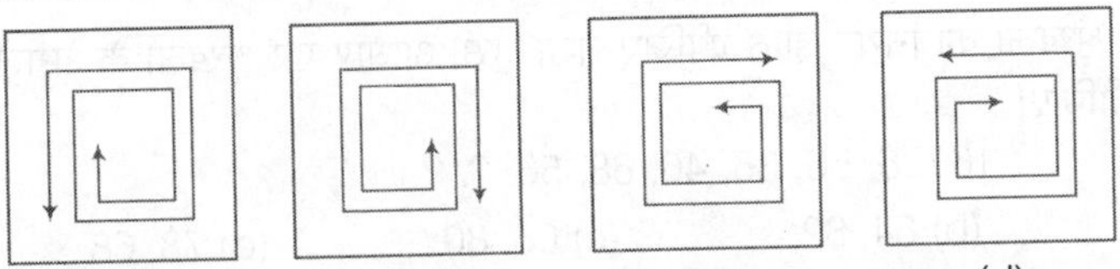

(a) (b) (c) (d)

25 **निर्देश** (i-ii) *निम्न जानकारी को ध्यानपूर्वक पढ़िए तथा उसके नीचे दिए गए प्रश्नों का उत्तर दीजिए।*

एक परिवार के आठ सदस्य A, B, C, D, E, F, G तथा H एक वृत्ताकार मेज के गिर्द बैठे हैं। परिवार में तीन विवाहित युगल हैं। E, B के दाएँ तीसरा है और G तथा E के बीच दो व्यक्ति बैठे हैं। C अपने पोते के दाएँ हैं। F, D का दामाद है और उसकी पुत्री A है, जो अपनी चाची E के बाएँ बैठी है जो D के विपरीत ओर है। G, E की ननद है। H विवाहित नहीं है, जबकि F का कोई भाई-बहन नहीं है। प्रत्येक विवाहित युगल के कम-से-कम एक बच्चा अवश्य है।

(i) E किसकी पत्नी है?

(a) A (b) B (c) C (d) D
(e) G

(ii) C के पुत्र के विपरीत ओर कौन बैठा है?

(a) H (b) G (c) E (d) F
(e) ज्ञात नहीं है

देखें अपना IQ स्कोर

स्कोर ___ / 25

IQ रेटिंग ______

- Genius 23-25
- Intelligent 20-22
- Good 16-19
- Average 12-15

जाँचें अपना IQ टेस्ट 9

1 नीचे दी गई श्रृंखला का नियम ज्ञात कीजिए तथा उसी आधार पर श्रृंखला के अगले दो पदों का चयन कीजिए।

16, 26, 56, 36, 46, 68, 56, ?, ?

(a) 80, 66 (b) 64, 82 (c) 66, 80 (d) 78, 68

2 राजन, सचिन का भाई है और मानिक, राजन के पिता है। जगत, प्रिया का भाई है और प्रिया, सचिन की पुत्री है। जगत का चाचा कौन है?

(a) सचिन (b) राजन

(c) मानिक (d) इनमें से कोई नहीं

3 नीचे दी गई आकृति पर विचार कीजिए और इस पर आधारित प्रश्न का उत्तर दीजिए।

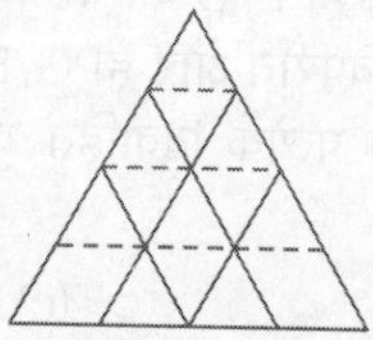

उपरोक्त आकृति में त्रिभुजों की कुल संख्या कितनी है?

(a) 27 (b) 26 (c) 23 (d) 22

4 अरुण ने एक केक को दो बराबर भागों में काटा तथा एक आधे भाग को बराबर आकार के छोटे टुकड़ों में काटा। प्रत्येक छोटे टुकड़े का वजन 20 ग्राम है। यदि उसके पास कुल मिलाकर केक के सात टुकडे हों, तो केक का वास्तविक वजन कितना था?

(a) 140 ग्राम (b) 200 ग्राम (c) 120 ग्राम (d) 240 ग्राम

5 नीचे दी गई आकृति (X) को कौन-सी विकल्प आकृति पूरा करेगी?

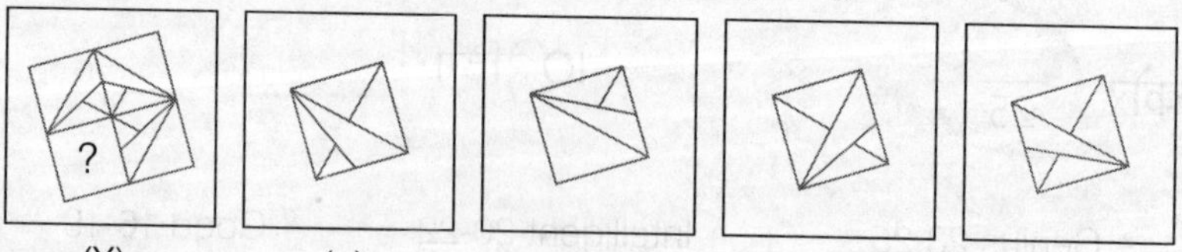

(X) (a) (b) (c) (d)

6 यदि 'A × B' का अर्थ है, A, B के दक्षिण में है।
- 'A + B' का अर्थ है, A, B के उत्तर में है।
- 'A – B' का अर्थ है, A, B के पश्चिम में है।
- 'A ÷ B' का अर्थ है, A, B के पूर्व में है।

तब, P÷ Q+ R– S में S, Q से किस दिशा में है?

(a) उत्तर-पूर्व (b) उत्तर-पश्चिम (c) दक्षिण-पूर्व (d) दक्षिण-पश्चिम

7 नीचे दी गई विकल्प आकृतियों में से ऐसी आकृति का चयन कीजिए, जो आकृति (Z) को खोलने पर प्राप्त होगी?

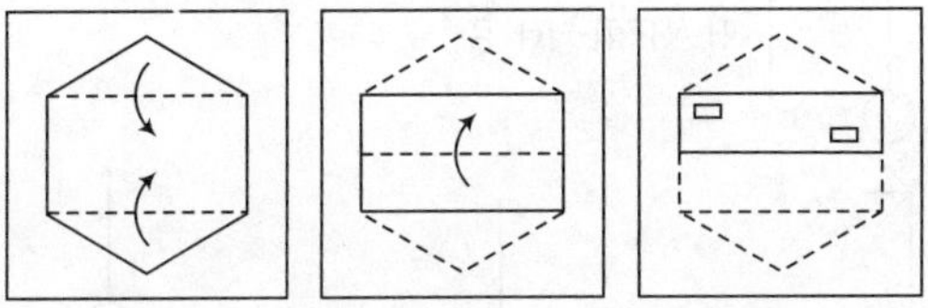

(X) (Y) (Z)

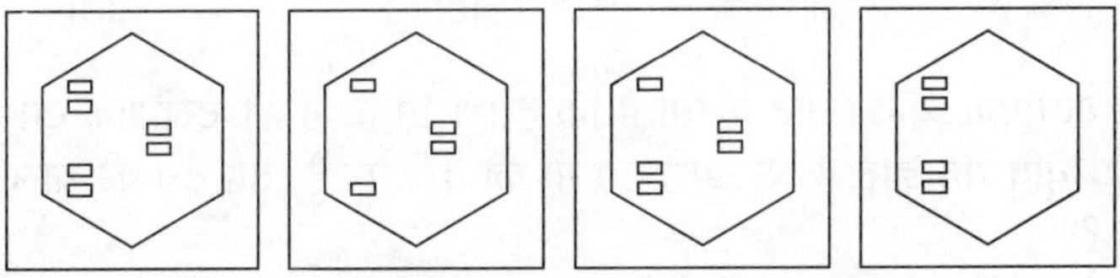

(a) (b) (c) (d)

8 किसी प्रतियोगी परीक्षा में 60% पुरुष और 40% महिला परीक्षार्थी थे। 70% पुरुष और 75% महिला प्रतियोगियों ने अर्हक परीक्षण में सफल होकर अन्तिम परीक्षण में भाग लिया, जिसमें 80% पुरुष और 70% महिलाएँ सफल रहीं।

निम्नलिखित में से कौन-सा कथन सही है?

(a) महिलाओं में सफलता दर उच्चतर है

(b) समग्र सफलता दर 50% से नीचे है

(c) महिलाओं की अपेक्षा पुरुष अधिक संख्या में सफल रहें

(d) उपरोक्त (a) और (b) दोनों सही हैं

9 एक मैदान में छः बच्चे A, B, C, D, E तथा F बैठे हैं। A और B दिल्ली से हैं, जबकि अन्य सभी बंगलुरु से हैं। D और F लम्बे हैं, जबकि अन्य सभी नाटे हैं। A, C और D लड़कियाँ हैं, जबकि अन्य सभी लड़के हैं। बंगलुरु से लम्बी लड़की कौन है?

(a) C (b) D (c) E (d) F

10 नीचे दी गई आकृति में प्रश्नचिन्ह (?) के स्थान पर क्या आएगा?

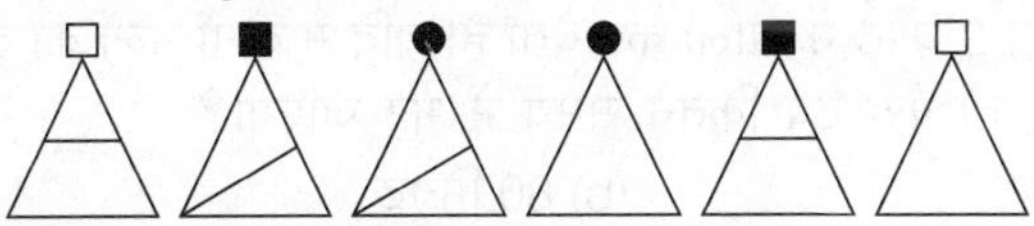

DM KN KZ SZ DN ?

(a) SN (b) DZ (c) SM (d) SZ

(e) KM

11 यदि $A = 2^{65}$ और $B = (2^{64} + 2^{63} + \cdots + 2^{0})$, तब निम्न में से कौन-सा कथन सत्य है?

(a) B, A से 2^{64} अधिक है (b) A और B समान हैं
(c) B, A से 1 अधिक है (d) A, B से 1 अधिक है

12 जिस प्रकार, 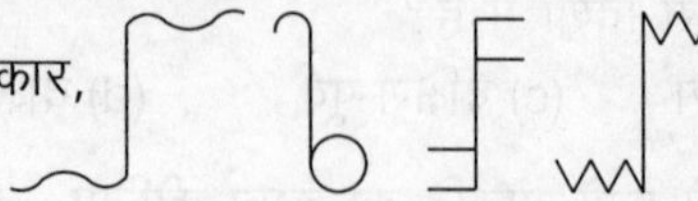 से सम्बन्धित है 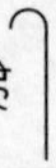 से,

उसी प्रकार 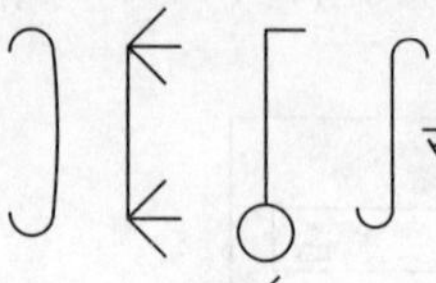 से सम्बन्धित है

(a) (b) (c) (d)

13 ट्रेन में बैठा एक व्यक्ति नोट करता है कि ट्रेन 1 मिनट में 41 टेलीग्राफ खम्भों को पार कर लेती है। यदि यह ज्ञात है कि खम्भे 50 मी की दूरी पर हैं, तब ट्रेन की चाल किमी/घण्टा में क्या है?

(a) 2 (b) 120 (c) 60 (d) 150

14 नीचे दी गई आकृतियों पर विचार कीजिए

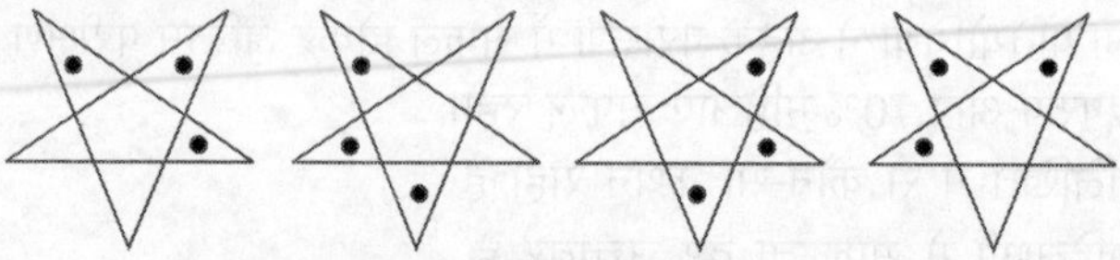

आकृतियों के दिए हुए अनुक्रम में तर्क के आधार पर क्रमांक 5 पर आने वाली आकृति होगी

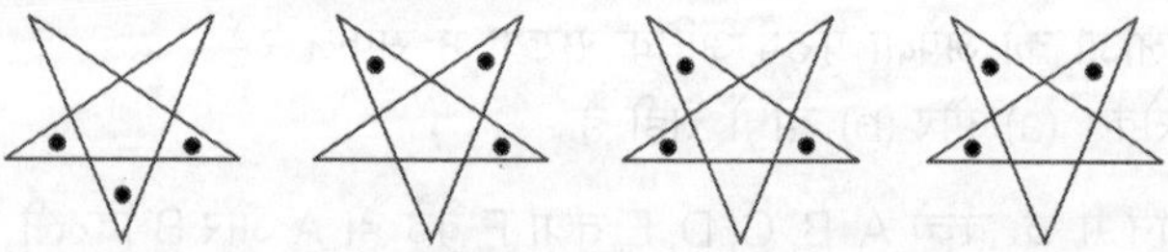

(a) (b) (c) (d)

15 मेरे बाथ टब में दो नल तथा एक डॉट छिद्र और एक रिसाव छिद्र है। ठण्डे पानी वाला नल, टब को 20 मिनट में पूरा भर देता है तथा गर्म पानी वाला नल इसे 30 मिनट में पूरा भर देता है। डॉट छिद्र टब को 16 मिनट में खाली कर सकता है। जब दोनों नल बन्द हों, तब रिसाव छिद्र पूरे टब को 2 घण्टे में खाली कर देता है। यदि मैं दोनों नलों को तथा डॉट छिद्र को एकसाथ खोल दूँ, तो पूरा टब कितने समय में भर जाएगा?

(a) 48 मिनट (b) 60 मिनट
(c) 80 मिनट (d) 90 मिनट

16 नीचे दी आकृति में प्रश्नचिन्ह (?) के स्थान पर कौन-सा अक्षर आएगा?

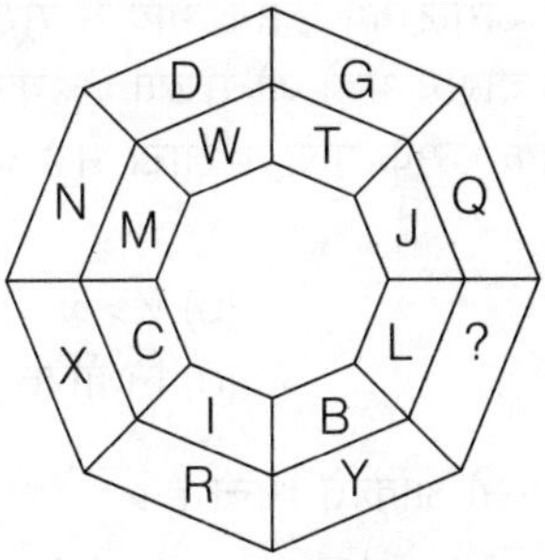

(a) O (b) P (c) R (d) S

17 मेरा भाई मुझसे 3 वर्ष बड़ा है। मेरे पिता 28 वर्ष के थे, जब मेरी बहन पैदा हुई, जबकि मेरी माता 26 वर्ष की थी, जब मैं पैदा हुआ। यदि मेरी बहन 4 वर्ष की थी, जब मेरा भाई पैदा हुआ, तब मेरे पिता की आयु क्या थी, जब मेरा भाई पैदा हुआ?

(a) 35 वर्ष (b) 34 वर्ष
(c) 33 वर्ष (d) 32 वर्ष

18 नीचे दी गई आकृतियों में से ऐसी दो आकृतियों का चयन कीजिए, जो एक-दूसरे की प्रतिबिम्ब हों।

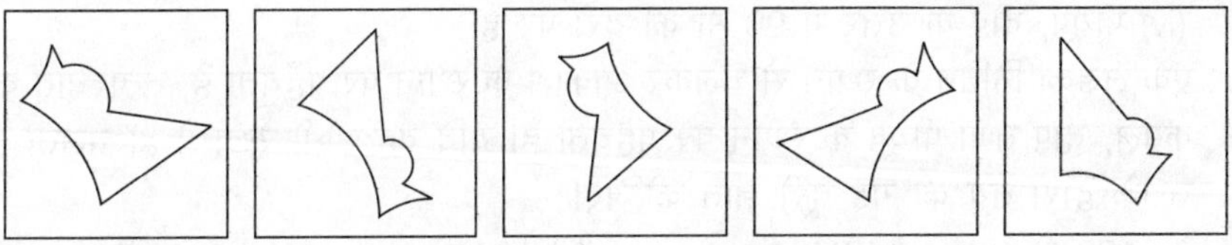

(A) (B) (C) (D) (E)

(a) AD (b) AE (c) BE (d) CD

19 एक समाज में केवल दो प्रकार के लोग हैं—योद्धा और कायर। दो कायर हमेशा दोस्त होते हैं। एक योद्धा और एक कायर हमेशा दुश्मन होते हैं। योद्धा एक-दूसरे से उदासीन रहते हैं। यदि A और B दुश्मन हैं, C और D दोस्त हैं, E और F एक-दूसरे से उदासीन रहते हैं, A और E दुश्मन नहीं हैं, जबकि B और F दुश्मन हैं।
निम्नलिखित में से कौन-सा कथन सही है?

(a) B, C और F कायर हैं
(b) A, E और F योद्धा हैं
(c) B और E एक ही कोटि में हैं
(d) A और F भिन्न कोटियों में हैं

20 वर्ष 2000 के प्रारम्भ में, एक चरवाहे के पास 1 लाख भेड़ें थीं। प्रत्येक वर्ष उनकी संख्या $x\%$ $(x > 0)$ बढ़ जाती हैं। अगले वर्ष उसके गाँव में सूखा पड़ गया और उसकी बहुत-सी भेड़ें मर गईं। वर्ष 2001 के दौरान भेड़ों की संख्या $y\%$ कम हो गई और वर्ष 2002 के प्रारम्भ में चरवाहे को ज्ञात हुआ कि उसके पास 1 लाख भेड़ें बची हैं। निम्न में से कौन-सा कथन सही है?

(a) $x > y$ (b) $y > x$

(c) $x = y$ (d) निर्धारित नहीं किया जा सकता

21 निम्न आकृतियों में से कौन-सी आकृति भिन्न है?

(a) (b) (c) (d) (e)

22 एक खेल के मैदान में दीप, कमल, नितिन, आकाश तथा पीयूष उत्तर की ओर मुँह करके निम्नानुसार खड़े हैं

(i) कमल, आकाश के दाईं ओर 40 मी की दूरी पर है।

(ii) दीप, कमल के दक्षिण में 60 मी की दूरी पर है।

(iii) नितिन, आकाश के पश्चिम में 50 मी की दूरी पर है।

(iv) पीयूष, दीप के उत्तर में 90 मी की दूरी पर है।

एक लड़का नितिन के स्थान से चलकर आकाश के स्थान पर पहुँचता है, तत्पश्चात् क्रमशः कमल, दीप तथा पीयूष के स्थान पर पहुँचता है। यदि वह सीधी रेखा में ही चलता है, तो उसके द्वारा तय की गई दूरी ज्ञात कीजिए।

(a) 120 मी (b) 240 मी (c) 180 मी (d) 210 मी

23 नीचे दी गई विकल्प आकृतियों (a), (b) और (c) में से कौन-सी आकृति मोड़ने पर आकृति (X) के समान होगी?

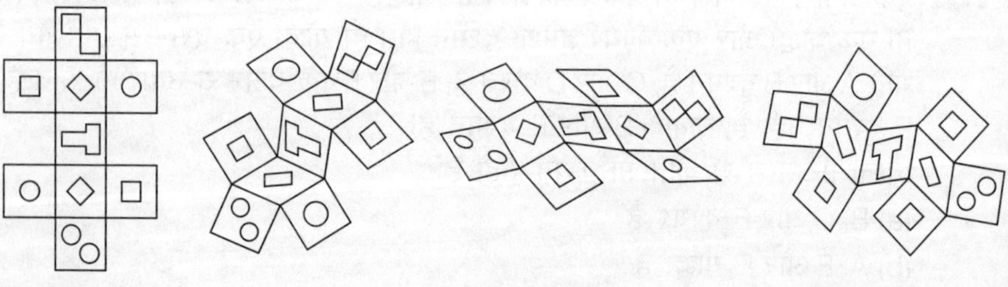

(X) (a) (b) (c)

24 एक खरगोश शिकारी कुत्ते से 87.5 मी आगे चल रहा है। जब खरगोश 4 छलाँग लगाता है, तो शिकारी कुत्ता 3 छलाँग लगाता है। यदि एक छलाँग में शिकारी कुत्ता व खरगोश क्रमश: $2\frac{3}{4}$ मी तथा $1\frac{3}{4}$ मी जाते हैं, तो कितनी छलाँगों में शिकारी कुत्ता खरगोश से आगे निकल जाएगा?

(a) 120 (b) 150 (c) 210 (d) 250

25 निम्न में से कौन-सा भिन्न है?

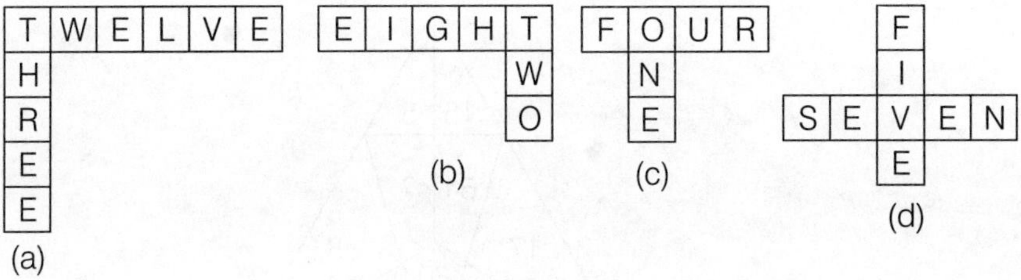

देखें अपना IQ स्कोर

स्कोर ___ / 25 IQ रेटिंग ______

- Genius 23-25
- Intelligent 20-22
- Good 16-19
- Average 12-15

जाँचें अपना IQ टेस्ट 10

1 नीचे दी गई आकृति में लुप्त संख्या ज्ञात कीजिए।

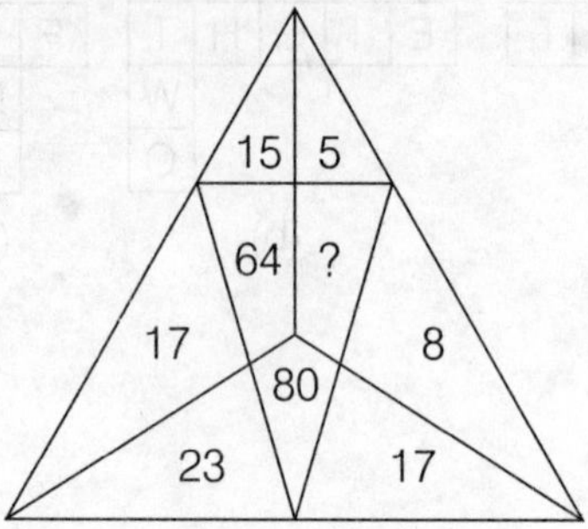

(a) 27 (b) 26 (c) 28 (d) 30

2 5 कार्य हैं और 5 व्यक्ति हैं। कार्य 1, व्यक्ति 1 को अथवा व्यक्ति 2 को नहीं दिया जा सकता। कार्य 2, व्यक्ति 3 को अथवा व्यक्ति 4 को ही दिया जाता है और प्रत्येक व्यक्ति को एक कार्य दिया जाना है। कार्य कितने तरीकों से दिया जा सकता है?

(a) 6 (b) 12 (c) 24 (d) 144

3 निम्न शृंखला में अगली आकृति ज्ञात कीजिए।

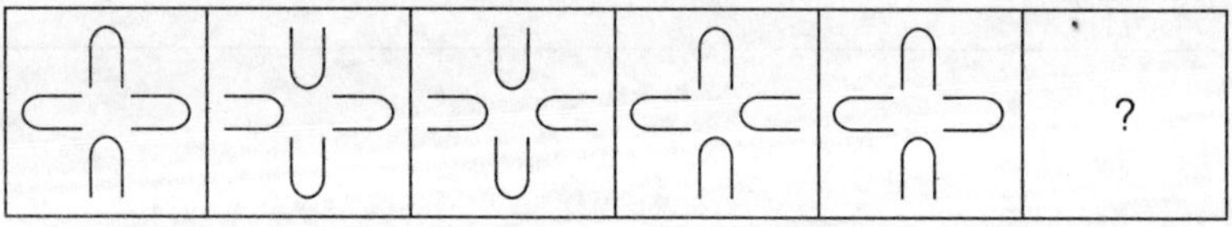

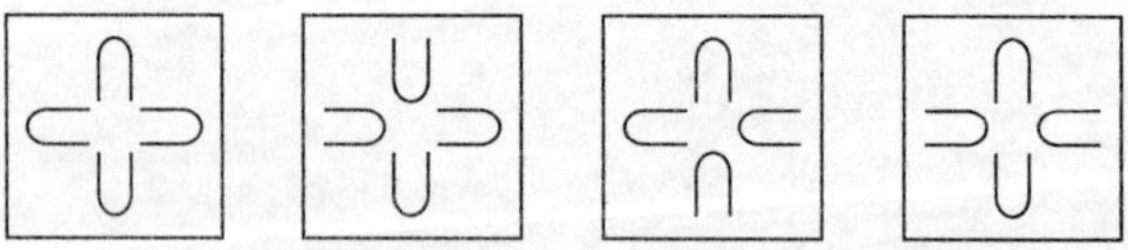

(a) (b) (c) (d)

4 एक घड़ी की सतह को दो सरल रेखाओं की सहायता से तीन बराबर भागों में इस प्रकार विभाजित कीजिए कि, तीनों भागों में स्थित संख्याओं का योग समान हो।

5 यदि नीचे दिए गए प्रत्येक वृत्त की त्रिज्या (r)6 है, तब छायांकित भाग का कुल क्षेत्रफल क्या होगा?

(a) 39π (b) 38π (c) 37π (d) 36π

6 एक घन की 6 भिन्न सतहों पर भिन्न-भिन्न संकेत हैं। नीचे दी गई आकृति (X), (Y) और (Z) में घन की तीन भिन्न स्थितियाँ दर्शाई गई हैं। 'बिन्दु (•)' की विपरीत सतह पर कौन-सा चिन्ह अंकित है?

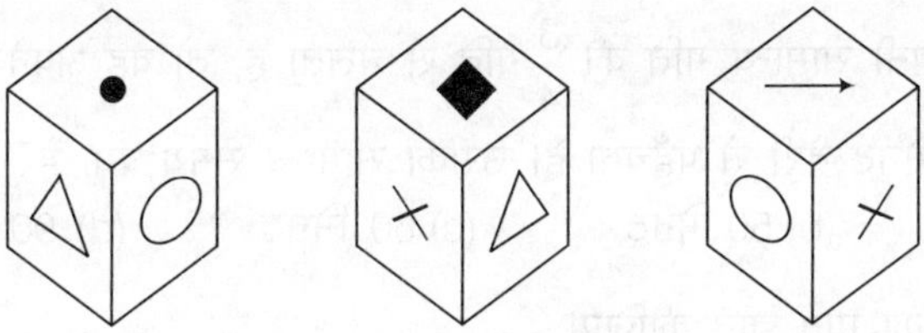

(X) (Y) (Z)

(a) वृत्त (b) त्रिभुज (c) तीर (d) गुणा

7 एक बगीचे में 30 पौधे एक सीधी रेखा में 5 मी के अन्तराल पर लगाए गए हैं तथा बगीचे में एक कुआँ है जोकि पहले वृक्ष से 10 मी की दूरी पर है। यदि सभी पौधों में पानी डालने के लिए माली को प्रत्येक बार कुएँ पर पानी लेने जाना आवश्यक है। तब, उसे कुएँ से प्रारम्भ करके पहले पौधे से अन्तिम तक क्रमशः पानी डालने के लिए कुल कितनी दूरी तय करनी होगी?

(a) 4785 मी (b) 4795 मी (c) 4800 मी (d) इनमें से कोई नहीं

8 निम्न आव्यूह में प्रश्नचिन्ह (?) के स्थान पर कौन-सी संख्या आएगी?

144	153	17
180	189	21
54	63	7
99	?	?

(a) 108,12 (b) 109,13 (c) 110,10 (d) 112,13

9 यदि कोई व्यक्ति अपने खाते में पहले दिन ₹ 3 तथा दूसरे दिन ₹ 3 जमा करता है और तीसरे दिन अपने खाते से ₹ 4 निकाल लेता है। यही प्रक्रिया बार-बार दोहराई जाती है। कितने दिन बाद उसके पास ₹ 60 हो जाएँगे?

(a) 90 दिन (b) 85 दिन (c) 83 दिन (d) 87 दिन

10 आकृति (Z) को खोलने पर कौन-सी विकल्प आकृति प्राप्त होगी?

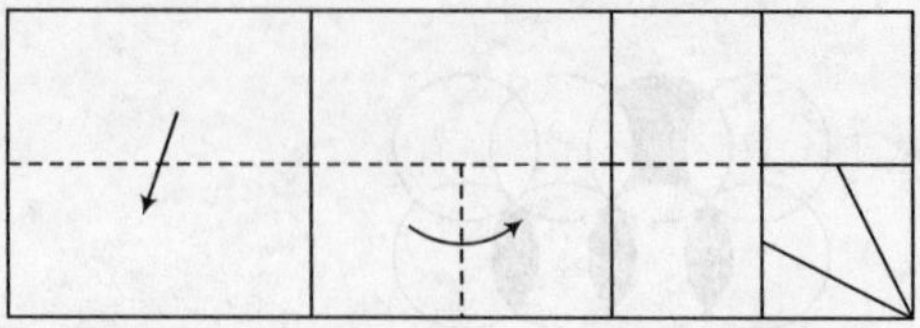

(X) (Y) (Z)

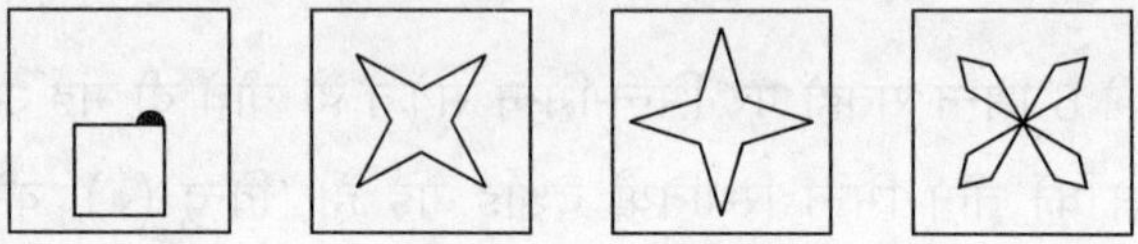

(a) (b) (c) (d)

11 एक व्यक्ति अपनी सामान्य गति की $\frac{3}{4}$ गति से चलता है, तो वह अपने ऑफिस सामान्य समय से 20 मिनट देरी से पहुँचता है। उसका सामान्य समय क्या है?

(a) 40 मिनट (b) 50 मिनट (c) 60 मिनट (d) 90 मिनट

12 प्रश्नचिन्ह (?) का मान ज्ञात कीजिए।

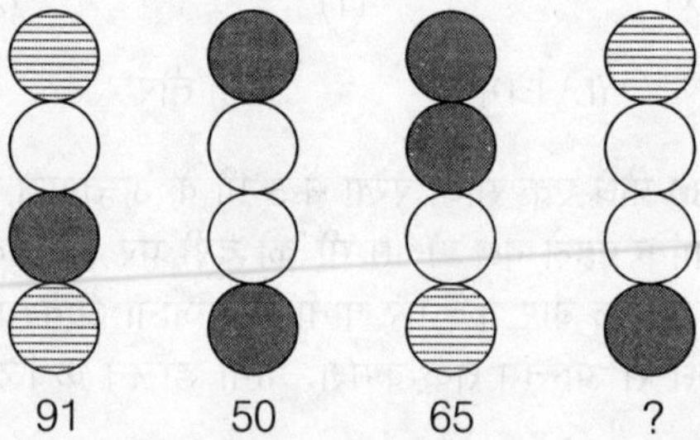

91 50 65 ?

(a) 82 (b) 80 (c) 76 (d) 88

13 एक विशेष रेस्टोरेन्ट में व्यवसायिक ऑफर के अनुसार, भोजन के लिए, आप 3 भिन्न प्रारम्भिक कोर्स में कोई एक तथा 4 भिन्न मुख्य कोर्स में कोई एक चुन सकते हैं। इसके अतिरिक्त आपको सूप या मिठाई में से एक का चयन करना है। इस रेस्टोरेन्ट के व्यवसायिक ऑफर अनुसार भोजन के 3 कोर्स को कितने भिन्न प्रकार से चुन सकते हैं?

(a) 24 (b) 3 (c) 6 (d) 12

14 निम्न में से कौन-सी आकृति भिन्न है?

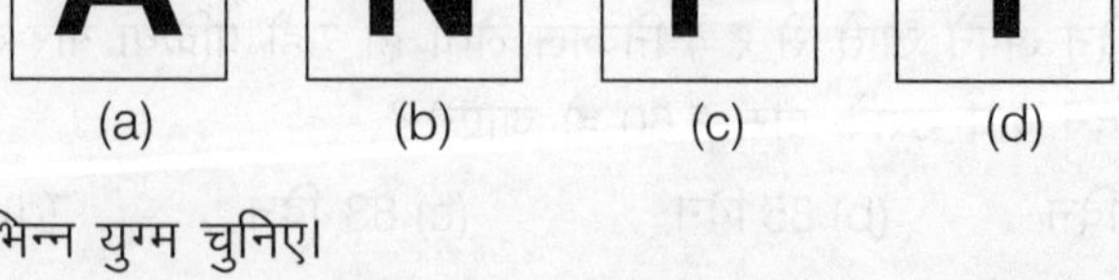

(a) (b) (c) (d)

15 निम्न में से भिन्न युग्म चुनिए।

(a) स्याही-पेन (b) धूल-वैक्यूम (c) पेट्रोल-कार (d) विद्युत-टेलीविजन

16 नीचे दी गई पहली तथा दूसरी आकृति के मध्य एक विशेष सम्बन्ध है। यदि यही सम्बन्ध तीसरी तथा चौथी आकृति के मध्य हो, तो चौथी आकृति के स्थान पर कौन-सी विकल्प आकृति उचित होगी?

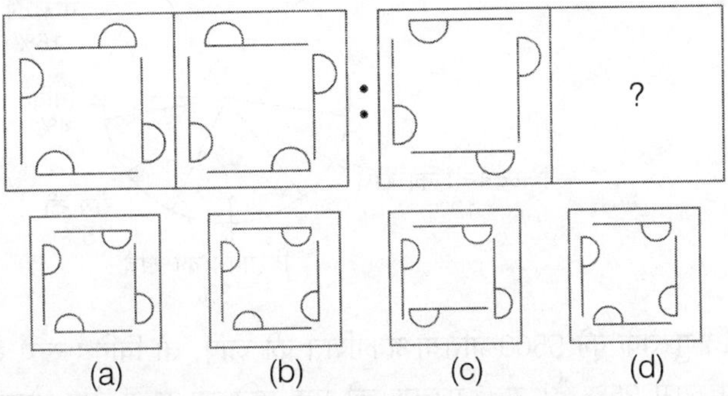

17 एक क्रिकेट मैच के, पहले 10 ओवर में रनों की दर केवल 3.2 थी। शेष 40 ओवरों में 282 रनों के लक्ष्य पर पहुँचने के लिए रनों की दर क्या होनी चाहिए?

(a) 7.05 (b) 9.45 (c) 3.85 (d) 6.25

18 नीचे दिए गए आकृति आव्यूह में प्रश्नचिन्ह (?) के स्थान पर कौन-सी विकल्प आकृति आएगी?

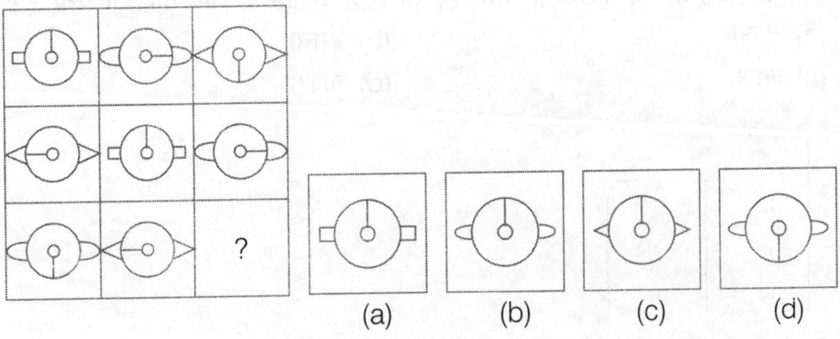

19 निम्नलिखित परिच्छेद को ध्यानपूर्वक पढ़िए और प्रश्न का उत्तर दीजिए।

कोई टेनिस कोच, आने वाले टूर्नामेण्ट के लिए चार खिलाड़ियों की एक टीम बनाना चाहता है। इसके लिए सात खिलाड़ी उपलब्ध हैं। पुरुष A, B, C और महिलाएँ W, X, Y, Z। सभी खिलाड़ियों की क्षमताएँ समान हैं और टीम में कम-से-कम दो पुरुषों का होना जरुरी है। चार सदस्यों की टीम के लिए, सभी खिलाड़ियों का एक-दूसरे से खेलने के योग्य होना आवश्यक है, लेकिन B, W के साथ नहीं खेल सकता। C, Z के साथ नहीं खेल सकता और W, Y के साथ नहीं खेल सकती।

यदि Y को चुना जाए और B न चुना जाए, तो टीम निम्नलिखित समूहों में से किस एक से मिलकर बनेगी?

(a) A, C, W और Y

(b) A, C, X और Y

(c) A, C, Y और Z

(d) A, W, Y और Z

20 नीचे दिए वृत्तारेख में एक प्रकाशक द्वारा पुस्तक के निकालने में हुए खर्च को दर्शाया गया है।

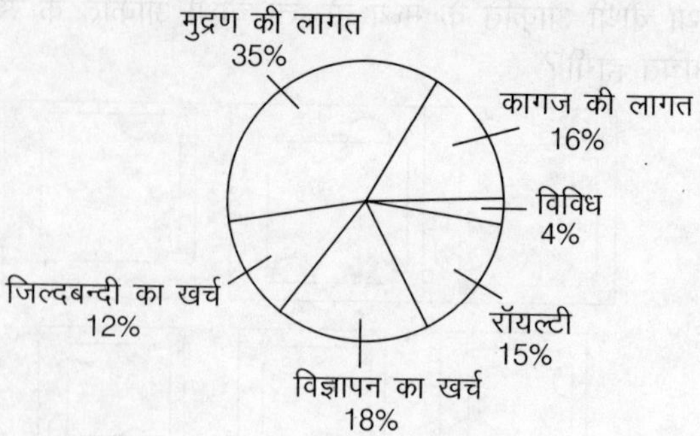

यदि पुस्तक की 5500 प्रतियाँ प्रकाशित की जाएँ, तो विविध खर्चे ₹ 1848 हैं और प्रकाशक का लाभ 25% है। अत: पुस्तक की एक प्रति का मूल्य क्या होगा?

(a) ₹ 12.50 (b) ₹ 10.50 (c) ₹ 10 (d) ₹ 8.40

21 A, B, C, D, E, F और G सात व्यक्ति हैं, जो इसी क्रम में पंक्ति में खड़े हैं। प्रत्येक भिन्न रंग की टोपी पहने हैं, जैसे–बैंगनी, जामुनी, नीली, हरी, पीली, नारंगी और लाल। D अपने सामने हरी और नीली को देख पाता है, पर बैंगनी को नहीं। F बैंगनी और पीली को देख पाता है, पर लाल को नहीं। G नारंगी को छोड़कर सभी रंगों की टोपियाँ देख सकता है। यदि E जामुनी रंग की टोपी पहने है, तो F द्वारा पहनी टोपी का रंग क्या है?

(a) नीला (b) बैंगनी
(c) लाल (d) नारंगी

22

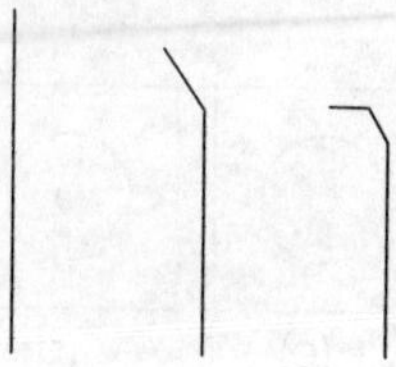

निम्न विकल्पों में से कौन-सा विकल्प उपरोक्त शृंखला को जारी रखता है?

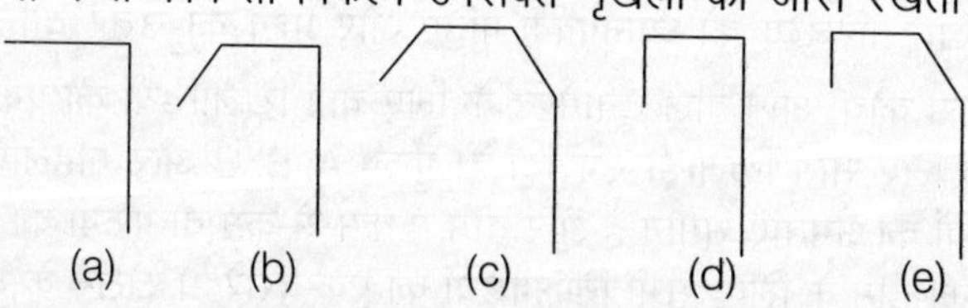

23 सुरेश का जन्म 4 अक्टूबर, 1999 को हुआ था। शशिकान्त का जन्म सुरेश से 6 दिन पहले हुआ था। उस वर्ष स्वतन्त्रता दिवस रविवार को पड़ा था। शशिकान्त का जन्म किस दिन हुआ?

(a) मंगलवार (b) बुधवार
(c) सोमवाए (d) रविवार

24 निम्न प्रश्न में बाईं ओर एक आकृति (X) तथा दाईं ओर चार विकल्प आकृतियाँ दी गई हैं। प्रश्न आकृति में कौन-सी विकल्प आकृति सन्निहित है, उसे चुनिए?

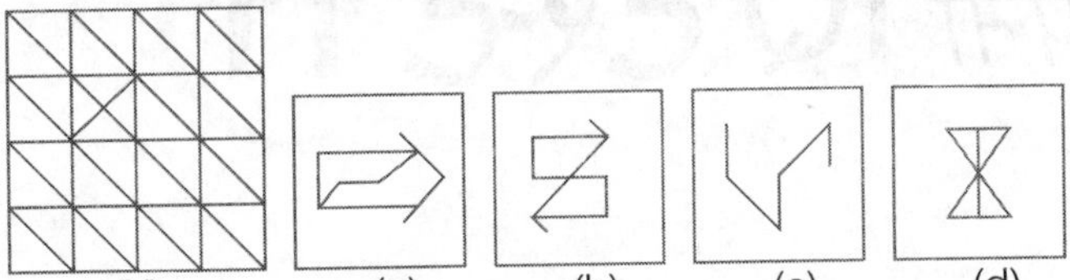

(X) (a) (b) (c) (d)

25 W, X, Y तथा Z चार राजनैतिक दलों ने आगामी संसदीय चुनावों के लिए संयुक्त उम्मीदवार खड़ा करने का निर्णय लिया है। किसी भी उम्मीदवार का सबसे अधिक दलों द्वारा स्वीकार किया जाना ही उम्मीदवार के चयन का आधार है। A, B, C तथा D चार उम्मीदवार इन दलों के पास टिकट पाने के लिए आते हैं।

I. उम्मीदवार A, W को स्वीकार्य है किन्तु Z को नहीं है।
II. उम्मीदवार B, Y को स्वीकार्य है किन्तु X को नहीं है।
III. उम्मीदवार C, W एवं Y को स्वीकार्य है।
IV. उम्मीदवार D, W एवं X को स्वीकार्य है।

जब उम्मीदवार B को W एवं Z ने पसन्द किया, उम्मीदवार C को X एवं Z ने पसन्द किया और उम्मीदवार A, X को स्वीकार्य था, तो टिकट किसे मिला?

(a) A (b) B (c) C (d) D

देखें अपना IQ स्कोर

स्कोर ___ / 25

IQ रेटिंग

- Genius 23-25
- Intelligent 20-22
- Good 16-19
- Average 12-15

जाँचें अपना IQ टेस्ट 11

1 निम्न श्रृंखला का अगला पद ज्ञात कीजिए।

5, 8, 22, 75, 312, ?

(a) 1888 (b) 1675 (c) 1575 (d) 1976

2 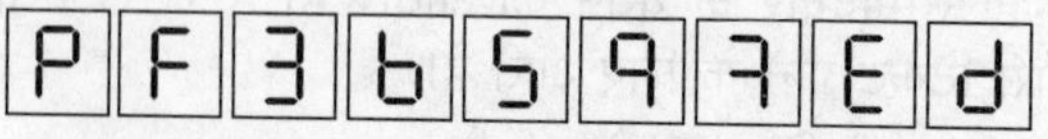

ऊपर दिए गए अनुक्रम में अगला पद क्या होगा?

(a) (b) (c) (d) (e)

3 उस जाल की माप क्या होगी, जिससे निम्न बॉक्स बनाया जा सकता है?

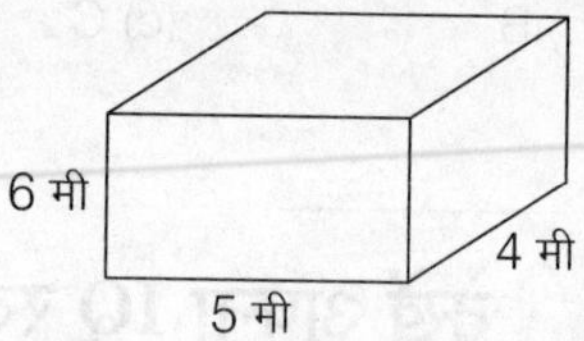

(a) 150 मी (b) 155 मी (c) 148 मी (d) 160 मी

4 छः व्यक्तियों A, B, C, D, E और F के एक परिवार में निम्नलिखित सम्बन्धों का परीक्षण कीजिए।

I. पुरुषों की संख्या, स्त्रियों की संख्या के बराबर है।

II. A और E, F के पुत्र हैं।

III. D दो व्यक्तियों, एक पुत्र और एक पुत्री की माता है।

IV. B, A का पुत्र है।

V. वर्तमान में परिवार में केवल एक ही विवाहित जोड़ा है।

उपरोक्त में से कौन-सा एक निम्नलिखित निष्कर्ष निकाला जा सकता है?

(a) A, B और C सभी स्त्रियाँ हैं (b) A, D का पति है

(c) E और F, D की सन्तानें हैं (d) D, F की पौत्री है

5 नीचे दी गई आकृति में लुप्त पद ज्ञात करें।

	KLN	MKN	NLK	LMN
KLM	MK	MM	MN	?
MNK	KK	KM	KN	KL
LKN	NK	NM	?	NL

(a) MM, ML (b) ML, NN (c) KL, MK (d) NM, NL

6 अमित व सुमित 880 मी की दूरी को क्रमशः 2 मिनट 24 सेकण्ड व 2 मिनट 40 सेकण्ड में तय करते हैं। 880 मी लम्बी दौड़ में अमित, सुमित को कितने मीटर की शुरुआत दे सकता है कि वे दोनों लक्ष्य बिन्दु पर एकसाथ पहुँचे?

(a) 88 मी (b) 77 मी (c) 80 मी (d) 98 मी

7 एक क्रिकेट खिलाड़ी की गेंदबाजी का औसत 12.4 था। जब वह अपने अन्तिम मैच में 26 रन देकर 5 विकेट लेता है, तो उसके गेंदबाजी के औसत में 0.2 अंकों का सुधार आ जाता है। अन्तिम मैच से पहले उसके द्वारा लिए गए विकेटों की संख्या थी

(a) 125 (b) 150 (c) 175 (d) 200

8 एक समतल में, रेखा X, रेखा Y के अनुलम्ब है और रेखा Z के समान्तर है; रेखा U, रेखा V और रेखा W दोनों के अनुलम्ब है; रेखा X, रेखा V के अनुलम्ब है।
निम्नलिखित में से कौन-सा कथन सही है?

(a) Z, U और W समान्तर हैं (b) X, V और Y समान्तर हैं
(c) Z, V और U, सभी W के अनुलम्ब हैं (d) Y, V और W समान्तर हैं

9 यदि ABC × DEED = ABCABC, जहाँ A, B, C, D और E भिन्न अंक हैं, तो D और E का मान क्या है?

(a) D = 2, E = 0 (b) D = 0, E = 1
(c) D = 1, E = 0 (d) D = 1, E = 2

10 निम्न में से कौन-सी आकृति श्रृंखला में फिट नहीं बैठती है?

(a) (b) (c) (d) (e) (f) (g)

11 मेरठ के लिए बस प्रत्येक साढ़े तीन घण्टे बाद जाती है। यदि मेरठ जाने वाली बस 20 मिनट पहले निकल गई हो और अगली बस के जाने का समय 6 : 30 बजे सायं हो, तो अब समय कितना हो रहा है?

(a) 3 : 00 बजे सायं (b) 3 : 20 बजे सायं
(c) 3 : 50 बजे सायं (d) 6 : 10 बजे सायं

12 नीचे दी गई विकल्प आकृतियों में से कौन-सी आकृति (X) की सही जल प्रतिबिम्ब होगी?

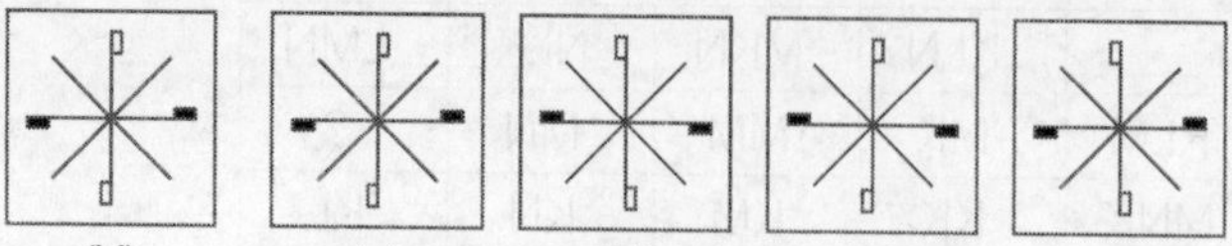

(X) (a) (b) (c) (d)

13 एक व्यक्ति अपने घर से अपने दोस्त के घर की ओर चलना प्रारम्भ करता है। वह पश्चिम दिशा की ओर 25 मी चलता है। वह 90° दाएँ घूमता है और 20 मी चलता है। वह फिर 90° दाएँ घूमता है और 10 मी चलता है। वह फिर 90° बाएँ घूमता है और 10 मी चलता है। दाएँ 90° घूमकर वह अपने मित्र के घर पहुँचने के लिए 15 मी चलता है। उसके मित्र का घर उसके घर से कितनी दूर और किस दिशा में है?

(a) पूर्व की ओर 30 मी (b) उत्तर की ओर 30 मी
(c) दक्षिण की ओर 40 मी (d) दक्षिण की ओर 30 मी
(e) उत्तर की ओर 40 मी

14 एक मछली का सर 9″ लम्बा है। पूँछ की लम्बाई सर और आधे शरीर की लम्बाई के बराबर है। शरीर की लम्बाई सर और पूँछ के योग के बराबर है। मछली की लम्बाई क्या है?

(a) 36″ (b) 63″ (c) 72″ (d) 45″

15 नीचे एक ही पासे के तीन प्रारूपों को दर्शाया गया है। इस पासे में अक्षर Q के विपरीत फलक पर कौन-सा अक्षर होगा?

I II III

(a) P (b) R (c) S (d) T

16

12	3	7	8	10	18
6	6	14	4	5	9

4	11	2	5	6	13
?	?	?	?	?	?

ऊपर की पंक्ति में दी गई संख्याओं का उनके नीचे दी गई संख्याओं से एक विशेष सम्बन्ध है, तो उसी आधार पर प्रश्नचिन्ह (?) के स्थान पर संख्याओं का कौन-सा सेट आएगा?

(a) | 8 | 6 | 4 | 10 | 3 | 22 |

(b) | 2 | 22 | 1 | 10 | 3 | 26 |

(c) | 8 | 22 | 4 | 8 | 12 | 5 |

(d) | 2 | 5 | 6 | 13 | 11 | 4 |

(e) | 6 | 6 | 1 | 10 | 12 | 26 |

17 एक स्कूल में व्यायाम के समय ये कोड प्रयोग किए जाते हैं

1. चलना 2. खड़ा होना 3. दौड़ना 4. बैठना

तो, एक छात्र जो निम्न शृंखला के अनुसार व्यायाम करता है कितनी बार बैठेगा?

1234231443221243144I2

(a) 2 (b) 3 (c) 4 (d) 5

(e) इनमें से कोई नहीं

18 एक पैसेंजर ट्रेन सायं 5 बजे आगरा से चलती है और रात 10 बजे दिल्ली पहुँचती है। दिल्ली से आगरा के लिए प्रत्येक घण्टे बाद एक ट्रेन चलती है 5 : 30, 6 : 30, 7 : 30, ... में। दिल्ली से चलने वाली कितनी ट्रेनें आगरा से चलने वाली ट्रेन को पास करेंगी?

(a) 5 (b) 8 (c) 10 (d) 15

19 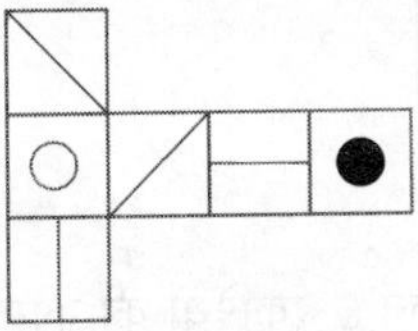

ऊपर की आकृति को मोड़कर घन बनाने पर, निम्न में से कौन-सी दो आकृति प्राप्त होंगी?

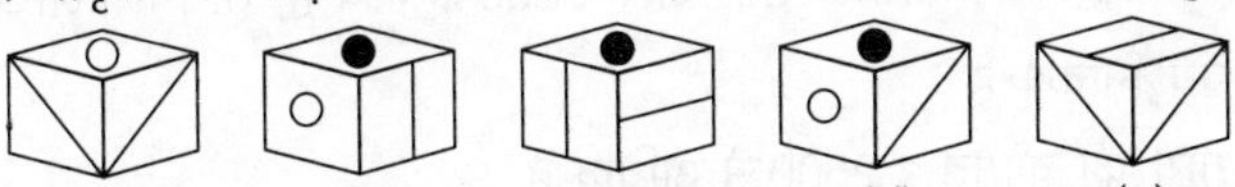

(a) (b) (c) (d) (e)

(a) AB (b) CB (c) CD (d) BE

20 निम्नांकित कथनों पर विचार कीजिए।

- A तथा B की आयु समान है अथवा B से A बड़ा है।
- C तथा D की आयु समान है अथवा C से D बड़ा है।
- C से B बड़ा है।

(a) B से A बड़ा है (b) B तथा D की एक ही आयु है

(c) C से D बड़ा है (d) C से A बड़ा है

21 आकृति (X) को घुमाकर निम्न में से कौन-सी आकृति प्राप्त की जा सकती है?

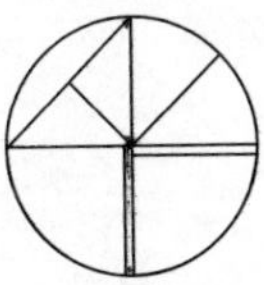

(X)

(a) (b) (c) (d) (e)

22 एक आदमी एक टोकरी को अण्डों से इस प्रकार भरता है कि क्रमशः प्रत्येक दिन टोकरी में उतने अण्डे और भरता है जितने अण्डे उस दिन टोकरी में पहले से हैं। इस तरह से टोकरी 24 दिनों में पूरी तरह से भर जाती है। कितने दिनों के बाद टोकरी एक-चौथाई भरी थी?

(a) 6 (b) 12 (c) 17 (d) 22

23 नीचे दी गई आकृति (X) का लुप्त भाग ज्ञात करें।

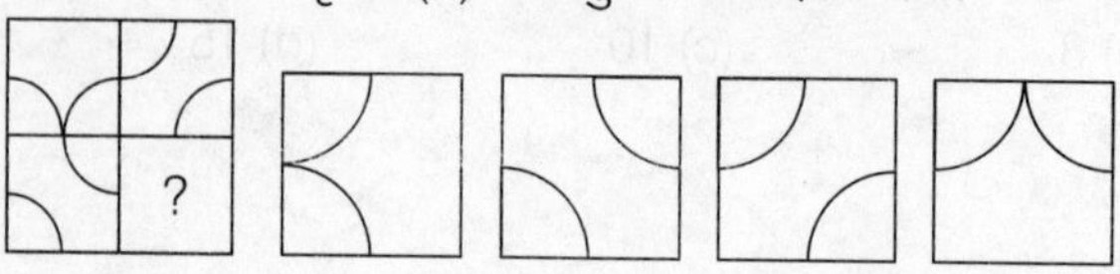

(X) (a) (b) (c) (d)

24 एक गाय की कीमत 4 बकरियों की कीमत से अधिक है लेकिन 5 बकरियों की कीमत से कम है। यदि एक बकरी की कीमत ₹ 600 और ₹ 800 के बीच है, तो निम्नलिखित में से कौन-सा सर्वोत्तम वैध निष्कर्ष है?

(a) एक गाय की कीमत ₹ 2500 से अधिक है
(b) एक गाय की कीमत ₹ 3600 से कम है
(c) एक गाय की कीमत ₹ 2600 और ₹ 3800 के बीच है
(d) एक गाय की कीमत ₹ 2400 और ₹ 4000 के बीच है

25 किसी 400 मिली विलयन में, जिसमें 15% ऐल्कोहॉल है, कितना शुद्ध ऐल्कोहॉल मिलाया जाए, ताकि प्राप्त मिश्रण में ऐल्कोहॉल की सान्द्रता 32% हो जाए?

(a) 60 मिली (b) 100 मिली (c) 128 मिली (d) 68 मिली

देखें अपना IQ स्कोर

स्कोर ___ /25 IQ रेटिंग ________

- Genius 23-25
- Intelligent 20-22
- Good 16-19
- Average 12-15

जाँचें अपना IQ टेस्ट 12

1 नीचे दी गई आकृति (X) किस विकल्प आकृति में सन्निहित है?

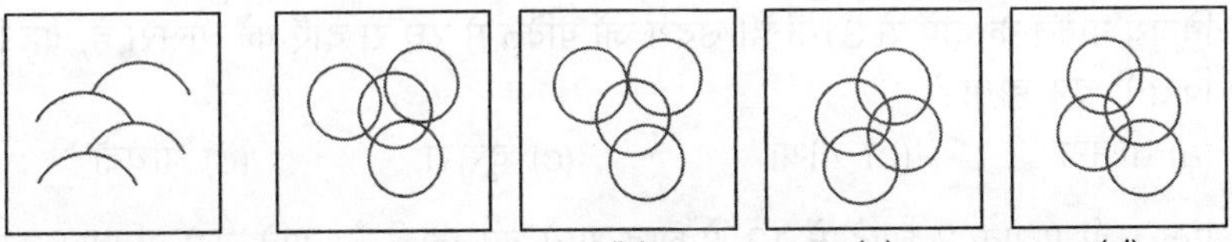

(X) (a) (b) (c) (d)

2 आठ व्यक्ति A, B, C, D, E, F, G और H दी गई आकृति के अनुसार बाहर की ओर मुँह करके बैठे हैं। यदि वे सभी तीन स्थानों तक वामावर्त घूमते हैं, तो

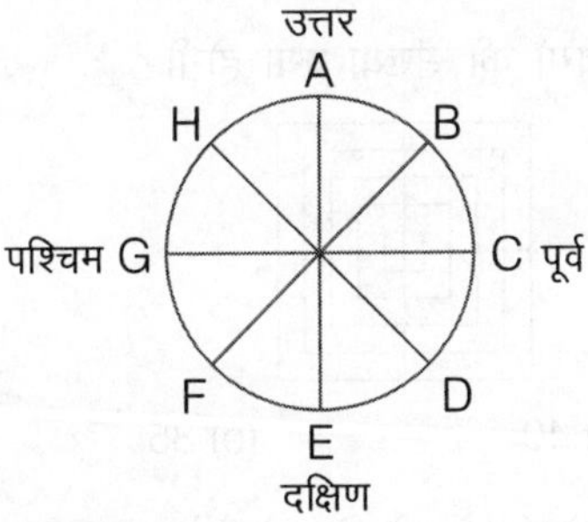

(a) B का मुँह पश्चिम की ओर होगा
(b) E का मुँह पूर्व की ओर होगा
(c) H का मुँह उत्तर-पश्चिम की ओर होगा
(d) A का मुँह दक्षिण की ओर होगा

3 स्थान K राजधानी P से उत्तर-पश्चिम दिशा में 2 किमी दूर स्थित है। R एक अन्य स्थान K से दक्षिण-पश्चिम दिशा में 2 किमी दूर स्थित है। M एक अन्य स्थान R से उत्तर-पश्चिम दिशा में 2 किमी दूर स्थित है। T एक अन्य स्थान M से दक्षिण-पश्चिम दिशा में 2 किमी दूर स्थित है। T स्थान P से किस दिशा में स्थित है?

(a) दक्षिण-पश्चिम (b) उत्तर-दक्षिण
(c) पश्चिम (d) उत्तर

4 नीचे दिए गए विकल्पों में से कौन-सा भिन्न है?

(a) बुध (b) चाँद (c) शनि (d) मंगल

5 नीचे दी गई आकृति में लुप्त पद ज्ञात करें।

874	6572	984
?	6975	43492
8458	9654	4388

(a) 26846 (b) 7435 (c) 9930 (d) 8243

6 उत्तर की ओर मुँह किए हुए 40 लड़के एक पंक्ति में खड़े हैं। रघु बाएँ से 11वाँ है और विजय पंक्ति के दाएँ से 31वाँ है। उदय जो पंक्ति में रघु से दाएँ को तीसरा है, वह विजय से कितनी दूर होगा?

(a) तीसरा (b) चौथा (c) दूसरा (d) पाँचवाँ

7 एक घड़ी प्रत्येक 3 घण्टे में 12 सेकण्ड आगे बढ़ जाती है। यदि उसे रविवार को अपराह्न 3 बजे सही सैट करके चलाएँ, तो मंगलवार को प्रातः 10 बजे वह क्या समय बताएगी?

(a) 10 बजकर 2 मिनट 50 सेकण्ड (b) 10 बजकर 3 मिनट 2 सेकण्ड
(c) 10 बजकर 2 मिनट 54 सेकण्ड (d) 10 बजकर 2 मिनट 52 सेकण्ड

8 निम्न आकृति में कुल वर्गों की संख्या क्या होगी?

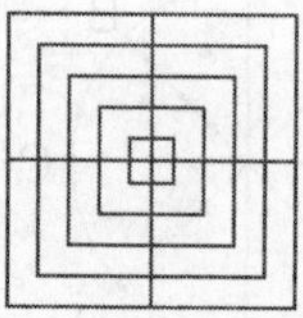

(a) 25 (b) 40 (c) 35 (d) 30

9 यदि आप 1-100 तक के अंकों को लिखने बैठें, तो अंक 3 को कितनी बार लिखेंगे?

(a) 18 (b) 11 (c) 19 (d) 21

10 जिस प्रकार,

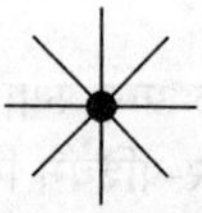 सम्बन्धित है 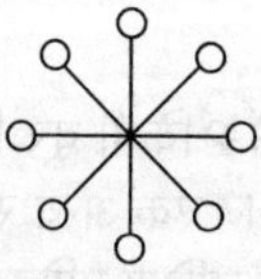 से, उसी प्रकार  सम्बन्धित है

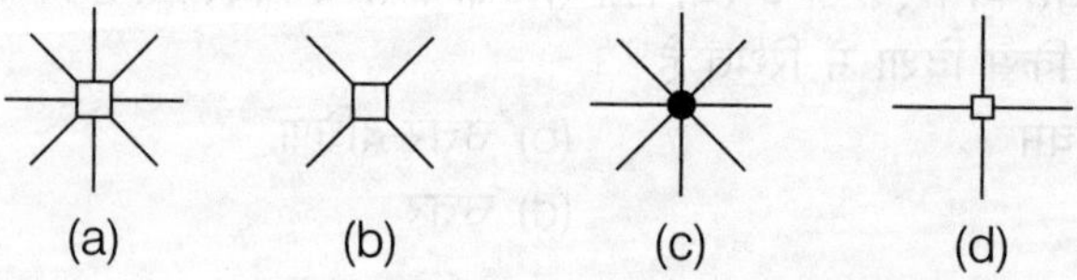

(a) (b) (c) (d)

11 दिए गए आरेख में, त्रिभुज से पुलिस अफसर इंगित हैं, वर्ग से लम्बे और वृत्त से शक्तिशाली इंगित हैं। शक्तिशाली पुलिस अफसरों को, जो लम्बे नहीं हैं किस अंक से प्रदर्शित किया जाएगा?

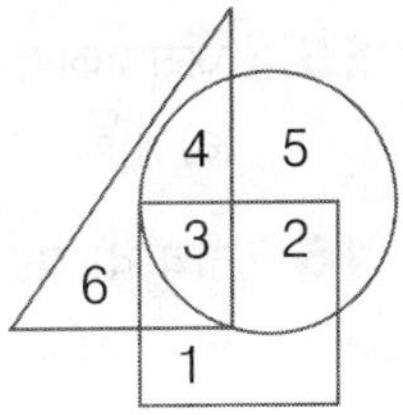

(a) 3 (b) 4 (c) 2 (d) 6

12

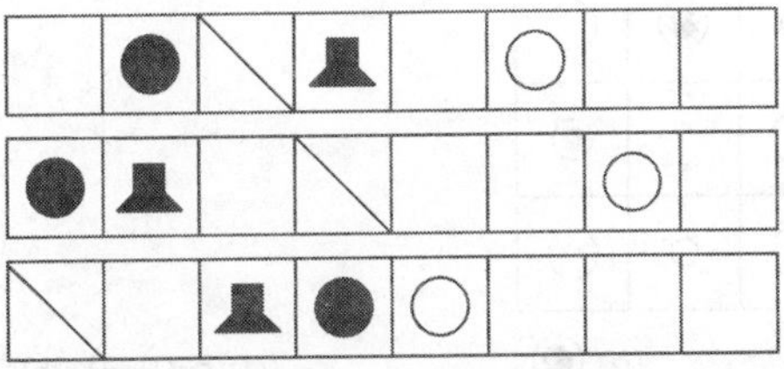

दिए गए विकल्प में से कौन-सा विकल्प ऊपर दिए गए क्रम को जारी रखेगा?

(a) 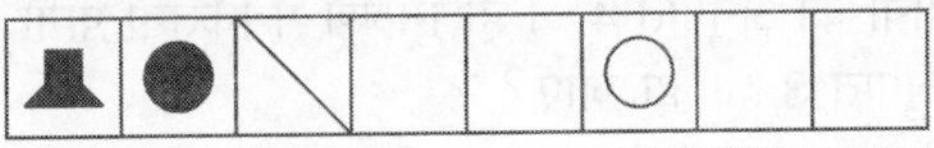

(b) 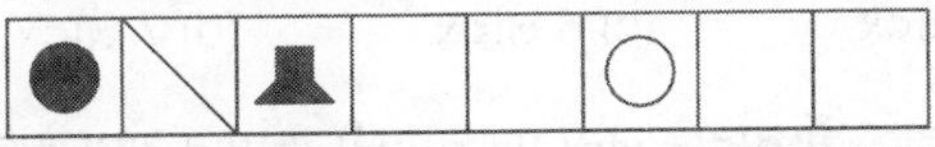

(c) 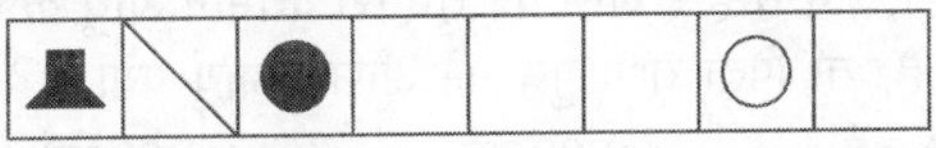

(d) 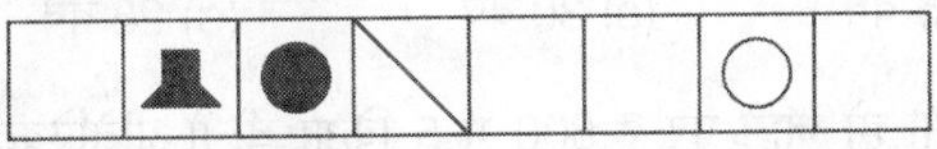

(e) 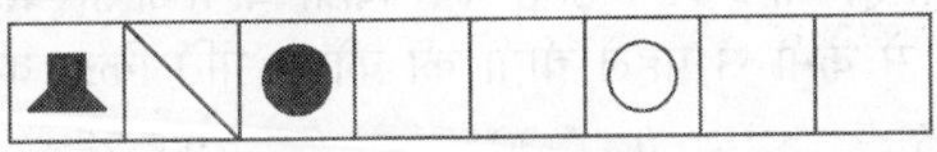

13 छः स्त्रियों की मण्डली में चार नर्तकियाँ, चार गायिकाएँ, एक अभिनेत्री और तीन वायलिन वादिकाएँ हैं। गिरिजा और वनजा वायलिन वादिकाएँ हैं, जबकि जलजा और शैलजा वायलिन बजाना नहीं जानतीं। शैलजा और तनुजा नर्तकियों में से हैं। जलजा, वनजा, शैलजा और तनुजा सभी गायिकाएँ हैं और उनमें से दो वायलिन वादिकाएँ भी हैं।

यदि पूजा अभिनेत्री है, तो निम्नलिखित में से कौन निश्चित रूप से नर्तकी भी है और वायलिन वादिका भी?

(a) जलजा (b) पूजा (c) शैलजा (d) तनुजा

14 यदि 'P – Q' का अर्थ है, कि Q, P का पुत्र है।

- 'P × Q' का अर्थ है, कि P, Q का भाई है।
- 'P ÷ Q' का अर्थ है, कि Q, P की बहन है।
- 'P + Q' का अर्थ है, कि P, Q की माता है।

तब, अभिव्यक्ति 'N × K – M ÷ L' के लिए कौन-सा कथन निश्चित रूप से सत्य है?

(a) K, L और M का पिता है

(b) L, K की बेटी है और N की भतीजी है

(c) K, L और M का पिता है। L और M क्रमशः बेटा और बेटी हैं

(d) M, K के भाई N के अंकल हैं

15 जिस प्रकार, 'महासागर' का सम्बन्ध जल से है, उसी प्रकार 'ग्लेशियर' का सम्बन्ध किससे है?
(a) बर्फ (b) पर्वत (c) गुफा (d) तालाब

16 नीचे दी गई आकृति में प्रश्नचिन्ह (?) के स्थान पर कौन-सी आकृति आएगी?

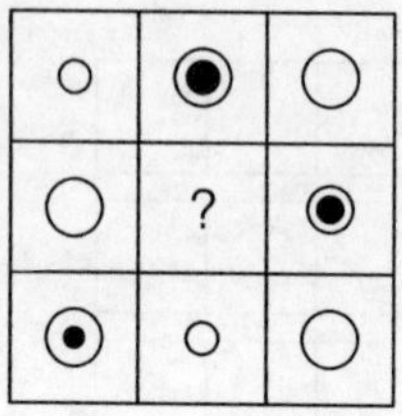

(a) ○ (b) ◯ (c) ◉ (d) इनमें से कोई नहीं

17 60 लीटर मिश्रण में दूध व पानी का अनुपात 4 : 1 है। मिश्रण में कितना पानी और मिलाया जाए कि दूध व पानी का अनुपात 3 : 1 हो जाए?
(a) 5 लीटर (b) 4 लीटर (c) 6 लीटर (d) 7 लीटर

18 एक पिता ने अपने पुत्र से कहा, ''मैं तुम्हारे जन्म पर तुम्हारी वर्तमान आयु के बराबर था।'' यदि पिता की आयु 38 वर्ष है, तो पिता तथा पुत्र की औसत आयु क्या है?
(a) 28.5 वर्ष (b) 26.5 वर्ष (c) 30 वर्ष (d) 28 वर्ष

19 चीनी की कीमत में 20% कमी हो जाने पर ₹ 600 में 5 किग्रा चीनी अतिरिक्त खरीदी जा सकती है। तद्नुसार, कीमत में कमी से पहले चीनी की कीमत प्रति किग्रा क्या थी?
(a) ₹ 25 (b) ₹ 35 (c) ₹ 30 (d) ₹ 28

20

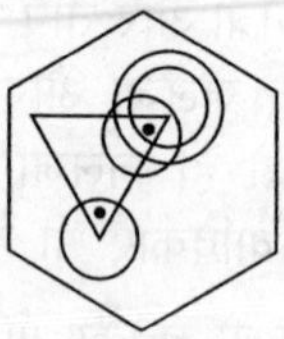

निम्न विकल्प आकृतियों में से कौन-सी आकृति में बिन्दुओं को रखने पर वैसा ही प्रतिबन्ध प्राप्त हो जाएगा जैसा कि ऊपर दी गई आकृति में है?

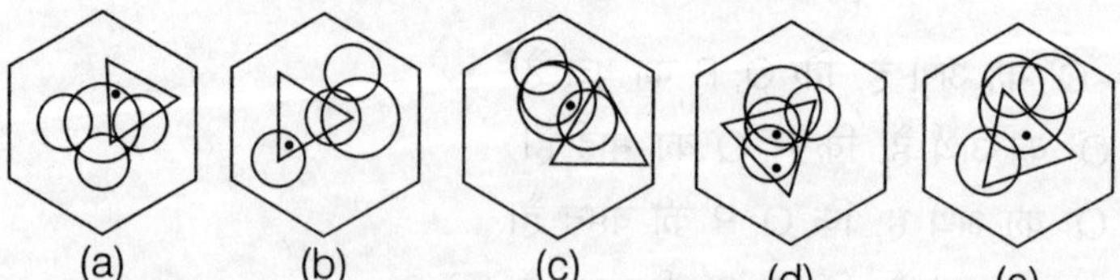

(a) (b) (c) (d) (e)

21 अरुण की मोटरसाइकिल में पूरी भरी टंकी पेट्रोल 10 दिन चलता है। यदि वह प्रतिदिन 25% अधिक उपयोग शुरू कर देता है, तो पूरी भरी टंकी पेट्रोल कितने दिन चलेगा?
(a) 8 (b) 12 (c) 10 (d) 7

22

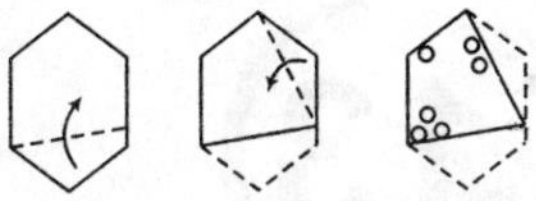

(X) (Y) (Z)

यदि किसी कागज (X) को आकृति (Z) के समान मोड़कर काटा जाए, तो आकृति (Z) को खोलने पर कौन-सी विकल्प आकृति के समान दिखाई देगी?

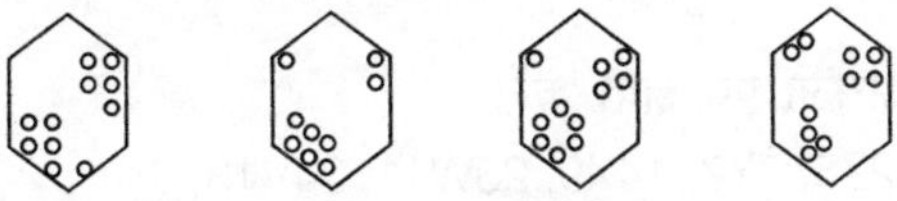

(a) (b) (c) (d)

23 नीचे दी गई शृंखला में लुप्त पद ज्ञात करें।

KM5, IP8, GS11, EV14, ?

(a) EI17 (b) CY17 (c) FG17 (d) DY18

24 किसी परीक्षा में एक विद्यार्थी को किसी संख्या का $\frac{3}{14}$वाँ भाग निकालने को कहा गया। उसने गलती से उस संख्या का $\frac{3}{4}$वाँ भाग निकाल लिया और उसका उत्तर सही उत्तर से 150 अधिक आया। वह संख्या ज्ञात कीजिए।

(a) 250 (b) 270 (c) 300 (d) 280

25 9 पूर्णांकों का औसत 11 आता है, परन्तु गणना करने के बाद यह देखा गया कि, भूलवश गणना करते समय मूलांक 23 को 32 लिखा गया। उचित संशोधन करने के बाद नया औसत क्या होगा?

(a) 11 (b) 10 (c) 9 (d) 13

देखें अपना IQ स्कोर

स्कोर ___ / 25 IQ रेटिंग ____

- Genius 23-25
- Intelligent 20-22
- Good 16-19
- Average 12-15

जाँचें अपना IQ टेस्ट 13

1 निम्न श्रृंखला में अगला पद ज्ञात करें।

2Z5, 7Y7, 14X9, 23W11, 34V13, ?

(a) 47U15 (b) 48T16 (c) 47S15 (d) 48T18

2 एक दुकानदार ₹ 662.50 की कलमें खरीदता है तथा उसमें से ₹ 387.50 की कलम को खरीद मूल्य पर ही बेच देता है। यदि वह आरम्भ में कलमों की न्यूनतम संख्या खरीदता हो, तो उसके पास अभी भी कितनी कलमें बची हैं?

(a) 20 (b) 22 (c) 30 (d) 25

3 एक आदमी एक स्थान से 4 मील उत्तर दिशा में चलता है। फिर बाएँ मुड़कर 6 मील चलता है। पुन: दाएँ मुड़कर 3 मील चलता है और वहाँ से दाएँ मुड़कर 4 मील चलकर आधा घण्टा विश्राम करता है। विश्राम के बाद वह उसी दिशा में 2 मील फिर चलता है। इसके बाद दाएँ मुड़कर 1 मील चलता है, तब अन्तिम स्थिति में उस आदमी का मुख किस दिशा में होगा?

(a) पूर्व (b) उत्तर (c) दक्षिण (d) पश्चिम

4 एक लड़का फिल्म देखने जाता है, वहाँ पाता है कि उसकी बाईं सीट पर एक व्यक्ति बैठा है, जो उसका रिश्तेदार है। वह व्यक्ति उसकी माँ की बहन का पति है। वह व्यक्ति उस लड़के से कैसे सम्बन्धित है?

(a) चाचा (b) भांजा (c) भाई (d) मौसा

5 इस चित्र में कोने के आयत का माप 2 सेमी × 4 सेमी है। वृत्त की त्रिज्या निकालें?

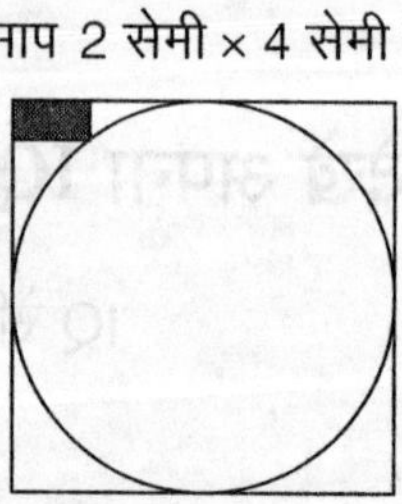

6 कौन-सी आकृति खाली जगह को भरेगी?

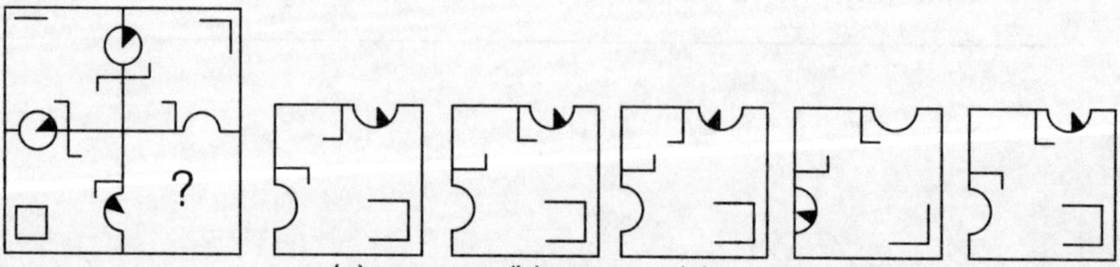

(a) (b) (c) (d) (e)

7 प्रश्नचिन्ह (?) के स्थान पर कौन-सा अक्षर आएगा?

3	P	8
9	G	11
2	U	4
3	W	1
7	?	18

(a) E (b) B (c) C (d) F

8 अगर MONEY को 144 – 200 – 171 – 0 – 600 लिखा जाता है, तो DOLLAR को क्या लिखा जाएगा?

(a) (– 9) – 200 – 119 – 119 – (– 24) – 299
(b) (– 8) – 200 – 106 – 106 – (– 20) – 200
(c) 122 – 200 – 102 – 102 – 10 – 154
(d) 120 – 200 – 101 – 101 – 08 – 156

9. नीचे दी गई आकृति में कितने पंचभुज हैं?

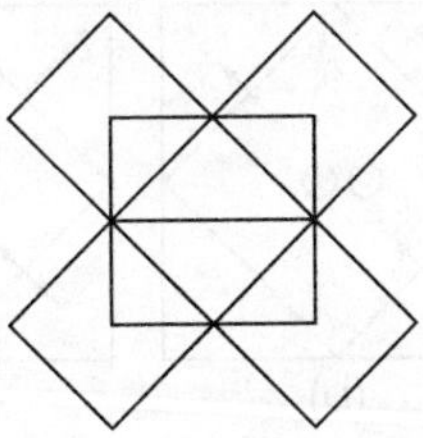

(a) 12 (b) 13 (c) 11 (d) 10

10 निम्न आकृतियों में उस आकृति का चयन कीजिए, जो अन्य से भिन्न है

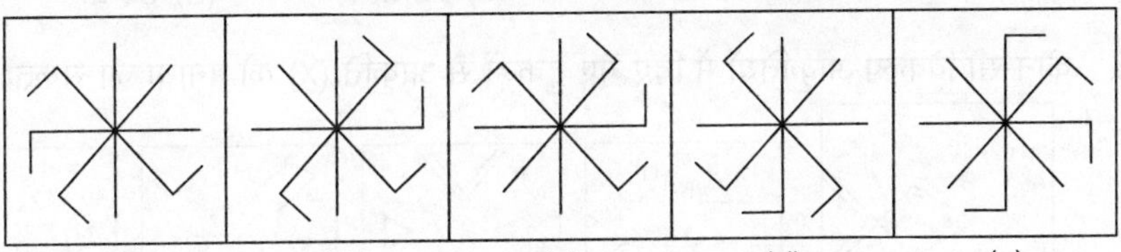

(a) (b) (c) (d) (e)

11 A, B, P, Q और S में B सबसे छोटे से एकदम अगला लम्बा है और Q, P से लम्बा है, तो इन सभी में सबसे लम्बा कौन है, यह जानने के लिए निम्नलिखित में से कौन-सा/से कथन आवश्यक है/हैं?

I. P, S जितना लम्बा नहीं है। II. A, लम्बाई में Q से तीन नीचे है।
III. P लम्बाई में A के ऊपर दूसरा है।

(a) I और II (b) केवल II या III (c) केवल I या III (d) I या II या III

12 छ: सड़कें A,B,C, P,Q एवं R किसी एक सैन्य शिविर को देश के शेष भाग से जोड़ती हैं। किसी भी एक समय पर A,P एवं R सड़कों में से केवल एक सड़क ही खुली रहती है। यदि B बन्द होती है, तो Q भी बन्द होती है। तूफान के समय A एवं B में से केवल एक खुली रहती है। बाढ़ के समय P बन्द रहती है। इस सन्दर्भ में निम्नलिखित में से कौन-सा एक कथन सही है?

(a) सामान्य परिस्थितियों में केवल तीन सड़कें खुली रहती हैं
(b) तूफान के समय कम-से-कम एक सड़क खुली रहती है
(c) बाढ़ के समय केवल तीन सड़कें खुली रहती हैं
(d) आपदाओं के समय सारी सड़कें बन्द रहती हैं

13 नीचे प्रश्नचिन्ह (?) के स्थान पर कौन-सी आकृति आएगी?

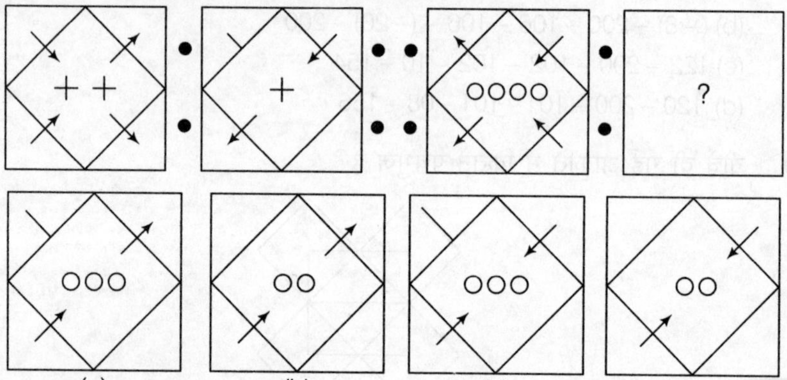

(a) (b) (c) (d)

14 300 ग्राम नमक के घोल में 40% नमक है। इस घोल में कितना नमक और मिलाया जाए, जिससे इसकी मात्रा 50% हो जाए?

(a) 40 ग्राम (b) 60 ग्राम (c) 70 ग्राम (d) 80 ग्राम

15 कौन-सी विकल्प आकृतियों में दिए गए टुकड़ों से आकृति (X) को बनाया जा सकता है?

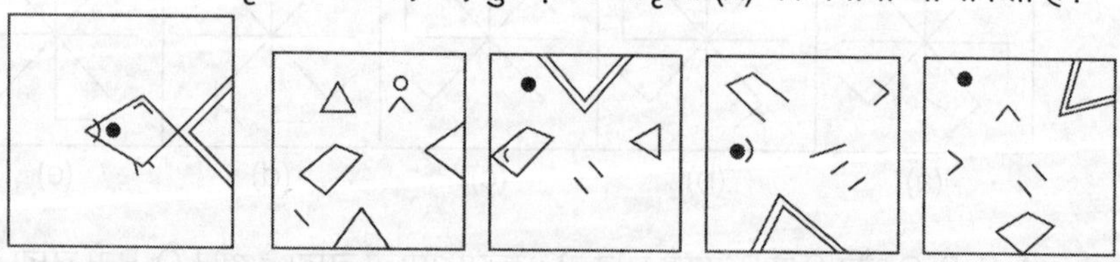

(X) (a) (b) (c) (d)

16 8 घण्टे प्रतिदिन कार्य करते हुए, अनु एक पुस्तक को 18 दिनों में पूरी कर सकती है। यदि वही कार्य 12 दिनों में पूरा करना हो, तो अनु को प्रतिदिन कितने घण्टे काम करना होगा?

(a) 20 घण्टे (b) 10 घण्टे (c) 15 घण्टे (d) 12 घण्टे

17 निम्न प्रश्न में बाईं ओर एक आकृति (X) तथा दाईं ओर चार विकल्प आकृतियाँ दी गई हैं। उस विकल्प आकृति को चुनिए, जिसमें आकृति (X) सन्निहित है।

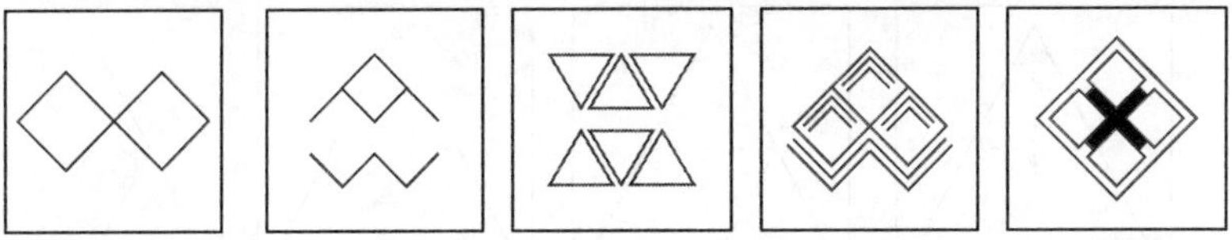

(X) (a) (b) (c) (d)

18 एक विद्यालय के 10 अध्यापकों में एक के सेवानिवृत्त होने पर 25 वर्ष का नया अध्यापक उसके स्थान पर आ जाता है। परिणामस्वरूप उन अध्यापकों की औसत आयु 3 वर्ष कम हो जाती है। तद्नुसार, उस सेवानिवृत्त हुए अध्यापक की आयु कितने वर्ष की है?

(a) 60 वर्ष (b) 50 वर्ष (c) 55 वर्ष (d) 58 वर्ष

19 किसी परीक्षा में एक विद्यार्थी 30% अंक प्राप्त करता है व 12 अंकों से फेल हो जाता है, इसी परीक्षा में दूसरा विद्यार्थी 40% अंक प्राप्त करता है व न्यूनतम अंकों से 28 अंक अधिक लेकर पास हो जाता है। परीक्षा में अधिकतम अंक कितने हैं?

(a) 300 (b) 400 (c) 350 (d) 420

20 इस वृत्तारेख द्वारा किसी देश में प्रति 1000 करोड़ रुपये का विभिन्न सेक्टरों में आवंटन को दर्शाया गया है। कृषि सेक्टर पर व्यय (₹ में) कितना है?

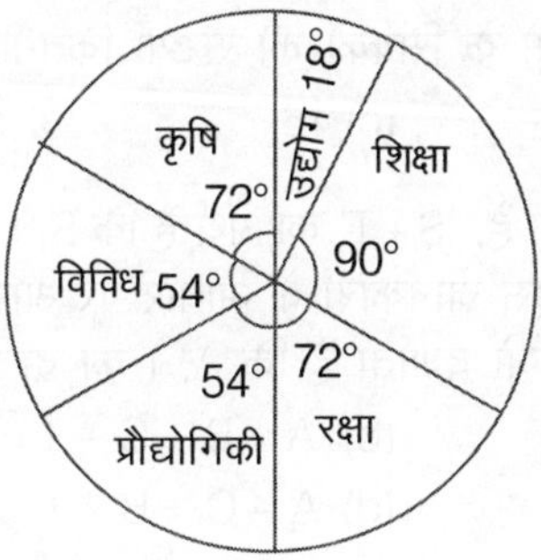

(a) 250 करोड़ (b) 150 करोड़

(c) 300 करोड़ (d) 200 करोड़

21 नीचे दी गई आकृति (X) का सही जल प्रतिबिम्ब कौन-सी विकल्प आकृति होगी?

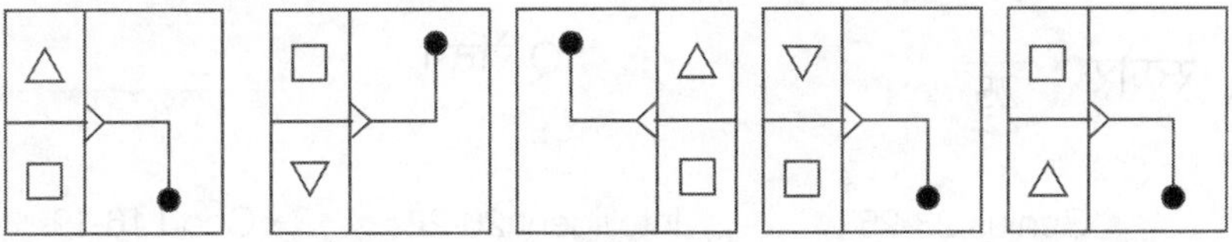

(X) (a) (b) (c) (d)

22 एक त्रिभुजाकार कागज को आकृतियों (W), (X), (Y) व (Z) के अनुसार मोड़कर काटने के बाद खोलने पर किस विकल्प आकृति के समान दिखाई देगी?

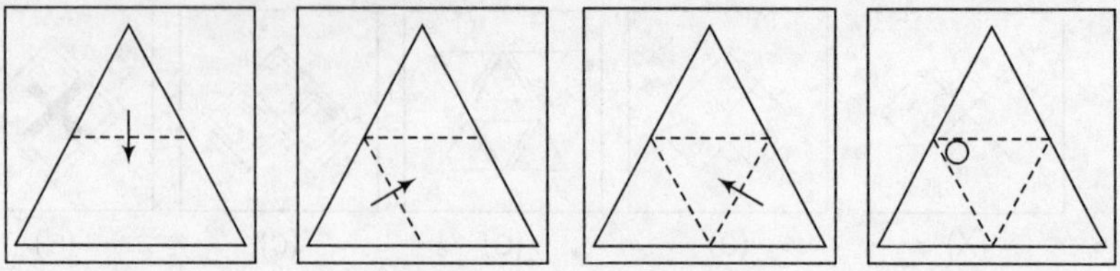

(W) (X) (Y) (Z)

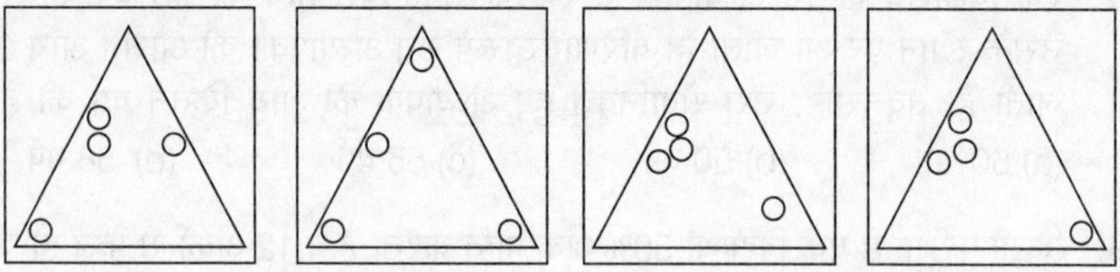

(a) (b) (c) (d)

23 ताले का चाबी से वही सम्बन्ध है, जो अपराध का ……… से है।

(a) जाँच (b) रहस्य (c) अपराधी (d) दोष

24 एक पर्स में ₹ 1,50 पैसे तथा 25 पैसे के सिक्के हैं। 50 पैसे के सिक्कों की संख्या 25 पैसे के सिक्कों की संख्या से दोगुनी है तथा ₹ 1 के सिक्कों की संख्या से चार गुनी है। यदि सिक्कों का कुल मूल्य ₹ 56 है, तो 50 पैसे के सिक्कों की संख्या कितनी है?

(a) 64 (b) 32 (c) 16 (d) आँकड़े अपर्याप्त हैं

25 'S×T' का अर्थ है कि S, T की माता है, 'S+T' का अर्थ है कि S, T का पिता है तथा 'S−T' का अर्थ है कि S, T की बहन है। इस जानकारी के आधार पर आपको निम्न विकल्पों में से उस विकल्प का चुनाव करना है, जो दर्शाता है कि A, T का दादा है।

(a) A + S + B − T (b) A × B + C − T
(c) A + B − C × T (d) A − C + B × T

देखें अपना IQ स्कोर

स्कोर ___ / 25 IQ रेटिंग ______

- Genius 23-25
- Intelligent 20-22
- Good 16-19
- Average 12-15

जाँचें अपना IQ टेस्ट 14

1 नीचे दी गई शृंखला को पूरा कीजिए।

3, 8, 13, 24, 41, ?

(a) 70 (b) 66 (c) 64 (d) 62

2 नीचे दी गई आकृति (X) कौन-सी विकल्प आकृति में सन्निहित है?

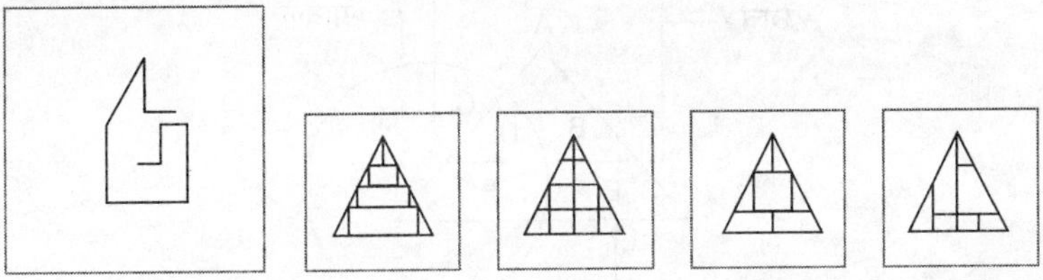

(X) (a) (b) (c) (d)

3 A, B, C, D, E और F केन्द्र की ओर मुँह करके एक वृत्त में बैठे हैं। F, A के बाईं ओर दूसरा है। B, A के दाईं ओर दूसरा है। A, D का बायाँ पड़ोसी है। C, F और B के बीच बैठा है। A का बायाँ पड़ोसी E है। F का पड़ोसी कौन है?

(a) A, B (b) E, D (c) C, E (d) C, D

4 जिस प्रकार, खेलने का सम्बन्ध मैदान से है, उसी प्रकार प्रार्थना का सम्बन्ध किससे है?

(a) स्कूल (b) सिनेमा हॉल (c) पार्क (d) मन्दिर

5 लड़कों की एक पंक्ति में मदन दाईं ओर से 8वाँ है और अजय भी बाईं ओर से 8वाँ है। जब उन्होंने अपने स्थानों की परस्पर अदला-बदली की, तो अजय बाईं ओर से 16वाँ हो गया। पंक्ति में कुल कितने लड़के हैं?

(a) 32 (b) 23 (c) 20 (d) 24

6 यदि '–' का अर्थ '×', '×' का अर्थ '+', '+' का अर्थ '÷' और '÷' का अर्थ '–' हो, तो

$$40 \times 12 + 3 - 6 \div 60 = ?$$

(a) 4 (b) 8 (c) 10 (d) 12

7 राजू एक कार्य को 20 दिनों में और संजू उसी कार्य को 40 दिनों में करता है। यदि वे दोनों मिलकर वह कार्य 5 दिनों तक करें, तो उस कार्य का कितना भाग शेष रह जाएगा?

(a) 5/8 (b) 1/5 (c) 3/8 (d) 1/8

8 किसी मिश्रण में स्पिरिट और पानी 3 : 2 के अनुपात में हैं। यदि इसमें पानी से स्पिरिट 3 लीटर अधिक है, तो इस मिश्रण में स्पिरिट की मात्रा क्या है?

(a) 3 लीटर (b) 4 लीटर (c) 6 लीटर (d) 9 लीटर

9 नीचे दी गई आकृति में कौन-सा अक्षर उन छात्रों को दर्शाता है, जो गायक भी हैं और नर्तक भी?

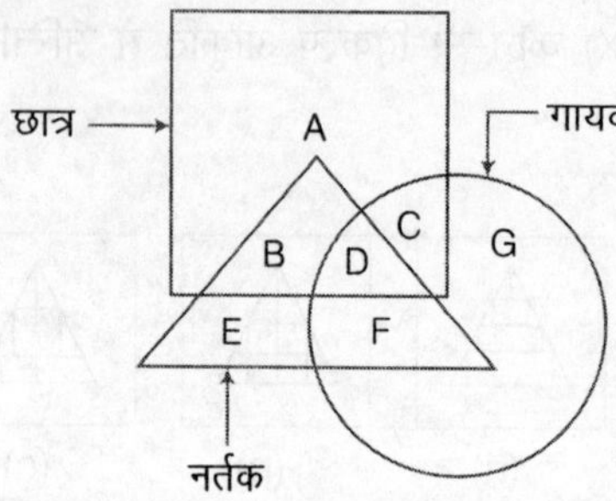

(a) C (b) D (c) A (d) B

10 एक आदमी के चित्र को देखते हुए सुनील ने कहा, ''उसकी माँ मेरे पिता के पुत्र की पत्नी है तथा मेरे कोई भाई और बहन नहीं है।'' चित्र में जो आदमी है, वह सुनील से किस प्रकार सम्बन्धित है?

(a) सुनील का पुत्र
(b) सुनील का चाचा
(c) सुनील का भतीजा
(d) सुनील का कजिन

11 नीचे दी गई आकृति में त्रिभुजों की कुल संख्या कितनी है?

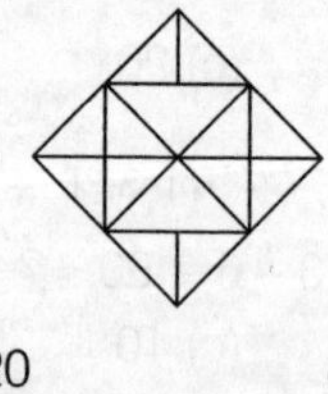

(a) 16 (b) 20 (c) 28 (d) 34

12 नीचे दी गई आकृतियों के अनुक्रम में प्रश्नचिन्ह (?) के स्थान पर कौन-सी विकल्प आकृति आएगी?

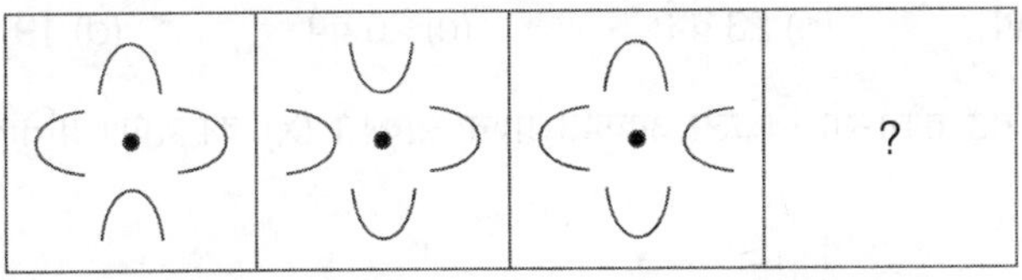

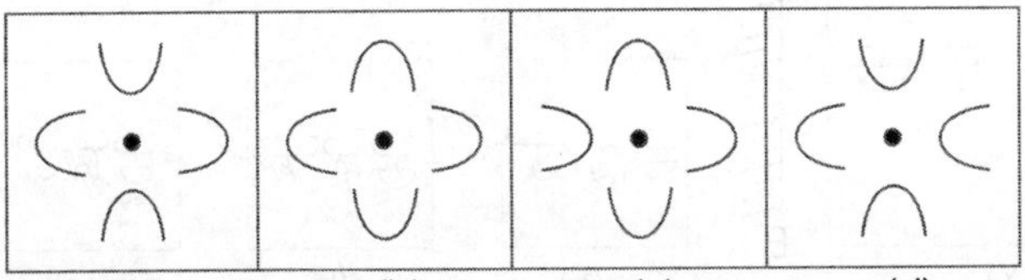

(a) (b) (c) (d)

13 M, N, P, Q और T में से प्रत्येक ने अलग-अलग अंक प्राप्त किए। N ने सिर्फ P से अधिक अंक तथा T और G ने सिर्फ M से कम अंक प्राप्त किए। इनमें से किसने सबसे कम अंक प्राप्त किए?

(a) P (b) Q (c) M (d) N

14 निम्न आकृतियों में से कौन-सी आकृति विषम है?

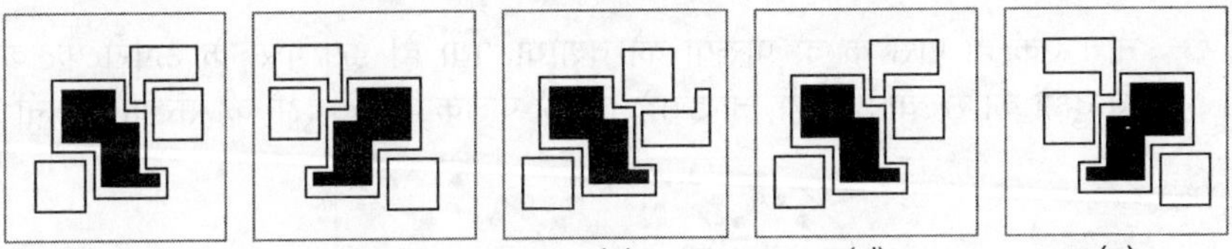

(a) (b) (c) (d) (e)

15 एक परीक्षा के पूर्णांक 2500 हैं। परीक्षा में A को B से 10% अधिक, B को C से 20% कम तथा C को D से 30% अधिक अंक मिले। यदि A ने 1750 अंक प्राप्त किए, तो D ने कुल कितने प्रतिशत अंक प्राप्त किए?

(a) 80% (b) 70% (c) 50% (d) 60%

16 निम्नांकित में से कौन-सा वेन आरेख इतिहास, भूगोल, भूगर्भशास्त्र वर्गों के परस्पर सम्बन्ध को सही चित्रित करता है?

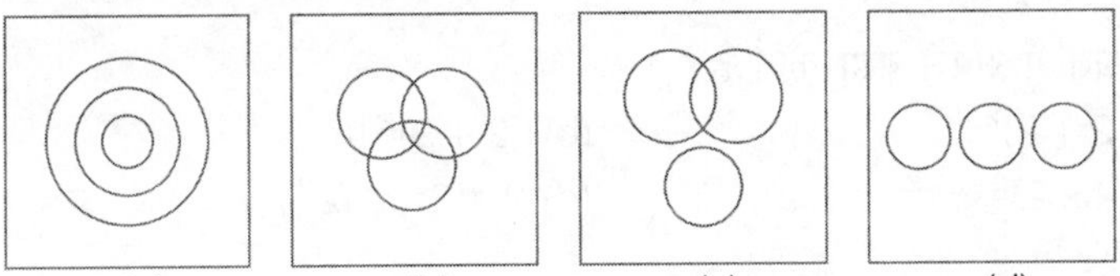

(a) (b) (c) (d)

17 श्रीमान मनी की आयु 47 वर्ष है और जॉन की आयु 13 वर्ष है। कितने वर्षों में श्रीमान मनी की आयु जॉन की आयु की दोगुनी होगी?

(a) 21 वर्ष (b) 23 वर्ष (c) 26 वर्ष (d) 19 वर्ष

18 नीचे दी गई कौन-सी विकल्प आकृति प्रश्न आकृति (X) का दर्पण प्रतिबिम्ब है?

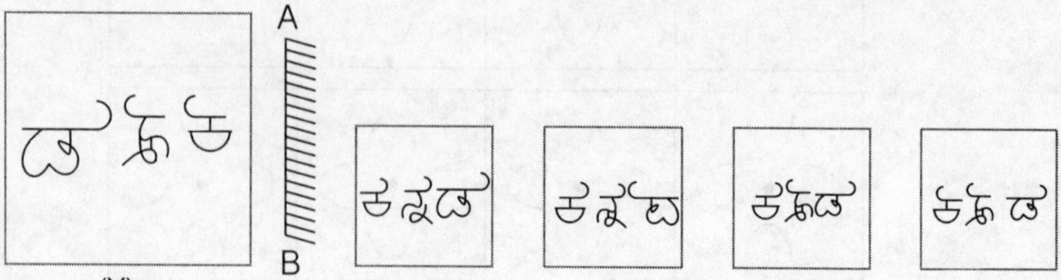

(X) (a) (b) (c) (d)

19 जब एक बस चली, तो उसमें निश्चित संख्या में कुछ यात्री बैठे हुए थे। पहले स्टॉप पर आधे यात्री उतर गए और 35 यात्री बस में चढ़े। दूसरे स्टॉप पर $\frac{1}{5}$ यात्री उतर गए और 40 यात्री बस में चढ़े। उसके बाद बस में 80 यात्री थे और बस बिना रुके गन्तव्य स्थल की ओर गई। प्रारम्भ में बस में कितने यात्री थे?

(a) 34 (b) 28 (c) 30 (d) 32

20 नीचे एक ही पासे के दो प्रारूपों को दर्शाया गया है। इस पासे के ऊपरी फलक पर जब बिन्दुओं की संख्या 3 होगी, तो इसके निचले फलक पर बिन्दुओं की संख्या कितनी होगी?

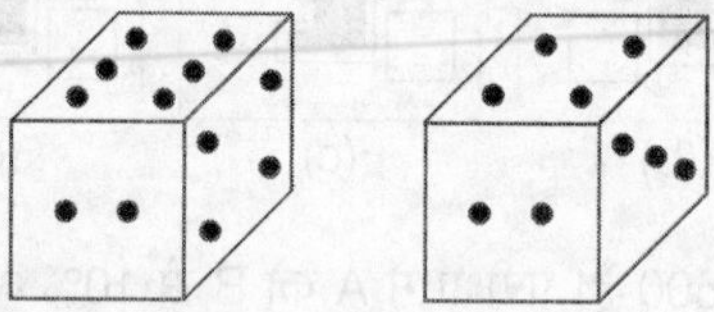

I II

(a) 2 (b) 3 (c) 4 (d) 6

21 संतोष गाड़ी के डिब्बे में यात्रा कर रहा था। वहाँ वह एक पुरुष और पाँच महिलाओं से मिला तथा प्रत्येक महिला के साथ में एक बच्चा था। डिब्बे में कुल कितने लोग थे?

(a) 10 (b) 11 (c) 12 (d) 15

22 निम्नलिखित में सबसे बड़ा कौन है?

(a) $(2 + 2 + 2)^2$ (b) $[(2 + 2)^2]^2$

(c) $(2 \times 2 \times 2)^2$ (d) $2 + 2^2 + (2^2)^2$

23 एक वर्गाकार कागज को नीचे दी गई आकृति (Z) के अनुसार मोड़कर काटने के बाद खोलने पर कौन-सी विकल्प आकृति प्राप्त होगी?

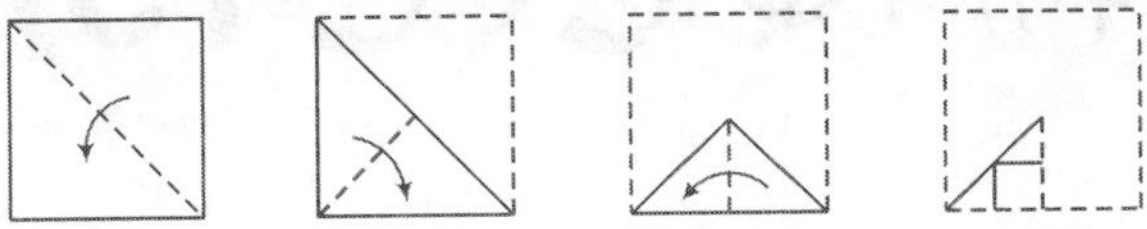

(P) (X) (Y) (Z)

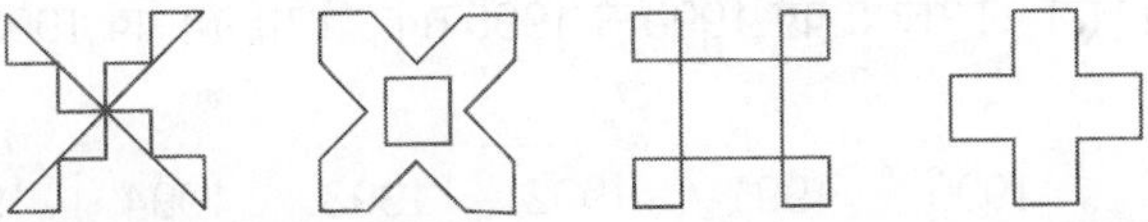

(a) (b) (c) (d)

24 शालू अपने घर से सीधे पश्चिम दिशा में 5 किमी चलकर, दाएँ मुड़ती है और 3 किमी तक चलती है। इसके बाद वह बाएँ मुड़कर 2 किमी चलती है। फिर बाएँ मुड़कर 3 किमी चलती है। अन्त में वह दाएँ मुड़कर 3 किमी चलती है। अब वह अपने घर से किस दिशा में है?

(a) पश्चिम (b) उत्तर (c) दक्षिण (d) पूर्व

25 परीक्षक महोदय 8 : 35 बजे परीक्षा कक्ष में पहुँचे। विजय परीक्षक महोदय के पहुँचने के 45 मिनट बाद पहुँचा और इस प्रकार वह परीक्षा के समय से 15 मिनट देरी से पहुँचा। बताइए कि परीक्षक महोदय निर्धारित समय से कितने मिनट पहले पहुँचे थे?

(a) 10 मिनट (b) 20 मिनट (c) 30 मिनट (d) 45 मिनट

देखें अपना IQ स्कोर

स्कोर ___/25 IQ रेटिंग ______

- Genius 23-25
- Intelligent 20-22
- Good 16-19
- Average 12-15

जाँचें अपना IQ टेस्ट 15

1 एक गाँव में चूहों की संख्या वर्ष 1990 से 1995 तक दी गई है। वर्ष 1993 में चूहों की संख्या क्या थी?

वर्ष	1990	1991	1992	1993	1994	1995
संख्या	4	8	16	?	44	64

(a) 30 (b) 28 (c) 32 (d) 33

2 नीचे दी गई आकृति (X) का जल प्रतिबिम्ब ज्ञात कीजिए।

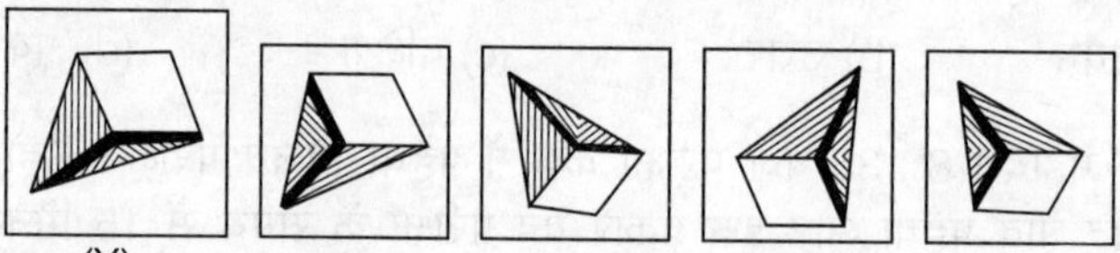

(X) (a) (b) (c) (d)

3 1 से 100 तक की संख्याओं के अंकों का योग क्या होगा?

(a) 901 (b) 902 (c) 910 (d) 912

4 किसी कक्षा में 14 छात्रों के प्राप्तांकों का औसत 71 था, लेकिन बाद में पता चला कि एक छात्र के अंक 56 की बजाए 42 और दूसरे के 32 के बजाए 74 लिए गए। अतः सही औसत क्या होगा?

(a) 69 (b) 65 (c) 75 (d) 72

5 राम का मुँह उत्तर-पश्चिम की ओर है, वह 90° दक्षिणावर्त घूमता है, उसके बाद 180° वामावर्त घूमता है और उसके बाद उसी दिशा में 90° घूमता है। यह बताइए कि, अब उसका मुँह किस दिशा की ओर है?

(a) पश्चिम (b) दक्षिण (c) दक्षिण-पूर्व (d) उत्तर-पश्चिम

6 प्रश्न आकृति (X) को मोड़कर कौन-सा पासा/घन बनाया जा सकता है?

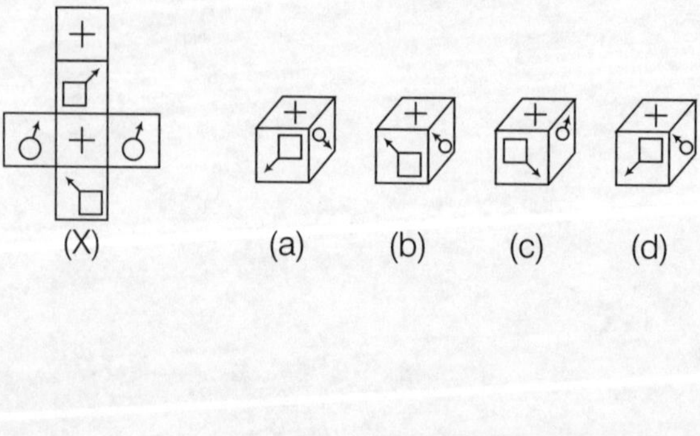

(X) (a) (b) (c) (d)

7 किस विकल्प आकृति में आकृति (X) समाहित है?

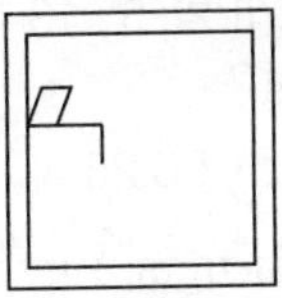

(X)

(a) (b) (c) (d)

8 नीचे दी गई आकृति में, आयत पुरुष को, वृत्त शहरी को, वर्ग शिक्षित को, त्रिभुज सरकारी कर्मचारी को दर्शाता है। तब, बताओ शहरी शिक्षित पुरुष, जो सरकारी कर्मचारी हैं, कितने हैं?

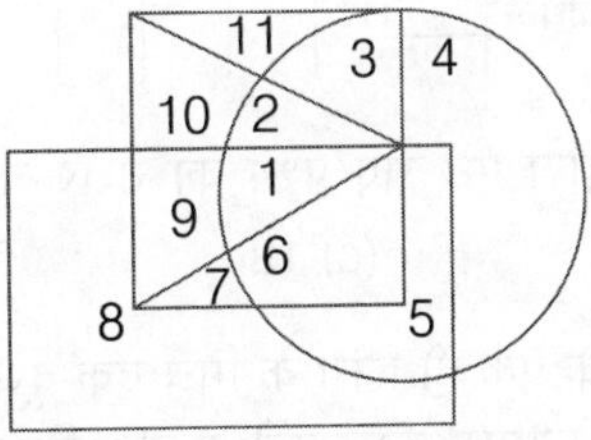

(a) 1 (b) 8 (c) 3 (d) 2

9 प्रश्न आकृति (X) के टुकड़ों से कौन-सी आकृति बनेगी?

(X)

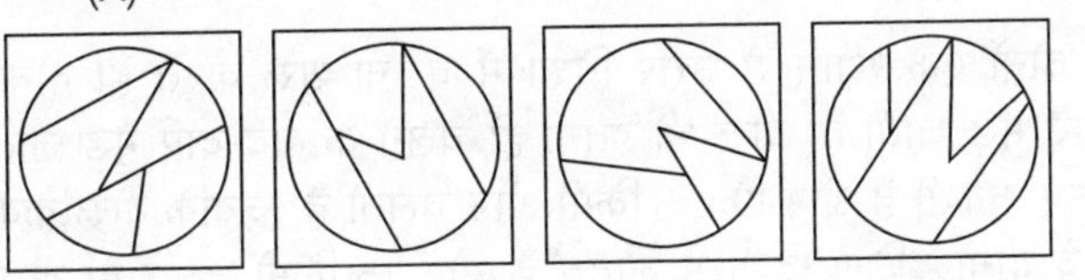

(a) (b) (c) (d)

10 एक महिला की ओर इशारा करते हुए एक आदमी ने कहा, ''उसके अकेले भाई का पुत्र मेरी पत्नी का भाई है।'' वह महिला उस आदमी से किस प्रकार सम्बन्धित है?

(a) भाभी (b) पत्नी (c) ससुर की बहन (d) चाची

11 सर्कस देखने वाले लोगों से पहले दिन प्रति व्यक्ति ₹ 15, दूसरे दिन ₹ 7.50 तथा तीसरे दिन ₹ 2.50 लिए गए और तीनों दिनों में सर्कस में दर्शकों की संख्या 2 : 5 : 13 के अनुपात में थी। तीनों दिनों में प्रति व्यक्ति से कितनी औसत राशि ली गई?

(a) ₹ 7.50 (b) ₹ 12.5 (c) ₹ 5 (d) ₹ 6.25

12 400 विद्यार्थियों के एक समूह से प्रधानाध्यापक ने उनके द्वारा उनके गृहकार्य पर व्यय किए समय के बारे में पूछा। कितने बच्चे अपना कितना प्रतिशत समय अपने गृहकार्य पर व्यय करते हैं, वह नीचे दिए गए ग्राफ द्वारा प्रदर्शित किया जा रहा है।

विद्यार्थियों द्वारा अपने गृहकार्य पर व्यय किए गए समय का प्रतिशत

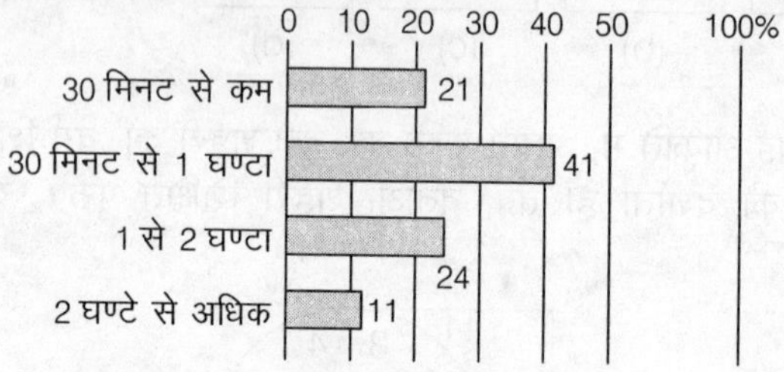

कितने बच्चों ने प्रधानाध्यापक द्वारा पूछे गए प्रश्न का उत्तर नहीं दिया?

(a) 4 (b) 8 (c) 12 (d) 16

13 किसी समाज में यह रिवाज है कि एक ही लिंग के मित्र एक-दूसरे के गले लगकर मिलते हैं और विपरीत लिंग के मित्र मिलते समय एक-दूसरे से हाथ मिलाकर मिलते हैं। एक पार्टी में मित्रों के समूह के मिलने पर 24 बार हाथ मिलाए गए।

निम्नलिखित में से कौन-सी एक संख्या, गले लगने की सम्भावित संख्या इंगित करती है?

(a) 39 (b) 30 (c) 21 (d) 20

14 दी गई श्रृंखला में लुप्त पद ज्ञात कीजिए।

F6T20, H8V22, ?, L12Z26

(a) K25Z11 (b) J24X10 (c) K10Y25 (d) J10X24

15 वीना और वीरू दोनों एक स्थान से उत्तर दिशा में चलना शुरू करते हैं। वीना 10 किमी चलने के बाद बाएँ मुड़ जाती है। वीरू भी इतना ही चलने के बाद दाएँ मुड़ जाता है। वीना कुछ समय के लिए रुकती है और फिर 5 किमी और चलती है, जबकि वीरू केवल 3 किमी चलता है। फिर वे दोनों दक्षिण दिशा में लौटते हैं और 15 किमी चलते हैं। वीना, वीरू से कितनी दूर है?

(a) 12 किमी (b) 10 किमी (c) 8 किमी (d) 15 किमी

16 राम के पास 500 आम हैं। वह उन्हें एक कमरे में इस प्रकार व्यवस्थित करना चाहता है कि प्रत्येक पंक्ति तथा स्तम्भ में आमों की संख्या समान रहे। कितने आम अव्यवस्थित रह जाएँगे?

(a) 14 (b) 16 (c) 18 (d) 20

17 छः भिन्न L, M, N, P, Q और S में से प्रत्येक की ऊँचाई अलग है। N, Q और P से लम्बा है, परन्तु M से छोटा है। P सिर्फ Q से लम्बा है, जबकि S सिर्फ L से छोटा है। निम्नलिखित में से कौन-सा युग्म सबसे लम्बे और सबसे छोटे को प्रदर्शित करता है?

(a) L, Q
(b) M, Q
(c) L, P
(d) P, Q

18 निम्न में से तीन एक समूह बनाते हैं कौन उस समूह से भिन्न है?

(a) कोहिमा
(b) ईटानगर
(c) शिलांग
(d) मिजोरम

19 कौन-सा विकल्प प्रश्नचिन्ह (?) के स्थान पर आएगा?

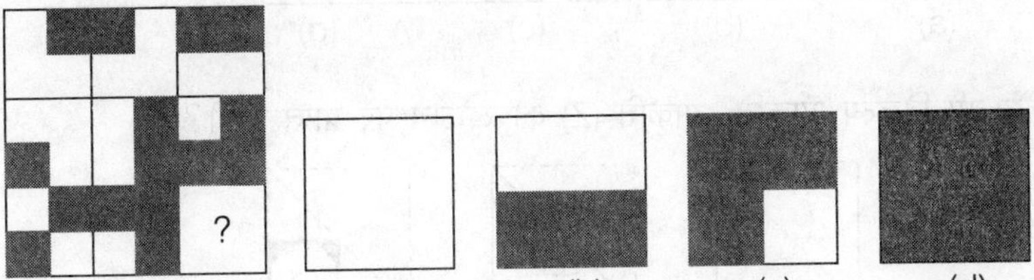

(a) (b) (c) (d)

20 यदि '+' का अर्थ है ÷, '–' का अर्थ ×, '×' का अर्थ – और '÷' का अर्थ +, तो

$$35 + 7 - 5 \div 5 \times 6 = ?$$

(a) 36
(b) 24
(c) 20
(d) 14

21 आठ व्यक्ति A, B, C, D, E, F, G तथा H दो पंक्तियों में चार-चार होकर आमने-सामने इस प्रकार बैठे हुए हैं कि B एवं C आमने-सामने हैं और C, D एवं E के बीच में है। E के बाईं ओर H बैठा है, जो F के विकर्णवत् है। G और B आस-पास नहीं हैं। A के सामने कौन बैठा है?

(a) B
(b) C
(c) D
(d) E

22 यदि 'MENTION' को एक कोड भाषा में 'LNEITNO' लिखा जाएगा, तो 'PATTERN' को क्या लिखा जाएगा?

(a) OTAETNR
(b) RNOTAET
(c) AETNROT
(d) OTAERNT

23 जिस प्रकार, दीवार का सम्बन्ध ईंट से है। उसी प्रकार, पुस्तक का सम्बन्ध किससे है?

(a) कलम
(b) पृष्ठ
(c) अलमारी
(d) थैला

24 कौन-सी विकल्प आकृति शृंखला को आगे बढ़ाएगी?

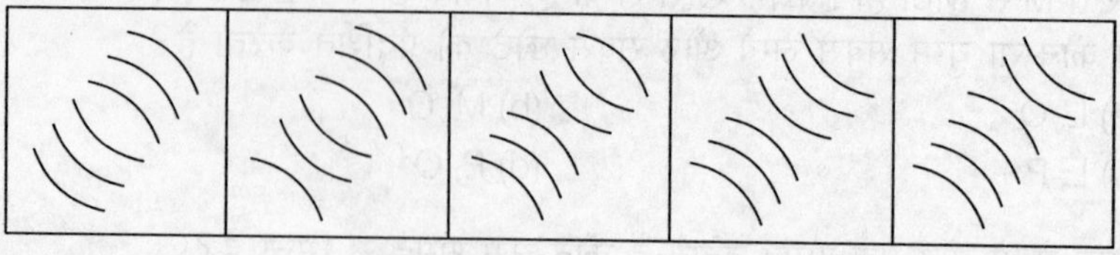

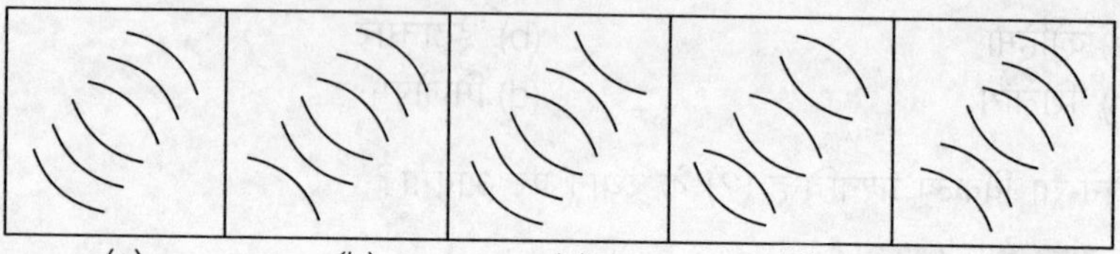

(a) (b) (c) (d) (e)

25 कौन-सी विकल्प आकृति, आकृति (Z) को खोलने पर प्राप्त होगी?

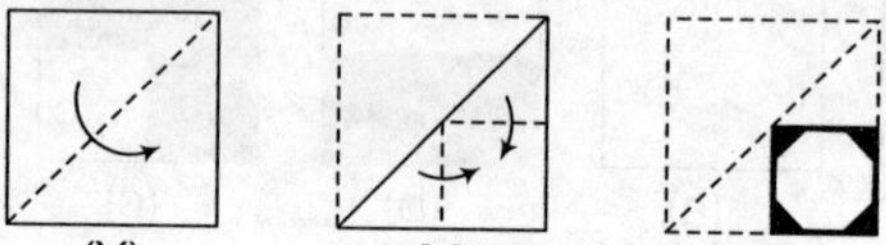

(X) (Y) (Z)

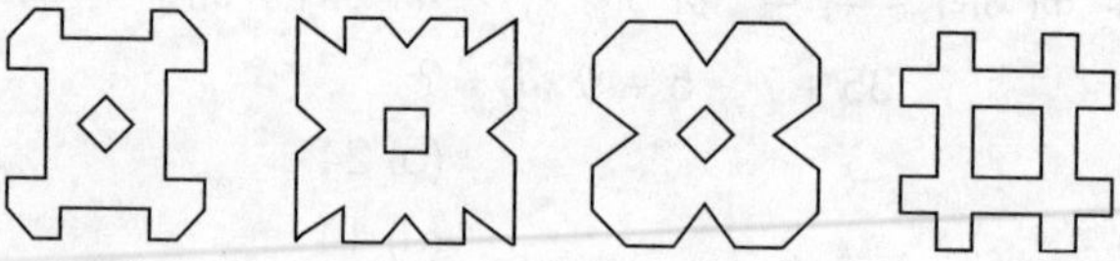

(a) (b) (c) (d)

देखें अपना IQ स्कोर

स्कोर ___/25 IQ रेटिंग ______

- Genius 23-25
- Intelligent 20-22
- Good 16-19
- Average 12-15

BOOK 2

IQ

संकेत एवं हल

लॉजिक IQ टेस्ट 1

1 व्यवस्था इस प्रकार है,

+ 1, − 1, + 1, − 1, + 1 ⋯

(i) 46823 → 55914

(ii) 935172 → 1026081

(iii) 631845 → 722754

(iv) 972364 → 1063273

2 (i) (*d*) शृंखला का क्रम निम्न प्रकार है

900   450   180   90   [38] (36)   18

$\times\frac{1}{2}$ $\times\frac{2}{5}$ $\times\frac{1}{2}$ $\times\frac{2}{5}$ $\times\frac{1}{2}$

(ii) (*c*) शृंखला का क्रम निम्न प्रकार है

3   35   [226] (228)   1160   4660   13998

×7+(7×2)   ×6+(6×3)   ×5+(5×4)   ×4+(4×5)   ×3+(3×6)

3. (i) (*a*) P $\xrightarrow{+2}$ R $\xrightarrow{+2}$ T $\xrightarrow{+2}$ V $\xrightarrow{+2}$ [X]

1 $\xrightarrow{\times 2}$ 2 $\xrightarrow{\times 3}$ 6 $\xrightarrow{\times 4}$ 24 $\xrightarrow{\times 5}$ [120]

F $\xrightarrow{-1}$ E $\xrightarrow{-1}$ D $\xrightarrow{-1}$ C $\xrightarrow{-1}$ [B]

(ii) (*a*)

+2   +2   +2 +2 +2   +2   +2 +2 +2   +2   +2 +2 +2   +2   +2

X Z 16 B D F H 64 J L N P 144 R T [V X 256 Z B]

$(4)^2$ $(8)^2$ $(12)^2$ $(16)^2$

+4   +4   +4

4 यहाँ पर, P → 7, A → 4, I → 1, N → 2, T → 8,

E → 9, X → 3, C → 5, L → 6 है

(i) ACCEPT → 455978

(ii) ANT → 428

(iii) INTELL → 128966

(iv) TATA ACE → 8484459

5 (i) (*d*) जिस प्रकार, 63 = 7 × 9, 49 = 7 × 7

35 = 7 × 5

उसी प्रकार, 81 = 9 × 9, 63 = 9 × 7

45 = 9 × 5

(ii) (*a*) दाएँ से सभी सम संख्या ली गई हैं

397 [6] 1 [6] [6] 75 → 666

6 (i) (*d*) मेक्सिको के अतिरिक्त अन्य सभी अफ्रीकी देश हैं, जबकि मेक्सिको एक उत्तरी अमेरिका का एक देश है।

(ii) (*d*) 'विद्यार्थी-शिक्षक' युग्म को छोड़कर अन्य सभी में पहला शब्द विधा तथा दूसरा शब्द उसके ज्ञाता या प्रशिक्षण को दर्शाता है।

7 (i) शृंखला निम्न प्रकार आगे बढ़ रही है

[P]RIMARILY, RIMARIL[Y], [R]IMARIL, [IMARIL]

नोट प्रत्येक अगले पद में क्रमशः आगे व पीछे के अक्षर एक-एक करके लुप्त होते जाते हैं।

(ii) जिस प्रकार,

A Z B ⟶ C Y D

(+1, −1, +1)

उसी प्रकार,

E X F ⟶ G W H

(+1, −1, +1)

8 (i) (*b*) यहाँ, अक्षरों के क्रमांकों के मान को गुणा किया गया है, जो इस प्रकार हैं

AT → 1 × 20 = 20

BAT → 2 × 1 × 20 = 40

∴ CAT → 3 × 1 × 20 = [60]

(ii) (*b*) यहाँ, दिए गए शब्द में अक्षरों के क्रमांकों के मान को जोड़ा गया है, जो इस प्रकार हैं

CAT → 3 + 1 + 20 = 24

PEN → 16 + 5 + 14 = 35

GOAT → 7 + 15 + 1 + 20 = 43

9 (i)

15   35   23   31   31   [27]   [39]

+8   +8   +8

−4   −4

∴ ? = 27

(ii) 4 18 48 [100] 180

+14 +30 +52 +80

+16 +22 +28

+6 +6

∴ ? = 100

(iii) −2 −2 −2 −2

Z X X V [V T] T R R P

−2 −2 −2 −2

∴ ? = VT

10 (i) (*b*) युग्मों में,

दूसरी संख्या = (पहली संख्या × 3) + 5

अतः (8-30) युग्म भिन्न है।

(ii) (*b*) $85 = 9^2 + 4, 121 \neq 11^2 + 3$

$55 = 7^2 + 6, 146 = 12^2 + 2$

11 (i) (*a*) जिस प्रकार, मूली एक मूल है, उसी प्रकार बैंगन एक फल है।

(ii) (*b*) जिस प्रकार, जहाज को रोकने के लिए लंगर का प्रयोग किया जाता है, उसी प्रकार कार को रोकने के लिए ब्रेक का प्रयोग किया जाता है।

(iii) (*c*) सभी मुद्राएँ हैं।

12 प्रश्नानुसार,

where (are) you ⟶ pit (ka) ta ...(A)

(are) [they] there ⟶ sa [da] (ka) ...(B)

[they] may come ⟶ [da] na ja ...(C)

(i) (*b*) समी (A) और (B) से, are ⇒ ka

समी (B) और (C) से, they ⇒ da

∴ there ⇒ sa

(ii) (*c*) समी (C) से, ja ⇒ may या come

13 (i) (*d*) abcbc/bcac a/cabab ⇒ ccaa

(ii) (*c*) mno/nopq/opqrs/ pqrst ⇒ pqrst

14 (*d*) जिस प्रकार,

F [I] [F] T Y

↓ ↓ ↓ ↓ ↓

C [A] [C] T Y

C A [R] [T] [A] R

↓ ↓ ↓ और ↓ ↓ ↓

P O [L] [T] [O] L

उसी प्रकार, T A R I F F

↓ ↓ ↓ ↓ ↓ ↓

[T O L A C C]

15 (i) (*a*) दी गई व्यवस्था

Q R 4 $ 3 K H I M D 5 © N E J 8 I # T V U % W 6 δ B A 7 2 F P

अतः अभीष्ट व्यंजनों की संख्या = 0

(ii) (*b*) दी गई व्यवस्था

Q R 4 $ 3 K H [I] M D 5 © N E J 8 I # T V U % W 6 δ B A 7 2 F P

6वाँ के बाएँ

बाएँ से 14वाँ

अतः बाएँ छोर से 14वाँ तत्व E है तथा E के बाएँ छठा तत्व I है।

(iii) (*c*) दी गई व्यवस्था

Q R 4 $ [3] K H I M D 5 © N E J 8 I # T V U % W 6 δ B A 7 [2] F P

अतः अभीष्ट संख्याओं की संख्या = 2

लॉजिक IQ टेस्ट 2

1 (i) (*a*) प्रदत्त संख्याएँ

8 1 3 4 7 9 5 6 4 3 8 5 7 9 2

1 8 3 7 4 9 6 5 4 8 3 5 9 7 2

प्रश्नानुसार, अंकों को बदलने पर,

सबसे छोटी संख्या = 183 ⇒ 813

(ii) (*b*) प्रदत्त संख्याएँ 813, 479, 564, 385, 792

सबसे छोटी संख्या = 385

दूसरी सबसे छोटी संख्या = 479

479 का दूसरा अंक = 7

(iii) (*c*) प्रदत्त संख्याएँ 813, 479, 564, 385, 792

सबसे बड़ी संख्या = 813

दूसरी सबसे बड़ी संख्या = 792

792 के पहले और तीसरे अंकों का योग

= 7 + 2 = 9

2 (*b*) कथन (i), (ii) और (iii) का ध्यानपूर्वक अध्ययन करने के पश्चात् हम कह सकते हैं कि विकल्प (b) सत्य है।

जो बताता है कि ''यह सम्भावना है कि उस आदमी की पत्नी ही घर पर रह गई थी।''

3 P × Q ⇒ P $\xleftarrow{\text{पत्नी}}$ Q

P + Q ⇒ P $\xleftarrow{\text{बेटा}}$ Q

P ÷ Q ⇒ P $\xleftarrow{\text{माता}}$ Q

P − Q ⇒ P $\xleftarrow{\text{बहन}}$ Q

(i) (*c*) प्रश्नानुसार,

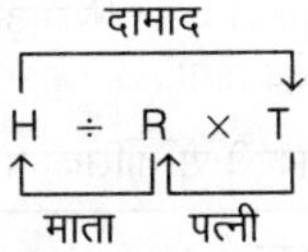

अतः T, H का दामाद है।

(ii) (*b*) प्रश्नानुसार,

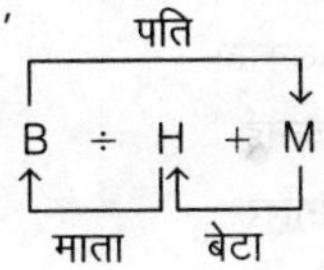

अतः M, B का पति है।

4 (*a*) प्रश्नानुसार,

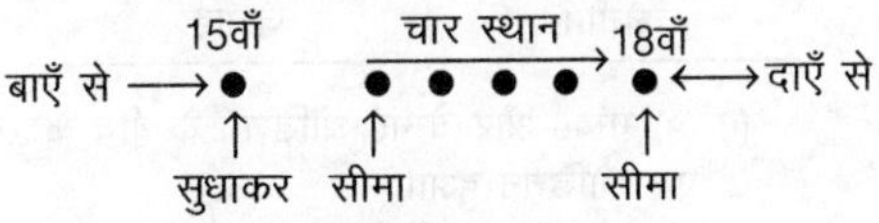

पंक्ति में बच्चों की कुल संख्या
= 15 + 18 + 4 = 37

5

देश	जीत	हार
भारत	2 + 2 = 4	2
आस्ट्रेलिया	2	2
वेस्टइंडीज	2 + 2 = 4	2
न्यूजीलैण्ड	—	2 + 2 = 4

(i) (*a*) न्यूजीलैण्ड को सबसे ज्यादा हार मिली।

(ii) (*b*) आस्ट्रेलिया को समान जीत तथा हार मिली।

6 दी गई जानकारी के अनुसार आँकड़ों को लम्बाई तथा आयु के घटते क्रम में व्यवस्थित करने पर,

लम्बाई के अनुसार

रूपा > कामिनी > नीलम > पूजा > मोनिका

आयु के अनुसार नीलम > रूपा = मोनिका > पूजा > कामिनी या नीलम > रूपा
= मोनिका > कामिनी > पूजा

(i) (*d*) नीलम तीसरे स्थान पर होगी, जब उन्हें लम्बाई के बढ़ते क्रम में व्यवस्थित किया जाता है।

(ii) (*a*) यदि इन्हें आयु के घटते क्रम में व्यवस्थित किया जाए, तो या तो रूपा या मोनिका तीसरे स्थान पर होगी।

7 (*c*) पिछली बस का समय = 9 : 45 − 0 : 40 = 9 : 05

पूछताछ क्लर्क द्वारा दी गई सूचना का समय
= 9 : 05 + 0 : 10 = 9 : 15 बजे

8 (*b*) प्रश्नानुसार,

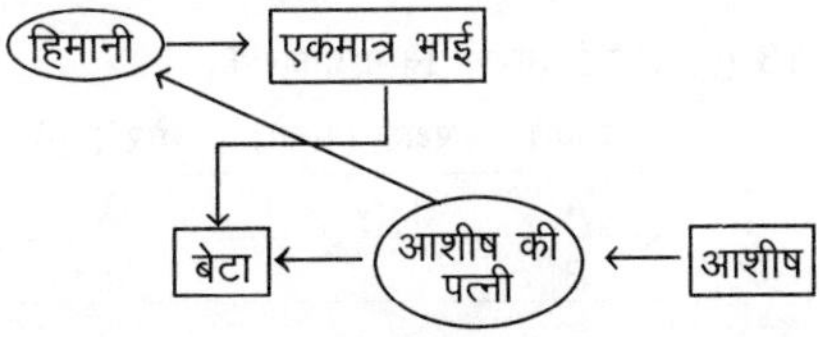

अतः हिमानी आशीष की पत्नी की आन्टी है।

9 दी गई जानकारी के अनुसार छः व्यक्तियों को निम्न दो सम्भावित प्रकार से व्यवस्थित कर सकते हैं

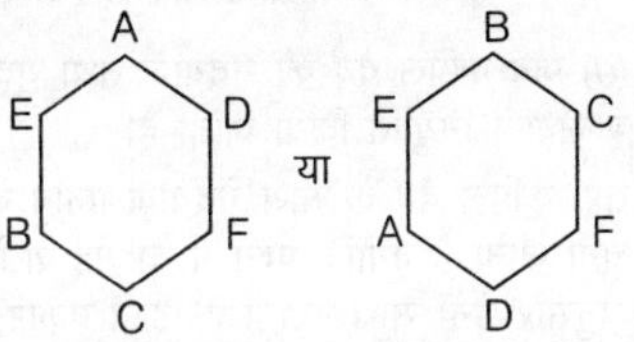

(i) (*a*) A और F पड़ोसी नहीं हैं।

(ii) (*b*) दोनों E और C, D से समान दूरी पर हैं।

10 दी गई सूचना को चित्रांकित करने पर,

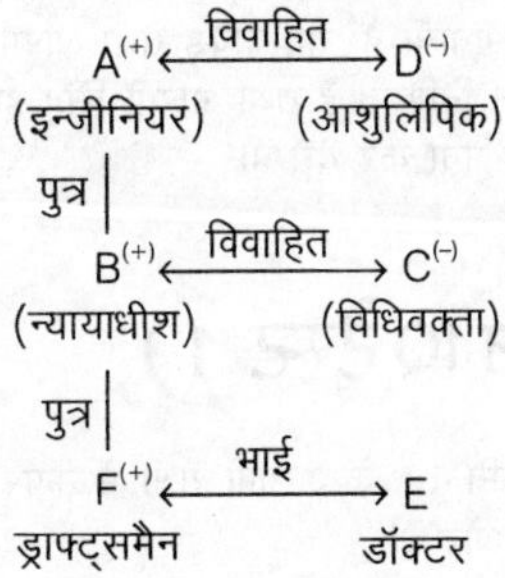

(i) (*a*) (ii) (*c*) (iii) (*b*)

11 (*b*) अभीष्ट समय = 6 : 40 + 0 : 25 + 0 : 15
= 7 : 20 बजे

12 (*b*) प्रश्नानुसार, सोहन के चलने का क्रम निम्न प्रकार है

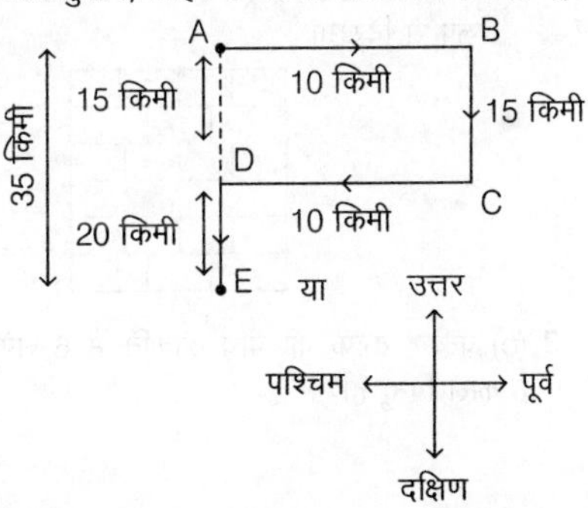

∵ BC = 15 किमी और BC = AD

∴ AD = 15 किमी और DE = 20 किमी

∴ AE = AD + DE = 15 + 20 = 35 किमी

अतः सोहन अपने प्रारम्भिक स्थान से 35 किमी दक्षिण दिशा में है।

13 (*b*) दी गई सारणी निम्न प्रकार है

व्यक्ति	**रक्षक** (सच्चे)	**चोर** (झूठे)
A	✓	×
B	✓	×
C	×	✓
D	×	✓
E	✓	×

अतः सभी व्यक्तियों के समक्ष 2 चोर और 3 रक्षक हैं।

14 (i) (*d*) जब कपिल देव को गेंदबाज तथा युवराज को बल्लेबाज नियुक्त किया जाता है।
तब, कपिल देव के साथ गेंदबाज प्रवीन को भी चुना जाना है क्योंकि प्रश्न में दी गई शर्तों के अनुसार इन्हें साथ रखना है। इसी प्रकार, सहवाग को युवराज के साथ तथा दो अन्य बल्लेबाजों में गम्भीर तथा धोनी को साथ लिया जाएगा।

(ii) (*d*) जब तीन गेंदबाज तथा तीन बल्लेबाजों की टीम बनानी है, तब द्रविड़ तथा आरपी सिंह का स्थान निश्चित है तथा आरपी सिंह ईशान्त के साथ मना कर देते हैं। तो टीम में प्रवीन, आरपी सिंह, कपिल देव, गम्भीर, द्रविड़ तथा धोनी शामिल होंगे।

(iii) (*b*) तीन बल्लेबाजों में से द्रविड़ का स्थान निश्चित है तथा दो अन्य बल्लेबाजों में गम्भीर तथा धोनी को लिया जा सकता है, गेंदबाजों में ईशान्त तथा प्रवीन का स्थान निश्चित है, जबकि तीसरे गेंदबाज के रूप में कपिल देव को लिया जा सकता है।
अतः टीम के दूसरे खिलाड़ी, गम्भीर, धोनी तथा कपिल देव होंगे।

15 दी गई जानकारी से तालिका बनाने पर,

शहर	**महीने**
मुम्बई	जनवरी
कोलकाता	फरवरी
चेन्नई	मार्च
बंगलुरु	अप्रैल
दिल्ली	मई
भोपाल	जून
कोचीन	जुलाई

(i) (*a*) मुम्बई और चेन्नई ऑडिशन के बीच केवल एक ऑडिशन हुआ।

(ii) (*e*) कोई सत्य नहीं है।

(iii) (*d*) मई-दिल्ली संयोजन सही है, बाकी अन्य गलत हैं।

विजुअल IQ टेस्ट 1

1 (*b*) आकृति (b) के अलावा सभी में ऊपर वाली तीली बाएँ की ओर है।

2 (i) (*a*)

(ii) (*d*) दी गई प्रश्न आकृति का ध्यानपूर्वक विश्लेषण करने पर ज्ञात होता है कि प्रश्नचिन्ह (?) के स्थान पर विकल्प (d) की आकृति रखने से प्रश्न आकृति का प्रारूप पूरा हो जाएगा तथा वह निम्न रूप से दिखेगा

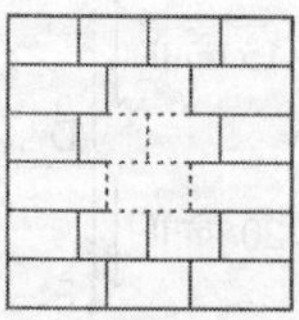

3 (*b*) प्रत्येक तरफ की पाँच आकृति में 6 सफेद और 8 काले बिन्दु हैं।

4 (i) (*e*) सब आकृतियों में वृत्तों की संख्या भुजाओं से एक अधिक है और रेखाओं की संख्या एक कम है।

(ii) (*c*) विकल्प (c) के अलावा सभी आकृति एक-दूसरे की घुमी हुई आकृति है।

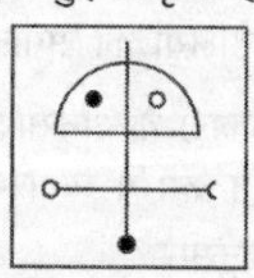

5. (i) (*b*) प्रत्येक चरण में तीर में एक रेखा जुड़ती है। 2, 4, 6 में एक वृत्त और 3, 5 में एक + जुड़ता है। संकेत एक कोने से दूसरे कोने की ओर चल रहे हैं।

(ii) (*b*) काला बिन्दु घड़ी की दिशा में चलता है। सफेद बिन्दु एक चरण छोड़कर अगली आकृति में आता है और एक कोने से दूसरे कोने तक चलता है और कोने के वर्ग की एक भुजा हट जाती है।

(iii) (*d*) प्रत्येक तीसरी आकृति में अर्द्धवृत्त विपरीत दिशा में हो जाता है। नीचे की छोटी रेखा घड़ी के विपरीत 90° चलती है और ऊपर की छोटी रेखा दो चरण में समान रहती है फिर 90° दक्षिणावर्त मुड़ जाती है।

6 (i) (*c*) #₹Ru7qd96uN

(ii) (*b*) BK50RbeZp©i

7 (*d*) आकृति 2 से 1 में, ऊपर का बायाँ नीचे का दायाँ, नीचे का दायाँ ऊपर का दायाँ, ऊपर का दायाँ नीचे का बायाँ और ऊपर का बायाँ नीचे का दायाँ बन जाता है।

8 (i) (*d*) नीचे की दो आकृति को मिलाकर ऊपर की आकृति बनाई गई है।

(ii) (*c*) प्रत्येक स्तम्भ में तीन बड़े प्रतीक ♥,♠ तथा ♦ वर्ग के बीच में स्थित हैं तथा दो-दो प्रतीकों के तीन जोड़े–♦,♥,♠ और ♦, ♣,♠ स्थित हैं।

9 (*a*) दोनों आकृति एक-दूसरे के विपरीत हैं।

10 (*a*) प्रत्येक चरण में अन्तिम तत्व प्रथम, प्रथम तत्व द्वितीय, द्वितीय तत्व तृतीय तथा तृतीय तत्व अन्तिम तत्व हो जाता है।

11 (i) (*c*) (ii) (*c*)

12 (*b*) दी गई प्रश्न आकृति का जल प्रतिबिम्ब विकल्प (b) की आकृति होगी। इसे नीचे चित्र में दर्शाया गया है

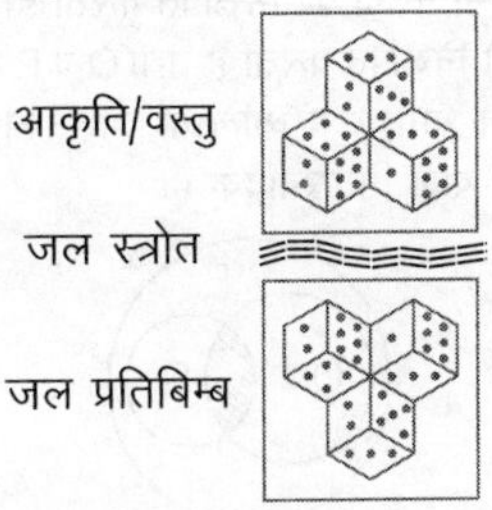

13 (i) (*c*) (ii) (*b*)

14 (i) (*b*) प्रश्नानुसार, घड़ी में प्रतिबिम्ब समय तथा वास्तविक समय निम्न है

प्रतिबिम्ब समय = 3 :15

वास्तविक समय = 8 :45

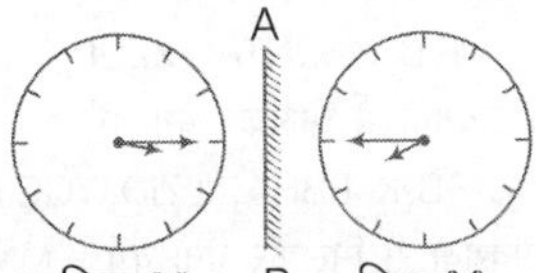

चित्र (X) चित्र (Y)

चित्र (X) में प्रतिबिम्ब समय दर्शाया गया है जोकि 3 : 15 है। यदि इसके सामने AB रेखा पर दर्पण रखा जाए, तो इस प्रकार वास्तविक समय 8 : 45 दिखाई देगा।

(ii) (*a*) प्रश्नानुसार, घड़ी में प्रतिबिम्ब समय तथा वास्तविक समय निम्न है

वास्तविक समय = 9 :15

प्रतिबिम्ब समय =2 :45

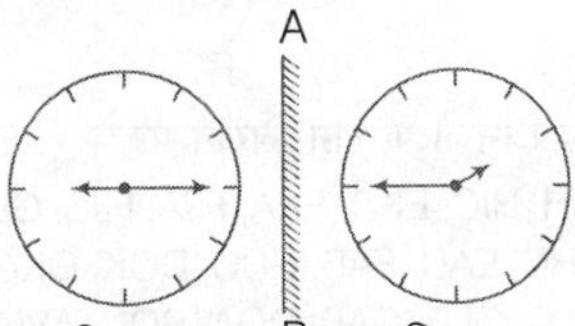

चित्र (X) चित्र (Y)

उपरोक्त चित्र (X) में वास्तविक समय 9 : 15 दर्शाया गया है।

यदि इसके सामने AB रेखा पर दर्पण रखा जाए, तो इस प्रकार दर्पण द्वारा बने घड़ी के प्रतिबिम्ब में समय 2 : 45 होगा।

15 (i) (*c*) (ii) (*b*)

विजुअल IQ टेस्ट 2

(i) (*d*) सबसे छोटे समचतुर्भुजों की संख्या = 16

चार छोटे समचतुर्भुजों को मिलाकर बने समचतुर्भुजों की संख्या = 7

∴ अभीष्ट समचतुर्भुजों की संख्या

= 16 + 7 = 23

(ii) (*d*) सभी बिन्दुओं को नाम देने पर,

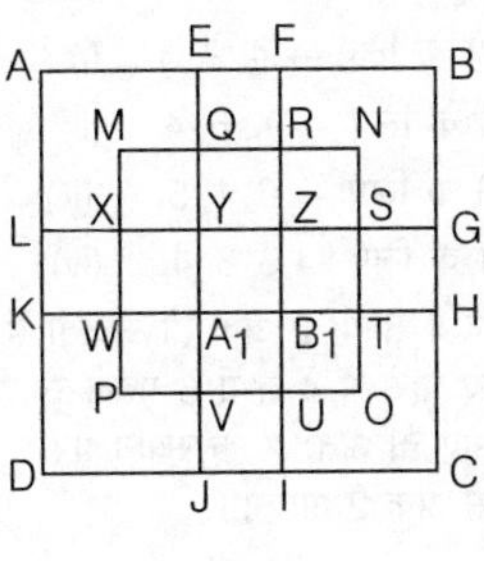

सबसे छोटे वर्ग = EFRQ, MQYX, QRZY, RNSZ, LXWK, XYA_1W, YZB_1A_1, $ZSTB_1$, SGHT, WA_1VP, A_1B_1UV, B_1TOU, VUIJ = 13

दो अवयवों से मिलकर बने वर्ग

= AEYL, FBGZ, KA_1JD, B_1HCI = 4

चार अवयवों से मिलकर बने वर्ग

= MRB_1W, $QNTA_1$, XZUP, YSOV = 4

सात अवयवों से मिलकर बने वर्ग

= AFB_1K, $EBHA_1$, LZID, YGCJ = 4

नौ अवयवों से मिलकर बना वर्ग = MNOP = 1

सबसे बड़ा वर्ग = ABCD = 1

अतः कुल वर्गों की संख्या

= 13 + 4 + 4 + 4 + 1 + 1 = 27

(iii) (*b*) सर्वप्रथम सभी बिन्दुओं को नाम देने पर,

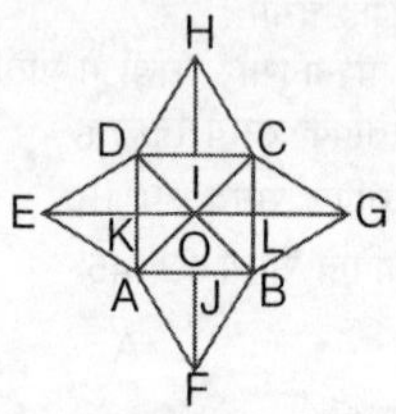

अब त्रिभुजों के नाम लिखने पर,

DIH, HIC, EKD, EKA, FJA, FJB, GLB, GLC, DHC, EAD, FAB, GBC, DOK, OKA, DOC, OLC, OLB, OAB, DOA, BOC, ABC, ACD, ABD, BCD, BOG, COG, EOA, EOD

अतः आकृति में कुल 28 त्रिभुज हैं।

2 (i) (*d*) (ii) (*d*)

3 (i) (*a*) प्रश्नानुसार,

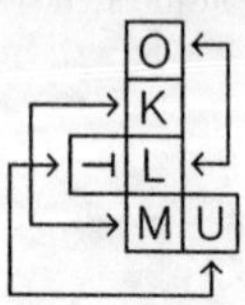

इस प्रकार, O के विपरीत L

K के विपरीत M

और ⊣ के विपरीत U है।

अतः केवल आकृति (a) बनाई जा सकती है।

(ii) (*c*) पहले पासे के लिए → 4, 2, 3 ...(i)

दूसरे पासे के लिए → X, 6, 4 ...(ii)

तीसरे पासे के लिए → 6, 1, 5 ...(iii)

चौथे पासे के लिए → 2, 3, 4 ...(iv)

X के स्थान पर 4, 6 या 2 अंक हो सकता है, लेकिन दिए गए पासे में 4 तथा 6 पहले से ही X के साथ दिए गए हैं। अतः X के स्थान पर निश्चित रूप से अंक 2 आएगा।

4 (i) (*c*) (ii) (*b*)

5 (i) (*a*) एक बिन्दु वृत्त तथा वर्ग में है। एक बिन्दु वर्ग तथा आयत में है। एक बिन्दु त्रिभुज, वर्ग तथा आयत तीनों में है।

(ii) (*d*) एक बिन्दु वृत्त तथा वर्ग में है। एक बिन्दु त्रिभुज तथा आयत में है। एक बिन्दु त्रिभुज, आयत तथा वर्ग में है।

6

A	3
B	5
C	4
D	3
E	2

7 (i) (*d*) (ii) (*a*)

8 (*d*) बड़े वर्ग के अन्दर, दो एकसमान आकृतियों का युग्म दिया गया है जिसमें से एक आकृति को 90° घुमाने पर दूसरी आकृति प्राप्त हो जाती है।

9 (*c*)

10 (*d*) बीमार व्यक्तियों का कुल प्रतिशत

= 12 + 13 = 25%

अतः बीमार जनसंख्या द्वारा घिरा क्षेत्रफल

$$= \frac{25}{100} = \frac{1}{4}$$

तब, इसे  द्वारा दर्शाया जा सकता है।

11 (*a*) P सभी पुरुषों को निरूपित करता है। Q दाढ़ी वाले पुरुषों को निरूपित करता है तथा Q व R का उभयनिष्ट (छायांकन भाग) उस व्यक्तियों को निरूपित करता है, जो दाढ़ी वाले गिटारवादक हैं।

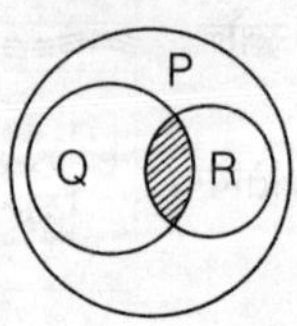

12 (i) (*a*)

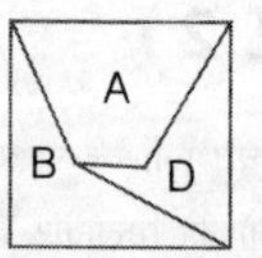

(i) (*b*)

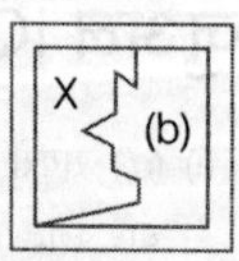

13 (i)(*c*) प्रदत्त आकृति से स्पष्ट है कि,

21 स्तम्भों में 2 घन (प्रत्येक में)

4 स्तम्भों में 1 घन (प्रत्येक में)

2 घन वाले स्तम्भों में घनों की संख्या

$= 2 \times 21 = 42$

1 घन वाले स्तम्भों में घनों की संख्या

$= 1 \times 4 = 4$

$\therefore$ कुल घनों की संख्या = 42 + 4 = 46

(ii) (*d*) प्रश्नानुसार,

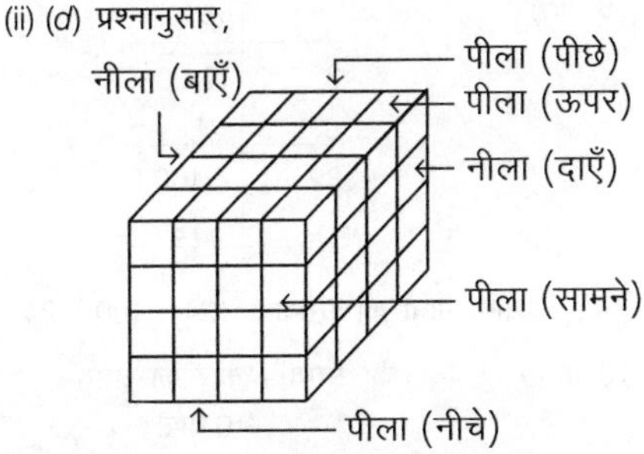

कम-से-कम एक सतह पर पीले रंग से रंगे घनों की संख्या = ऊपरी सतह पर स्थित घन + निचली सतह पर स्थित घन + सामने की ओर दूसरे और तीसरे सतह पर स्थित घन + पीछे की ओर दूसरे ओर तीसरे सतह पर स्थित घन = 16 + 16 + 8 + 8 = 48 घन

14 (i) (*d*) राजनीतिज्ञ A और B ऐसे हैं, जोकि न तो अध्यापक हैं और न ही स्नातक हैं।

(ii) (c) संसद सदस्य H स्नातक भी है और अध्यापक भी है।

(iii) (*a*) A, D, L व C राजनीतिज्ञ है, परन्तु संसद सदस्य नहीं है।

15 (*d*) प्रश्न आकृति का ध्यानपूर्वक अवलोकन करने के बाद ज्ञात होता है कि आकृति 1, 4 तथा 7 सरल रेखा तथा लघुवृत्त द्वारा बनी हैं। आकृति 2, 6 तथा 9 सरल रेखा, एक लघुवृत्त तथा एक बड़े वृत्त द्वारा बनी है तथा आकृति 3, 5 तथा 8 शंकु तथा दीर्घवृत्त द्वारा बनी हैं।

न्यूमेरिकल IQ टेस्ट 1

1 (i) (*d*) व्यवस्था इस प्रकार है,

$5 \times 2 = 10, \quad 5 \times 6 = 30$

तथा $6 \times 9 = 54$

उसी प्रकार, $2 \times 9 = \boxed{18}$

(ii) (*c*) जिस प्रकार, $(2 \times 7) - (2 \times 6) = 2$,

$(3 \times 5) - (3 \times 1) = 12$

तथा $(3 \times 7) - (4 \times 2) = 13$

उसी प्रकार, $(4 \times 7) - (2 \times 9) = \boxed{10}$

2 (*a*) 8 : 30 से 9 : 30 तक पार्किंग शुल्क = ₹10

9 : 30 से 10 : 30 तक पार्किंग शुल्क = ₹15

10 : 30 से 11 : 30 तक पार्किंग शुल्क = ₹17

11 : 30 से 12 : 30 तक पार्किंग शुल्क = ₹20

12 : 30 से 3 : 20 तक पार्किंग शुल्क = ₹ 30 प्रति घण्टा

∴ कुल शुल्क = 10 + 15 + 17 + 20 + (3 × 30) = ₹152

3 (i) $2 + 2 + 2 = 6$ (ii) $(3 \times 3) - 3 = 6$

(iii) $\sqrt{4} + \sqrt{4} + \sqrt{4} = 2 + 2 + 2 = 6$

(iv) $(5 \div 5) + 5 = 6$ (v) $(6 + 6) - 6 = 6$

(vi) $7 - (7 \div 7) = 6$

(vii) $(8)^{\frac{1}{3}} + (8)^{\frac{1}{3}} + (8)^{\frac{1}{3}} = 2 + 2 + 2 = 6$

(viii) $(9 + 9) \div \sqrt{9} = 6$

4 (i) जिस प्रकार, $50 \times \frac{15}{100} = 7.5$,

$85 \times \frac{15}{100} = 12.75$

उसी प्रकार, $102 \times \frac{15}{100} = \boxed{15.30}$

(ii) जिस प्रकार, $(6 \times 7) + 8 + 4 = 54$,

$(8 \times 4) + 12 + 7 = 51$

तथा $(9 \times 5) + 14 + 9 = \boxed{68}$

5 (i) (*b*) दी गई श्रृंखला में तीसरा पद, पहले दो पदों का योग है।

∴ 8 + 13 = 21, 13 + 21 = 34

अतः अगले दो पद 21 व 34 होंगे।

(ii) (*d*) दी गई श्रृंखला निम्न पैटर्न का अनुसरण करती है।

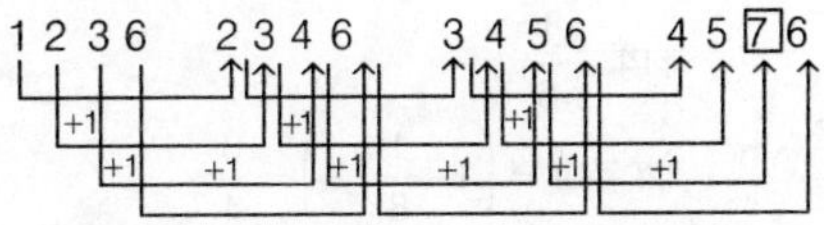

अतः 4576 गलत पद है तथा इसके स्थान पर 4566 होना चाहिए।

6 (i) (*d*)

	दूध	**मिलाया गया भाग** (पानी)
गिलास 1	$\frac{1}{2}$	$\frac{1}{2}$
गिलास 2	$\frac{3}{4}$	$\frac{1}{4}$

अब, कुल दूध : कुल पानी

$$= \frac{\frac{1}{2} + \frac{3}{4}}{\frac{1}{2} + \frac{1}{4}} = \frac{\frac{5}{4}}{\frac{3}{4}} = 5 : 3$$

(ii) (*a*) 45 लीटर मिश्रण निकालने पर, तरल पदार्थ A की निकली मात्रा

$$= \frac{7}{15} \times 45 = 21 \text{ लीटर}$$

तरल पदार्थ B की निकली मात्रा

$$= \frac{8}{15} \times 45 = 24 \text{ लीटर}$$

माना प्रारम्भ में तरल पदार्थ A और B की मात्रा क्रमशः $7x$ और $8x$ है।

तब, $\frac{7x - 21}{(8x - 24) + 42} = \frac{1}{2}$

$\Rightarrow \quad 14x - 42 = 8x + 18 \Rightarrow 6x = 60$

$\therefore \quad x = 10$

प्रारम्भ में ड्रम में तरल पदार्थ की मात्रा

$= (7x + 8x) = 15 \times 10 = 150$ लीटर

7 (i) (*d*) राजीव का 1 दिन का कार्य

= दोनों पुत्रों का 1 दिन का कार्य

$$= \frac{1}{15} + \frac{1}{18} = \frac{6+5}{90} = \frac{11}{90}$$

$\therefore$ अकेला राजीव कार्य पूरा करेगा

$= \frac{90}{11} = 8\frac{2}{11}$ दिन में

(ii) (*a*) 12 पुरुष = 15 महिलाएँ

$\Rightarrow$ 6 पुरुष = $\frac{15}{2}$ महिलाएँ

$\because$ 12 पुरुषों या 15 महिलाओं का 1 दिन का कार्य = $\frac{1}{4}$

$\Rightarrow$ 6 पुरुषों या $\frac{15}{2}$ महिलाओं का 1 दिन का कार्य = $\frac{1}{8}$

शेष कार्य = $\left(1 - \frac{1}{8} \times 2\right) = \frac{3}{4}$

1 महिला का 1 दिन का कार्य = $\frac{1}{8} \times \frac{2}{15} = \frac{1}{60}$

3 दिन में समाप्त करने के लिए प्रतिदिन होने वाला कार्य = $\frac{3}{4} \times \frac{1}{3} = \frac{1}{4}$

$\therefore$ आवश्यक महिलाओं की संख्या

$$= \frac{1}{4} \div \frac{1}{60} = \frac{60}{4} = 15$$

8 (i) (*b*) माना संख्या = x

$\therefore \quad 3x = \frac{3}{5}x + 60 \Rightarrow 15x - 3x = 60 \times 5$

$\Rightarrow 12x = 60 \times 5 \Rightarrow \quad x = 5 \times 5 = 25$

(ii) (*c*) चूँकि सभी छात्रों को अलग-अलग अंक मिले। अतः अंक – 2, – 1, 1, 2, 3 होंगे।

गुणनफल = $(-2) \times (-1) \times 1 \times 2 \times 3 = 12$

9 (*d*)

	32
3	10 00
	9
62	100
	124

$\therefore$ अभीष्ट पौधों की संख्या = 124 – 100 = 24

10 (i) (*a*) $\because$ पैदल का समय + कार का समय = 6 घण्टे ... (i)

अब, 2 × पैदल का समय = 10 घण्टे

$\therefore$ पैदल का समय = $\frac{10}{2}$ = 5 घण्टे

अब, समी (i) से, 5 + कार का समय = 6

$\therefore$ कार का समय = 6 – 5 = 1 घण्टा

$\therefore$ दोनों तरफ से गाड़ी द्वारा दूरी तय करने में लगा समय = 2 × कार का समय

= 2 × 1 = 2 घण्टे

(ii) (*a*) माना दूरी = 120 किमी

(40 एवं 60 का ल.स. = 120)

$\therefore$ 120 किमी की दूरी 40 किमी की चाल से तय करने में लगा समय = $\frac{120}{40}$ = 3 घण्टे

पुनः 120 किमी की दूरी 60 किमी की चाल से तय करने में लगा समय = $\frac{120}{60}$ = 3 घण्टे

इसी प्रकार, 3 घण्टे में गाड़ी रुकी

= 3 – 2 = 1 घण्टा

$\therefore$ 1 घण्टे में रुकने का समय = $\frac{1}{3}$ घण्टा

= $\frac{1}{3} \times 60$ मिनट = 20 मिनट/घण्टा

11 (i) (*b*) माना तीसरी संख्या Z = 100

प्रश्नानुसार, X = 80 तथा Y = 72

इस प्रकार, X – Y = 80 – 72 = 8

$\therefore$ अभीष्ट प्रतिशत = $\frac{8 \times 100}{80}$ = 10%

(ii) (*a*) माना समूह में 100 व्यक्ति हैं।

तब, समूह में कुल पुरुष = $\frac{70 \times 100}{100}$ = 70

$\therefore$ कुल महिलाएँ = 100 – 70 = 30

विवाहित पुरुष = $\frac{2}{7} \times 70 = 20$

कुल विवाहित व्यक्ति = $\frac{30 \times 100}{100}$ = 30

विवाहित महिलाएँ = 30 – 20 = 10

अविवाहित महिलाएँ = 30 – 10 = 20

$\therefore$ अविवाहित महिलाओं का भाग = $\frac{20}{30} = \frac{2}{3}$

12 (i) (*c*) माना बकरियों और मुर्गियों की संख्या क्रमशः x और y हैं।

$$x + y = 48 \quad ...(i)$$

और $$4x + 2y = 140 \quad ...(ii)$$

$$\Rightarrow \quad 2x + y = 70 \quad ...(iii)$$

समी (i) और (ii) को हल करने पर, $y = 26$

अतः मुर्गियों की संख्या = 26

(ii) (*a*) माना संख्या = x

प्रश्नानुसार, $x\left(\frac{3}{14}\right) = x\left(\frac{3}{4}\right) - 150$

$$\Rightarrow \quad \frac{3}{4}x - \frac{3}{14}x = 150$$

$$\Rightarrow \quad \left(\frac{42-12}{56}\right)x = 150$$

$$\Rightarrow \quad x = 150 \times \frac{56}{30} = 280$$

13 (*a*) माना क्रिकेटर की 8 पारियों की औसत रन संख्या $= x$

प्रश्नानुसार, $\frac{8x + 100}{9} = x + 9$

$$\Rightarrow \quad 8x + 100 = 9x + 81$$

$$\Rightarrow \quad 9x - 8x = 100 - 81$$

$$\Rightarrow \quad x = 19$$

$\therefore$ रनों का नया औसत = 19 + 9 = 28

14 (*d*) अध्यापक का वजन = $50 + 26 \times 1 = 76$ किग्रा

15 (i) (*a*) यहाँ, $a = 2$ तथा $r = \frac{2}{3}$

$\therefore$ अभीष्ट दूरी $= \frac{a}{1-r} = \frac{2}{1-\frac{2}{3}} = 6$ किमी

(ii) (*b*) राकेश द्वारा प्राप्त कुल राशि $= 30 \times 45$ = ₹1350

मनोज द्वारा प्राप्त कुल राशि

$= 30 + 31.50 + 33 + \cdots$ 30वें पद तक

यहाँ, $a = 30,\ n = 30,\ d = 1.50$

$$= \frac{30}{2}[2 \times 30 + (30-1) \times 1.50]$$

$$= 15(60 + 29 \times 1.50)$$

$$= 15(60 + 43.50) = 15 \times 103.50$$

= ₹ 1552.50

अतः मनोज को 1552.50 − 1350 = ₹ 202.50 अधिक प्राप्त हुए।

न्यूमेरिकल IQ टेस्ट 2

1 (i) (*c*) पहली संख्या : दूसरी संख्या = 2 : 3

$= (2 \times 4) : (3 \times 4) = 8 : 12$

दूसरी संख्या : तीसरी संख्या = 4 : 5

$= (4 \times 3) : (5 \times 3) = 12 : 15$

$\because$ पहली संख्या : दूसरी संख्या : तीसरी संख्या = 8 : 12 : 15

$\therefore$ दूसरी संख्या $= \frac{12}{35} \times 315 = 108$

(ii) (*a*) दिया है, $\frac{X}{Y} = \frac{16Y}{X} \Rightarrow X^2 = 16Y^2$

$$\Rightarrow \quad X = \pm 4Y \Rightarrow \frac{X}{Y} = \pm \frac{4}{1}$$

2 (*b*) 1 घण्टे में तय दूरी = 50 मील

1 गैलन तेल में तय दूरी = 40 मील

8 गैलन तेल में तय दूरी = 320 मील

बन्धु द्वारा तय की गई दूरी = 50 मील

$\therefore$ छिद्र से तेल निकलने की दर

$= \frac{320 - 50}{40} = \frac{270}{40} = 6.75$ गैलन/घण्टा

3 (i) (*d*) दिया है, चार वर्ष बाद औसत आयु = 192 वर्ष

$\therefore$ वर्तमान में औसत आयु $= 192 - (4 \times 4)$

$= 192 - 16 = 176$

अतः सात वर्ष बाद औसत आयु

$= 176 + (4 \times 7) = 204$ वर्ष

(ii) (*a*) विनय < जय < कार्तिक

$\therefore$ जय की वर्तमान आयु

$= \frac{\text{विनय व कार्तिक की आयु का योग}}{2}$

$= \frac{48}{2} = 24$ वर्ष

4 (i) (*c*) 3 मिनट से कम समय लेने वाले व्यक्ति

$= 5 + 18 + 32 = 55$

(ii) (*d*) पहेली हल करने वाले व्यक्तियों की अधिकतम संख्या 2 मिनट के बराबर या अधिक है, लेकिन 3 मिनट से कम है।

5 (*a*) प्रश्नानुसार, एक दिन में तालाब पानी से पूरा भर जाता है तथा पानी की मात्रा प्रत्येक घण्टे के बाद दोगुनी हो जाती है। इसलिए विपरीत करने पर हम देखेंगे कि, पूरा भरने से 1 घण्टे पहले तालाब आधा भरा गया था। इस प्रकार, इसे आधा भरने में 23 घण्टे लगे।

6 (*a*) पहले 10 टोल टैक्स में, व्यक्ति एक टोकरी से 30 सेब देगा। इसलिए उसके पास केवल 2 टोकरी सेब बचेंगे। अब, वह अगले टोल टैक्स पर 2 सेब देगा। इस प्रकार, अगले 15 टोल टैक्स में, वह दूसरी टोकरी से

30 सेब देगा और अब उसके पास केवल एक टोकरी सेब बचेंगे तथा शेष बचे 5 टोल टैक्स में वह तीसरी टोकरी से 5 सेब देगा। इस प्रकार, व्यक्ति के पास 25 सेब बचेंगे।

7 (i) (*a*) माना लपेटे गए चक्कर = x

त्रिज्या (सेमी में)	चक्कर
15 ↑	125 ↓
25	x

$$\therefore \quad x = \frac{15}{25} \times 125 = 75 \text{ चक्कर}$$

(ii) (*c*) माना शान्तनु को x दिन और लगेंगे।

$$\text{शेष कार्य} = 1 - \frac{5}{8} = \frac{3}{8}$$

$$\text{प्रश्नानुसार}, \frac{5}{8} : \frac{3}{8} :: 20 : x$$

$$\Rightarrow \quad x = \frac{3}{8} \times 20 \times \frac{8}{5} = 12 \text{ दिन}$$

8 (*c*) माना इमारत की ऊँचाई x मी है। हम जानते हैं कि ऊँचाई में कमी होने पर, उसकी परछाई की लम्बाई में भी कमी होगी। इसलिए परछाई की लम्बाई, ऊँचाई के अनुक्रमानुपाती है

$$\therefore \quad 40.25 : 28.75 :: 17.5 : x$$

$$\Rightarrow \quad 40.25 \times x = 28.75 \times 17.5$$

$$\Rightarrow \quad x = \frac{28.75 \times 17.5}{40.25} \Rightarrow x = 12.5 \text{ मी}$$

9 (*c*) माना A, B व C के भाग क्रमशः 4k, 7k व 14k है। प्रश्नानुसार, अभीष्ट अन्तरों का अनुपात

$$= \frac{7k - 4k}{14k - 7k} = \frac{3}{7} = 3 : 7$$

10 (i) (*c*) देर से छूटने वाली गाड़ियों की संख्या

0 – 30 = 82, 30 – 60 = 5

60 से अधिक = 3 ⇒ कुल = 90

$$\text{(ii) (b) अभीष्ट प्रतिशत} = \frac{1250 + 1400}{1400 + 1490} \times 100$$

$$= \frac{2650}{2890} \times 100 = 91.7\%$$

11 (i) (*d*)

मजदूरी	श्रमिकों की संख्या
120	12
120-140	26 – 12 = 14
140-160	34 – 26 = 8
160-180	40 – 34 = 6
180-200	50 – 40 = 10

140 और 160 का मध्य भाग 150 है। दैनिक मजदूरी ₹ 150 के लिए श्रमिकों की संख्या

$$= \frac{26 + 34}{2} = 30$$

∴ ₹150-₹180 आय (40 – 30) अर्थात् 10 श्रमिकों की है।

$$\therefore \text{ अभीष्ट प्रतिशत} = \frac{10}{50} \times 100\% = 20\%$$

$$\text{(ii) (d) माध्यिका} = \frac{\text{निम्नतम मान} + \text{उच्चतम मान}}{2}$$

$$= \frac{120 + 200}{2} = ₹160$$

12 (i) (*a*) यहाँ, मूलधन (*P*) = ₹72, मिश्रधन (*A*) = ₹ 81

तथा दर $(r) = 6\frac{1}{4}\% = \frac{25}{4}\%$

∵ साधारण ब्याज (SI) = मिश्रधन – मूलधन

= 81 – 72 = ₹9

$$\therefore t = \frac{SI \times 100}{P \times r} = \frac{9 \times 100}{72 \times \frac{25}{4}} = \frac{9 \times 100 \times 4}{72 \times 25} = 2 \text{ वर्ष}$$

(ii) (*b*) यहाँ, $P = 200000$, $n = -10\%$ तथा $t = 3$ वर्ष

$$\therefore \text{ 3 वर्ष बाद मशीन का मूल्य} = P\left(1 - \frac{r}{100}\right)^n$$

$$= 200000\left(1 - \frac{10}{100}\right)^3$$

$$= \frac{200000 \times 9 \times 9 \times 9}{10 \times 10 \times 10} = ₹145800$$

13 (i) (*d*) वर्ष 2009 में मृतकों की अभीष्ट संख्या

= 800 + 200 = 1000

(ii) (*c*) अभीष्ट औसत

$$= \frac{1500 + 1050 + 1300 + 1000}{4} = \frac{4850}{4} = 1212.5$$

14 (i) (*a*) अभीष्ट प्रतिशत $= \frac{18 + 108°}{360°} \times 100\% = 35\%$

(ii) (*d*) हरित क्षेत्र एवं वाणिज्य क्षेत्र का कोणान्तर

= 108° – 54° = 54°

∵ 360° ≡ 5 एकड़

$$\therefore \quad 54° \equiv \frac{5}{360°} \times 54° = \frac{3}{4} \text{ एकड़}$$

15 (*a*) **कथन III से,** चाल $= \frac{200}{10} = 20$ मी/से

$$= 20 \times \frac{18}{5} = 72 \text{ किमी/घण्टा}$$

कथन II से, समय $= \frac{558}{72} = \frac{31}{4} = 7\frac{3}{4}$ घण्टे

= 7 घण्टा 45 मिनट

अतः रेलगाड़ी शहर X सायं 3 : 00 बजे पहुँचेगी। चूँकि कथन II और III से प्रश्न का हल सम्भव है। अतः कथन I की आवश्यकता नहीं है।

जाँचें अपना IQ टेस्ट 1

1 (a) 'फराह – फरीदा – आरिफ' का अर्थ है, फरीदा फराह से छोटी है और आरिफ, फरीदा से छोटा है। इसका अर्थ है, आरिफ, फराह से भी छोटा है। अतः आरिफ, फरीदा का पिता नहीं हो सकता है।

2 (b) प्रश्नानुसार शुक्रवार के ठीक पहले वाला दिन = बृहस्पतिवार

बृहस्पतिवार के तीन दिन बाद वाला दिन = रविवार

रविवार के दो दिन पहले वाला दिन = शुक्रवार

शुक्रवार के ठीक बाद वाला दिन = शनिवार

शनिवार के तीन दिन पहले का दिन = बुधवार

अतः अभीष्ट दिन बुधवार होगा।

3 (a) प्रश्नानुसार, सम्पूर्ण प्रक्रिया निम्न प्रकार वर्णित की जा सकती है

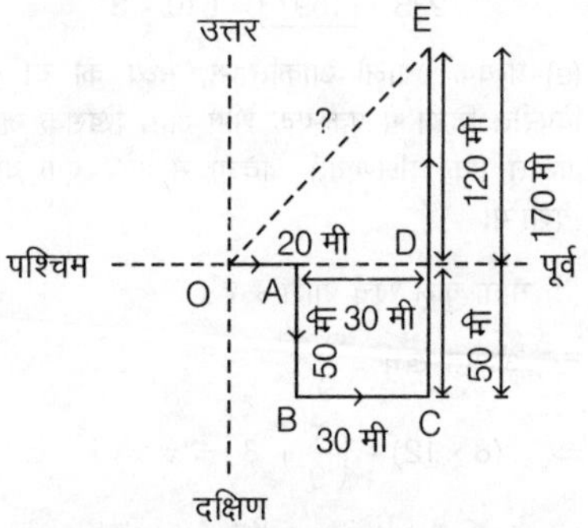

इस प्रकार, हमें OE (चित्र में) ज्ञात करना है।

अतः समकोण ΔODE में,

$$(OE)^2 = (OD)^2 + (DE)^2$$

[यहाँ, OD = OA + AD = 50 मी]

$$\Rightarrow \quad (OE)^2 = (50)^2 + (120)^2$$
$$= 2500 + 14400$$
$$= 16900$$

अतः $\quad OE = 130$ मी

4 (c) बड़ा छायांकित वृत्त आंशिक रूप से बड़े रिक्त वृत्त के अन्दर है। एक छोटा रिक्त वृत्त आंशिक रूप से बड़े रिक्त वृत्त के अन्दर है तथा एक छोटा रिक्त वृत्त बड़े रिक्त वृत्त के अन्दर है। एक छोटा काला वृत्त बड़े रिक्त वृत्त के अन्दर है। इस प्रकार, आकृति (c) दी गई आकृति के समान है।

5 (c) प्रश्नानुसार, दी गई पुस्तकों को क्रम में लगाने पर,

समाजशास्त्र
शिक्षाशास्त्र
लेखाशास्त्र
अंग्रेजी
अर्थशास्त्र
मनोविज्ञान
हिन्दी

अतः अर्थशास्त्र, अंग्रेजी और मनोविज्ञान के बीच में है।

6 (a) माना पिता की वर्तमान आयु F वर्ष तथा पुत्र की वर्तमान आयु S वर्ष है।

प्रश्नानुसार, $F + S = 50 \quad \ldots(i)$

तथा $\quad F - 5 = 3(S - 5)$

$\Rightarrow \quad F - 5 = 3S - 15$

$\Rightarrow \quad F - 3S = 5 - 15$

$\Rightarrow \quad F - 3S = -10 \quad \ldots(ii)$

समी (i) में से समी (ii) को घटाने पर,

$$F + S - (F - 3S) = 50 - (-10)$$

$\Rightarrow \quad F + S - F + 3S = 60$

$\Rightarrow \quad 4S = 60 \Rightarrow S = 15$

अब, समी (i) से,

$$F + 15 = 50 \Rightarrow F = 50 - 15 = 35$$

अतः पिता की आयु = 35 वर्ष

तथा पुत्र की आयु = 15 वर्ष

7 (b) दिए गए तथ्यों का क्रमशः विवेचन करने पर, लाल जहाज → नीला जहाज → हरा जहाज

जहाज की बदली स्थिति निम्न प्रकार होगी

लाल जहाज → हरा जहाज → नीला जहाज

विकल्प (b) सत्य है जिसमें हरा जहाज, लाल जहाज और नीले जहाज के बीच में है।

8 (b) चूँकि घड़ी 3 मिनट में 5 सेकण्ड आगे बढ़ जाती है।

∴ 1 मिनट आगे बढ़ेगी = 36 मिनट में

प्रातः 8 बजे से 5 : 15 तक, गलत घड़ी घूम जाती है = 9 घण्टे 15 मिनट = 555 मिनट

जब गलत घड़ी 37 मिनट घूम जाती है, तब सही घड़ी 36 मिनट घूमती है।

अतः जब गलत घड़ी 1 मिनट घूमती है, तब सही घड़ी $\frac{36}{37}$ मिनट घूमती है।

∴ जब गलत घड़ी 555 मिनट घूमती है, तब सही घड़ी घूमेगी = $\frac{36}{37} \times 555$ मिनट

$= 36 \times 15$ मिनट = 9 घण्टे

इसलिए प्रातः 8 बजे से 9 घण्टे बाद का समय शाम 5 : 00 बजे होगा।

अतः सही घड़ी शाम 5 : 00 बजे का समय दर्शाएगी।

9 (*a*) मध्य की रेखा 90° दक्षिणावर्त दिशा में घूम जाती है तथा नीचे का छोटा वृत्त ऊपर चला जाता है तथा अन्दर का अर्द्धवृत्त पूर्णवृत्त में परिवर्तित हो जाता है। दोनों छोटे रिक्त वृत्त छायांकित हो जाते हैं। इसी आधार पर आकृति (a) दूसरे युग्म को पूरा करेगी।

10 (*c*) कुल भार में वृद्धि = $4 \times 3 = 12$ किग्रा

नयी महिला का भार = $100 + 12 = 112$ किग्रा

11 (*f*) यहाँ पर तीन भिन्न प्रकार के वृत्त हैं अर्थात् आधे छायांकित, आधे रेखांकित तथा बिना छायांकित जो दो समान भागों में विभाजित हैं। दी गई आकृतियों में, प्रत्येक प्रकार के वृत्त की तीन भिन्न स्थितियाँ दी गई हैं।

12 (*a*) एक पखवारे = 15 दिन

A द्वारा कार्य करने में लिया गया समय

$= (7 \times 5) = 35$ दिन

B द्वारा कार्य करने में लिया गया समय = 15 दिन

B द्वारा 3 दिन में किया गया कार्य = $\frac{1}{15} \times 3 = \frac{1}{5}$

शेष कार्य = $1 - \frac{1}{5} = \frac{4}{5}$

∴ A द्वारा शेष कार्य करने में लिया गया समय

$= 35 \times \frac{4}{5} = 28$ दिन

13 (i) जिस प्रकार, आकृति I में,

$66 \div 3 = 22$ तथा $22 + 5 = 27$

आकृति II में, $78 \div 3 = 26$ तथा $26 + 10 = 36$

उसी प्रकार, आकृति III में,

$93 \div 3 = 31$ तथा $31 + 3 = \boxed{34}$

(ii) जिस प्रकार, आकृति I में,

$40 - 10 = 30$ तथा $30 \times 2 = 60$

आकृति II में, $35 - 10 = 25$ तथा $25 \times 2 = 50$

उसी प्रकार, आकृति III में,

$45 - 10 = \boxed{35}$ तथा $35 \times 2 = \boxed{70}$

14 (*c*) सभी विकल्पों का क्रमवार परीक्षण करने पर,

13 का वर्ग घटाव 1 = $(13)^2 - 1 = 169 - 1 = 168$

14 का वर्ग घटाव 1 = $(14)^2 - 1 = 196 - 1 = 195$

15 का वर्ग घटाव 1 = $(15)^2 - 1 = 225 - 1 = 224$

अतः सही विकल्प (c) होगा।

15 (*e*) आकृति (b) को घुमाने पर आकृति (f) के समान दिखती है, आकृति (a) घुमाने पर आकृति (d) के समान दिखती है और आकृति (c) घुमाने पर आकृति (g) के समान दिखती है।

16 (*a*) अभीष्ट समय = $30 \times \frac{10}{15} = 20$ मिनट

17 (*a*) प्रत्येक तीसरे पद में क्रमशः उसी प्रकार की आकृति आ जाती है तथा प्रत्येक बार उसमें एक रेखा और जुड़ जाती है।

18 (*d*) शृंखला निम्नवत् है

$1 + 5 = 2 \times 3$

$2 + 13 = 5 \times 3$

$5 + 34 = 13 \times 3$

$13 + 89 = 34 \times 3$

उसी प्रकार, $34 + \boxed{233} = 89 \times 3$

$89 + \boxed{610} = 233 \times 3$

$233 + \boxed{1597} = 610 \times 3$

19 (*e*) प्रत्येक अगली आकृति में, मध्य की दो रेखाएँ विपरीत दिशा में एक-एक शीर्ष आगे खिसक जाती हैं अर्थात् एक दक्षिणावर्त दिशा में और एक वामावर्त दिशा में।

20 (*c*) माना कुल खर्च राशि = ₹ x

तब, औसत खर्च = $\frac{x}{9}$

$\Rightarrow \quad (8 \times 12) + \left(\frac{x}{9} + 8\right) = x$

$\Rightarrow \quad x - \frac{x}{9} = 104 \Rightarrow \frac{8x}{9} = 104$

$\Rightarrow \quad x = \frac{104 \times 9}{8} = 117$

21 (*d*) 2000 की तीसरी तिमाही में हुआ लाभ

= 210 लाख

1999 की दूसरी तिमाही में हुआ लाभ = 160 लाख

1999 की पहली तिमाही में हुआ लाभ = 120 लाख

1998 की तीसरी तिमाही में हुआ लाभ = 80 लाख

अतः सबसे कम लाभ वर्ष 1998 की तीसरी तिमाही में हुआ है।

22 (*c*) प्रश्नानुसार,

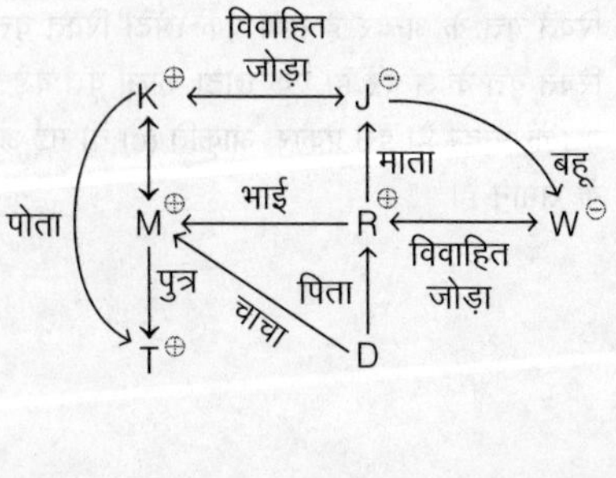

सम्बन्ध आरेख से स्पष्ट है कि M, D का चाचा है। अतः D, M का भतीजा या भतीजी हो सकती है, क्योंकि यहाँ पर D का लिंग स्पष्ट नहीं है।

23 (*d*) प्रत्येक पंक्ति में, बाएँ से दाएँ, आकृति घट रही है।

24 (*a*) कुल परीक्षार्थियों की संख्या = 640 + 360

= 1000

सफल लड़कों की संख्या = 640 का 60% = 384

सफल लड़कियों की संख्या = 360 का 80% = 288

कुल असफल परीक्षार्थियों की संख्या

= 1000 − (384 + 288) = 328

फेल होने वाले परीक्षार्थियों का प्रतिशत

$$= \frac{328 \times 100}{1000} = 32.8\%$$

25 (*d*) यहाँ आँखों की चार स्थितियाँ दर्शाई गई हैं, दाईं ओर, बाईं ओर, सामने और तिरछी (भेंगी)। विकल्प (d) की आकृति, आँखों की चारों स्थितियों के सभी सम्भावित युग्मों को पूरा कर देती है।

जाँचें अपना IQ टेस्ट 2

1 (*a*) बाह्य चतुर्थांश में दी गई संख्याओं के अन्तर में 2 की गुणा करने पर अन्तः चतुर्थांश में दी गई संख्या प्राप्त होती है।

जिस प्रकार, (28 − 22) × 2 = 12,
(34 − 27) × 2 = 14

तथा (33 − 25) × 2 = 16

उसी प्रकार, (23 − 19) × 2 = 8

2 (*b*) पंक्ति में बैठने का क्रम निम्न प्रकार से है

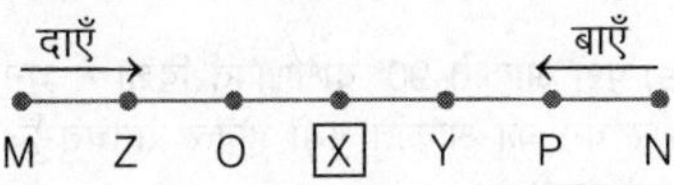

अतः ठीक मध्य में X बैठा है।

3 (*a*) रम पम पो ⇒ लड़का पागल है ...(i)

टप पो टो ⇒ लड़की सुन्दर है ...(ii)

दम पम को ⇒ वे पागल हैं ...(iii)

समी (i), (ii) और (iii) से,

रम ⇒ लड़का

4 (*c*) प्रश्न में दिए गए चारों प्रकार के छात्र एक-दूसरे से उत्तीर्णता के मामले में पूर्णतः भिन्न हैं।
अतः सही उत्तर विकल्प (c) होगा।

5 (*a*) Y से प्रारम्भ होकर प्रत्येक अगली श्रृंखला में दो क्रम नीचे का अक्षर आता है। B से प्रारम्भ होकर प्रत्येक अगली श्रृंखला में दो क्रम आगे का अक्षर आता है। 9 से क्रमशः 2 अंक घटते हुए संख्या व्यवस्थित है। * का स्थान क्रमशः अन्तिम से पहला, तीसरा, चौथा एवं पहला होगा।

6 (*b*) प्रश्नानुसार, A मध्यकालीन B मध्यकालीन
C मध्यकालीन D मध्यकालीन E आधुनिक
F आधुनिक G आधुनिक H आधुनिक

∵ पिछले वर्ष A अर्थात् मध्यकालीन कवि पर प्रश्न था। अतः इस वर्ष आधुनिक कवि पर प्रश्न होगा, परन्तु प्रश्न निर्माता F पर प्रश्न नहीं पूछना चाहता। अतः इस वर्ष E पर प्रश्न आने की सम्भावना है क्योंकि निर्माता E, F दोनों को पसन्द करता है।

7 (*b*) दी गई प्रश्न आकृति से आकृति (i) और (iii) बनाई जा सकती हैं।

8 (*c*) प्रतिदिन यात्रा का समय = 24 − 9 = 15 घण्टे

कुल यात्रा का समय = 15 × 40 = 600 घण्टे

दूरी के दोगुना होने पर, समय दोगुना लगेगा लेकिन दोगुनी चाल से चलने पर समय आधा लगेगा। इसलिए प्रतिदिन दोगुना समय लेकर विश्राम करने पर चलने के समय में कमी

= 24 − (2 × 9) = 6 घण्टा

अतः दोगुनी दूरी को, दोगुनी चाल से, प्रतिदिन दोगुने समय से विश्राम करने पर लगा समय

$$= \frac{600}{6} = 100 \text{ दिन}$$

9 (*b*) दी गई सूचना से सम्बन्ध आरेख बनाने पर,

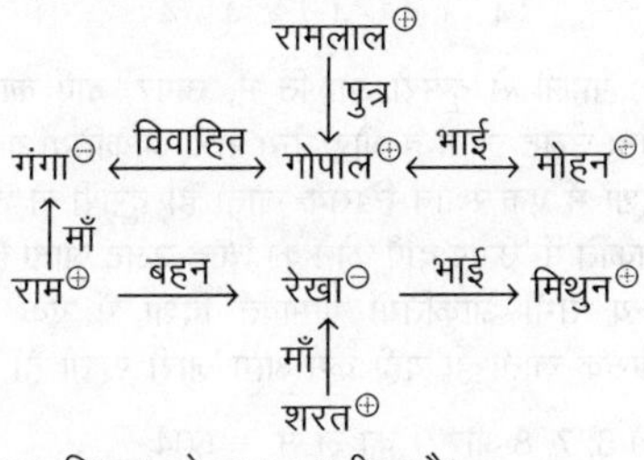

अतः मिथुन, मोहन का भतीजा है।

10 (*c*) आकृति (c), आकृति (X) में सन्निहित है।

11 (*c*) प्रश्नानुसार,

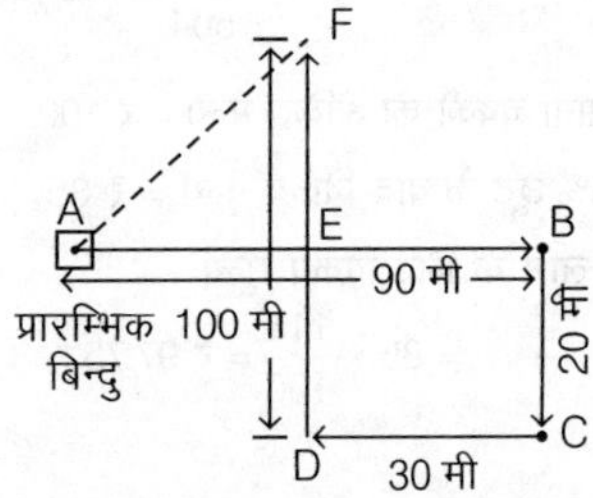

$AE = AB - BE$
$= 90 - 30 = 60$ मी [$\because BE = CD = 30$ मी]
$EF = DF - ED$
$= 100 - 20 = 80$ मी [$\because ED = BC = 20$ मी]
$\therefore$ अभीष्ट दूरी $= \sqrt{(80)^2 + (60)^2}$
$= \sqrt{6400 + 3600}$
$= \sqrt{10000} = 100$ मी

12 (*c*) दी गई आकृति में कुल 56 त्रिभुज हैं।

13 (*c*) दिए गए विकल्पों के क्रमवार परीक्षण से विकल्प (c) के चिन्ह तथा संख्या समीकरण को सन्तुलित करेंगे।
$$6 \times 4 + 2 = 16$$
विकल्प (c) के चिन्हों तथा संख्याओं से विनिमय करने पर,
$$4 + 6 \times 2 = 16$$
$$\Rightarrow \quad 4 + 12 = 16$$

14 (*d*) फ्लास्क P के 2 लीटर में ऐल्कोहॉल की मात्रा
$$= 2 \times \frac{62.5}{100} = \frac{5}{4} \text{ लीटर}$$
फ्लास्क Q के 4 लीटर में ऐल्कोहॉल की मात्रा
$$= 4 \times \frac{87.5}{100} = \frac{7}{2} \text{ लीटर}$$
मिश्रण में ऐल्कोहॉल की कुल मात्रा
$$= \frac{5}{4} + \frac{7}{2} = \frac{19}{4} \text{ लीटर}$$
अतः 6 लीटर मिश्रण में ऐल्कोहॉल तथा पानी का अनुपात $= \frac{19}{4} : \left(6 - \frac{19}{4}\right) = \frac{19}{4} : \frac{5}{4} = 19 : 5$

15 (*e*) पहली से दूसरी आकृति में, ऊपर, बाएँ कोने का चिन्ह उलट जाता है और अन्य सभी आकृतियाँ वामावर्त दिशा में एक स्थान खिसक जाती हैं। दूसरी से तीसरी आकृति में, ऊपर दाएँ कोने का चिन्ह उलट जाता है और अन्य सभी आकृतियाँ वामावर्त दिशा में एक स्थान खिसक जाती हैं। यही क्रम आगे जारी रहता है।

16 (*c*) 6, 7, 8 और 9 का ल.स. = 504
$\therefore$ 504 सेकण्ड के प्रत्येक अन्तराल के बाद घण्टियाँ साथ-साथ बजती हैं।
$\therefore$ दो घण्टों में वे साथ-साथ बजती हैं
$$= \frac{2 \times 60 \times 60}{504} = 14 \text{ बार}$$

17 (*a*) माना चक्की का अंकित मूल्य = ₹ 100
15% छूट के बाद विक्रय मूल्य = ₹ 85
15% लाभ के लिए विक्रय मूल्य
$$= 85 \times \frac{115}{100} = ₹\ 97.75$$
$\because$ ₹ 97.75 विक्रय मूल्य है, तो अंकित मूल्य
= ₹ 100
$\therefore$ ₹ 1955 विक्रय मूल्य है, तो अंकित मूल्य
$$= \frac{100}{97.75} \times 1955 = ₹\ 2000$$
अतः फुटकर विक्रेता को प्राप्त छूट
$$= 2000 \times \frac{15}{100} = ₹\ 300$$

18 (*d*) आकृति (d), आकृति (X) की सही प्रतिबिम्ब आकृति है।

19 (*b*) माना लागत मूल्य = ₹ 1
तब, 20 वस्तुओं का लागत मूल्य = ₹ 20
अब, X वस्तुओं का विक्रय मूल्य
= 20 वस्तुओं का लागत मूल्य
$\because$ लाभ = 25%
$\therefore$ X वस्तुओं का लागत मूल्य
$$= \left(\frac{20}{100 + 25}\right) \times 100 = \frac{20}{125} \times 100 = ₹\ 16$$
$\therefore$ वस्तुओं की संख्या, $X = ₹\ \frac{16}{1} = 16$

20 (*e*) पूरी आकृति 90° दक्षिणावर्त दिशा में घूम जाती है और वर्ग की आकृति बड़ी होकर समचतुर्भुज के पीछे चली जाती है।

21 (*c*) माना भरने वाला नल टंकी को x मिनट में पूरा भर देता है।
तब, $\frac{1}{x} - \frac{1}{20} = -\frac{1}{24}$
$\Rightarrow \quad x = 120$ मिनट
$\therefore$ हौज में पानी भरा जा सकता है $= 120 \times 4$
= 480 लीटर

22 (*c*) अन्य सभी में बाहर की आकृति की अपेक्षा अन्दर की आकृति में भुजाएँ कम हैं, जबकि आकृति (c) में उल्टा है।

23 (*d*) 1 किमी दूरी तय करने में B, A से अधिक समय लेता है = 5 मिनट $- 4\frac{1}{2}$ मिनट = 30 सेकण्ड
B द्वारा 5 मिनट में तय की गई दूरी = 1000 मी
$\therefore$ 30 सेकण्ड में B द्वारा तय दूरी
$$= \frac{1000}{5 \times 60} \times 30 = 100 \text{ मी}$$
अतः A, B को 100 मी की शुरुआत दे सकता है।

24 (*c*) माना कार्यालय में कुल कर्मचारियों की संख्या $= x$
तब, प्रश्नानुसार महिला कर्मचारियों की संख्या $= \frac{x}{3}$

∴ पुरुष कर्मचारियों की संख्या

$$= x - \frac{x}{3} = \frac{3x - x}{3} = \frac{2x}{3}$$

विवाहित महिला कर्मचारियों की संख्या $= \frac{x}{3} \times \frac{1}{2} = \frac{x}{6}$

तब, प्रश्नानुसार विवाहित महिला कर्मचारियों की संख्या जिनके बच्चे हैं $= \frac{x}{6} \times \frac{1}{3} = \frac{x}{18}$

विवाहित पुरुष कर्मचारियों की संख्या $= \frac{2x}{3} \times \frac{3}{4} = \frac{x}{2}$

विवाहित पुरुष कर्मचारियों की संख्या जिनके बच्चे हैं

$$= \frac{x}{2} \times \frac{2}{3} = \frac{x}{3}$$

कर्मचारियों की संख्या जिनके बच्चे हैं

$$= \frac{x}{3} + \frac{x}{18} = \frac{6x + x}{18} = \frac{7x}{18}$$

उन कर्मचारियों की संख्या जिनके बच्चे नहीं हैं

$$= x - \frac{7x}{18} = \frac{18x - 7x}{18} = \frac{11}{18}x$$

अतः कुल कर्मचारियों का $\frac{11}{18}$ भाग बिना बच्चों के है।

25 (*b*) प्रत्येक पंक्ति में, दाईं एवं बाईं ओर की आकृति ऊर्ध्वाधर पलट जाती है तथा मध्य की आकृति में सभी अवयव जुड़ जाते हैं।

जाँचें अपना IQ टेस्ट 3

1 (*d*) शृंखला A,B,C,D,E,F,G,H में प्रत्येक अक्षर से एक रेखा हटाई गई है।

2 (*c*) प्रश्नानुसार, परिवर्तन करने पर, हम पाते हैं कि विकल्प (c) में दिया गया व्यंजक सही है।

अर्थात् $3 + 6 \div 5 = 7$

परिवर्तन करने पर, $6 \div 3 + 5 = 7$

$\Rightarrow \quad 2 + 5 = 7 \quad \Rightarrow \quad 7 = 7$

3 (i) दोनों विषयों में समान ग्रेड प्राप्त करने वाले बच्चे $= 2 + 1 + 3 + 2 + 1 = 9$

(ii) गणित की अपेक्षा विज्ञान में उच्च ग्रेड प्राप्त करने वाले बच्चे $= 3 + 4 + 2 + 2 = 11$

4 (*c*) प्रश्नानुसार,

महेश > विकास [1 वर्ष]
विकास > जगन [2 वर्ष]
सुरेश > जगन [1 वर्ष]
महेश > सुरेश [2 वर्ष]
जगन > अकमल [2 वर्ष]

∴ महेश > विकास > सुरेश > जगन > अकमल

5 (*a*) मूल आकृति 90° वामावर्त दिशा में घूम जाती है तथा दूसरी आकृति में परिवर्तित हो जाती है जबकि अन्दर की डिजाइन वैसे ही रहती है।

6 (*b*) प्रश्नानुसार, व्यक्तियों के बैठने का क्रम निम्नवत् है

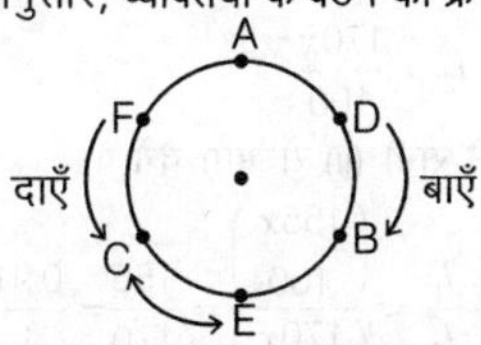

अतः C और E समीपवर्ती कुर्सियों पर बैठे हैं।

7 (*b*) यहाँ पर, विपरीत भागों में दी गई संख्याओं का योग समान है।

जिस प्रकार, $4 + 6 + 7 = 17$

उसी प्रकार, $4 + 3 + ? = 17$

$\Rightarrow \quad ? = 17 - 7$

$\Rightarrow \quad ? = 10$

8 (*c*) चूँकि सुषमा ने घड़ी का परिवर्तित प्रतिबिम्ब देखा है तथा उसे प्रतिबिम्ब में समय 4 : 40 प्रतीत हुआ, जबकि वास्तविक रूप में घड़ी 7 : 20 का समय दिखा रही होगी। इस प्रकार, सुषमा ठीक समय पर है।

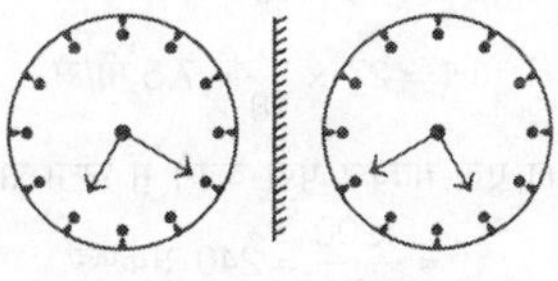

वास्तविक समय प्रतिछवि

9 (*b*) आकृति (b), आकृति (X) के पैटर्न को पूरा करती है।

10 (*a*) 20 दर्जन खिलौनों का क्रय मूल्य

$$= 375 \times 20 = ₹\ 7500$$

20 दर्जन खिलौनों का विक्रय मूल्य

$$= 20 \times 12 \times 33 = ₹\ 7920$$

लाभ $= 7920 - 7500 = ₹\ 420$

∴ अभीष्ट प्रतिशत $= \frac{420}{7500} \times 100 = 5.6\%$

11 (*c*) चूँकि रोहित और तान्या साथ काम नहीं करेंगे, इसलिए विकल्प (b) और (d) सही नहीं हैं। चूँकि कुणाल और शोभा साथ में काम नहीं करेंगे, इसलिए विकल्प (a) भी सही नहीं है। अतः अभीष्ट समूह में तान्या, मुकेश, कुणाल और जसवन्त हैं।

12 (*a*) कोई भी समाचार-पत्र पढ़ने वालों की संख्या

$= 200 + 85 - 60 = 225$

अब, कोई भी समाचार-पत्र न पढ़ने वालों की संख्या

$= 420 - 225 = 195$

13 (*a*) आकृति (a) आकृति (X) में सन्निहित है।

14 (*c*) प्रश्नानुसार, सोनू के चलने का क्रम निम्नवत् है

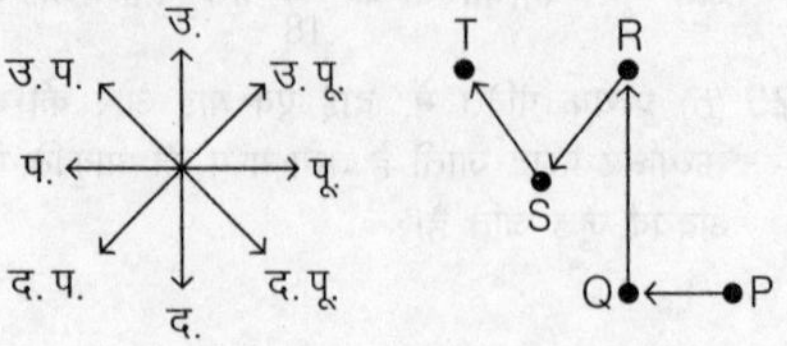

15 (*b*) 430, क्योंकि दी गई सभी संख्याएँ बिना बिन्दु (:) के समय को निरूपित करती हैं, जो क्रमशः 45 मिनट बढ़ता जाता है।

16 (*b*) विकल्प आकृति (b) आकृति (X) की सही प्रतिबिम्ब आकृति है।

17 (*a*) फोटोग्राफ I में जो व्यक्ति है, वह फोटोग्राफ III में जो व्यक्ति है, का पोता है। इसलिए फोटोग्राफ I मे जो व्यक्ति है, वह फोटोग्राफ II में जो व्यक्ति है, का भतीजा है। अतः श्रीमान X, फोटोग्राफ II में जो व्यक्ति है, का पोता है।

18 (*c*) आकृति (c) के अतिरिक्त अन्य सभी आकृतियों में सबसे बाहर की तथा सबसे अन्दर की आकृति समान है।

19 (*b*) वृत्ताकार ट्रैक की लम्बाई = 1200 मी

A की चाल $= 18 \times \frac{5}{18} = 5$ मी/से

B की चाल $= 27 \times \frac{5}{18} = 7.5$ मी/से

A को एक चक्कर पूरा करने में लगा समय

$= \frac{1200}{5} = 240$ सेकण्ड

B को एक चक्कर पूरा करने में लगा समय

$= \frac{1200}{7.5} = 160$ सेकण्ड

(i) जब वे समान दिशा में दौड़ रहे हों, तो प्रारम्भिक बिन्दु पर मिलेंगे

= 240 तथा 160 का ल.स.

= 480 सेकण्ड बाद

(ii) जब वे विपरीत दिशा में दौड़ रहे हों, तो प्रारम्भिक बिन्दु पर मिलेंगे

= 240 तथा 160 का ल.स.

= 480 सेकण्ड बाद

20 (*c*) प्रत्येक पंक्ति में, पहली आकृति में दूसरी आकृति को अन्दर तथा बाहर रखने पर तीसरी आकृति प्राप्त होती है।

21 औसत अंक $= \frac{88 + 92 + 74 + x + 94 + 85}{6}$

$\Rightarrow \quad 90 = \frac{433 + x}{6} \Rightarrow 540 = 433 + x$

$\Rightarrow \quad x = 540 - 433 = 107$

लेकिन, एक टेस्ट में अधिकतम सम्भावित अंक 100 हैं। अतः केट परीक्षा में औसतन 90 अंक प्राप्त नहीं कर सकती है।

22 (*b*) x का दो दिन का काम $= \frac{1}{8} \times 2 = \frac{1}{4}$ भाग

z के लिए शेष बचा काम $= 25\% = \frac{1}{4}$

$\therefore$ y द्वारा किया गया काम

$= 1 - \left(\frac{1}{4} + \frac{1}{4}\right) = \frac{1}{2}$ भाग

y अकेले 1 पूरा काम करता है = 12 दिन में

$\therefore$ y, $\frac{1}{2}$ काम करेगा $= 12 \times \frac{1}{2} = 6$ दिन में

तथा z, $\frac{1}{4}$ काम करेगा $= 16 \times \frac{1}{4} = 4$ दिन में

अतः काम समाप्त होने में लगा समय

$= 2 + 6 + 4 = 12$ दिन

23 (*c*) कथन (c) सत्य है।

24 (*b*) प्रश्नानुसार,

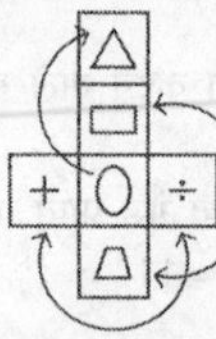

इस प्रकार, △ के विपरीत ○

□ के विपरीत ⏢

और + के विपरीत ÷ है।

अतः विकल्प (b) सही है।

25 (*d*) माना वर्ष 1996 में व्यय $= x$

तथा 1996 और 1999 में आय क्रमशः $= l_1$ और l_2

तब, वर्ष 1996 के लिए,

$$55 = \frac{l_1 - x}{x} \times 100 \Rightarrow \frac{55}{100} = \frac{l_1}{x} - 1$$

$$\Rightarrow \quad l_1 = \frac{155\,x}{100} \quad \text{...(i)}$$

वर्ष 1999 के लिए,

$$70 = \frac{l_2 - x}{x} \times 100 \Rightarrow \frac{70}{100} = \frac{l_2}{x} - 1$$

$$\Rightarrow \quad l_2 = \frac{170x}{100} \quad \text{...(ii)}$$

समी (i) में समी (ii) से भाग देने पर,

$$\frac{l_1}{l_2} = \frac{\left(\frac{155x}{100}\right)}{\left(\frac{170x}{100}\right)} = \frac{155}{170} = \frac{0.91}{1} = 9:10$$

जाँचें अपना IQ टेस्ट 4

1 (*d*) आकृति 1, 3, 9 में दो समान आकृतियाँ हैं जिसमें एक आकृति दूसरी आकृति के अन्दर है। आकृति 4, 6, 8 दो समान भागों में विभाजित हैं। आकृति 2, 5, 7 चार भागों में विभाजित हैं।

2 (*b*) प्रश्नानुसार, निम्न समीकरण प्राप्त होता है

$$9 \times 9 = 81 \Rightarrow 8 + 1 = 9$$

3 (*c*) 145

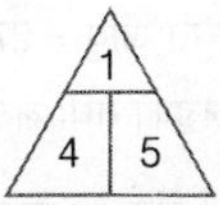

4 (*b*) दिए गए मिश्रित शृंखला में निम्न सम्बन्ध प्राप्त होता है

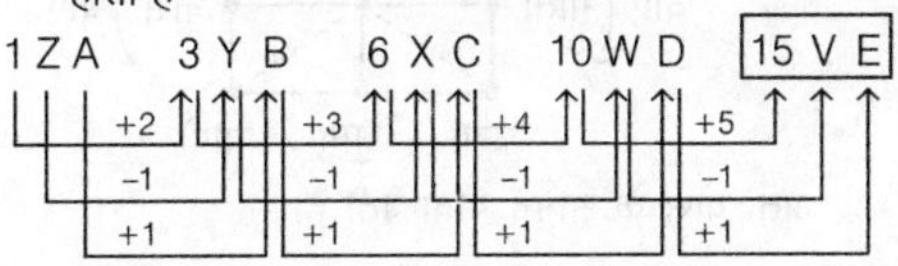

5 (*c*) पंक्ति I में, $43 - 41 = 2 \Rightarrow 2^2 = 4$

पंक्ति II में, $53 - 47 = 6 \Rightarrow 6^2 = 36$

उसी प्रकार पंक्ति III में,

$$61 - ? = \pm\sqrt{4}$$

$$\Rightarrow \quad ? = 61 \mp 2 = \boxed{63} \text{ या } 58$$

6 (*a*) दिए गए कूट के तुल्य मान रखने पर,

9 = S, 2 = X, G = 8, C = 1, 5 = N, 4 = H

अतः 92GC54 → SX81NH

7 (*d*) प्रश्नानुसार, D > C, C > B + A

परन्तु E सबसे अन्त में नहीं।

∴ E > D > C > B + A

या D > E > C > B + A

अतः निश्चित रूप से यह सत्य है कि A ने कक्षा में D के बाद प्रवेश किया।

8 (*a*) प्रश्नानुसार, गाड़ियों की दिशा एक-दूसरे के विपरीत है। अतः दोनों रेलगाड़ियों की सापेक्षिक चाल

= (60 + 40) = 100 किमी/घण्टा

200 किमी की दूरी तय करने में लगा समय

$$= \frac{200}{100} = 2 \text{ घण्टे}$$

9 (*c*) ध्यानपूर्वक देखने पर, आप देखेंगे कि आकृति (c) मध्य आकृति में पूरी तरह फिट होगी।

10 (*b*) अज्ञात शिकारियों द्वारा मारे गए चीतों की संख्या

= 20%

अर्थात् $\frac{1}{5}$ (कुल संख्या) $= \frac{1}{5} \times 120 = 24$

शेष चीतों की संख्या = 120 – 24 = 96

शेष चीतों की संख्या का 50% अर्थात् आधी संख्या के बराबर चीतों की मृत्यु अभ्यारण्य में आग लगने के कारण होती है।

तब, मारे गए चीते $= 96 \times \frac{1}{2} = 48$

अतः शेष चीतों की संख्या = 96 – 48 = 48

11 (*c*) आकृति (c) में 5 छोटे सफेद वृत्त तथा 4 काले वृत्त हैं जबकि अन्य सभी में 4 छोटे सफेद वृत्त तथा 5 काले वृत्त हैं।

12 (*d*) समिति गठित करने के कुल तरीके

= 5 × 3 = 15

परन्तु श्रीमती A, श्रीमान B के साथ समिति में नहीं रह सकती। अतः अभीष्ट तरीकों की संख्या = 15 – 1 = 14

13 (*c*) यहाँ पर, विकल्प (c) के अतिरिक्त अन्य सभी में वृत्त के अन्दर लिखी गई संख्या, वृत्त के ऊपर दिए गए अक्षर के क्रमांक का दोगुना है।

14 (*b*) जनगणना करने पर,

वर्ष 2016 में जनसंख्या = 12483 × 2 = 24966

वर्ष 2023 में जनसंख्या = 24966 × 2 = 49932

अतः जनसंख्या में 49932 की वृद्धि 2023 में होगी। अतः अभीष्ट उत्तर 2023 होगा।

15 (*c*) 'STAR' तथा 'UDAYA' त्रिभुज उन ग्राहकों को दर्शाते हैं, जिनके पास सभी चैनलों के कनेक्शन हैं।

16 (*b*) प्रश्नानुसार, जॉर्ज की विभिन्न कक्षाओं का क्रम निम्न होगा

दिन	कार्यक्रम
सोमवार	संगीत
मंगलवार	खेलकूद
बुधवार	गणित
गुरुवार	इतिहास
शुक्रवार	अवकाश
शनिवार	साहित्य
रविवार	अवकाश

अतः जार्ज का शुक्रवार के दिन भी अवकाश रहेगा।

17 (*b*) BCDA

18 (*b*) प्रश्नानुसार सम्बन्ध आरेख बनाने पर,

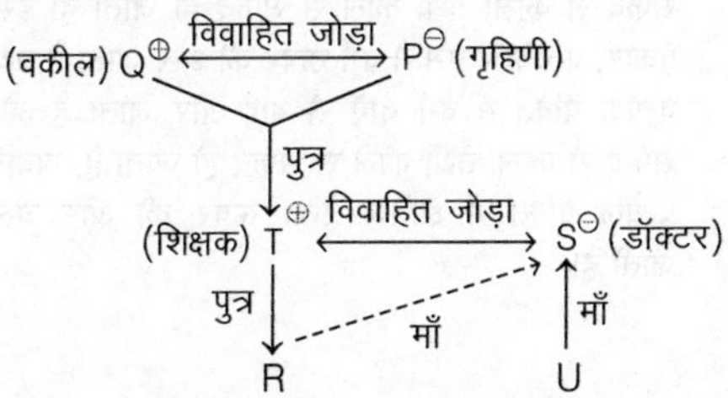

यहाँ पर यह कहना कठिन है कि R और U में से कौन लड़का है और कौन लड़की, किन्तु परिवार में एक छात्र है एवं एक पुरुष इन्जीनियर। अतः पौत्री छात्र होगी और पौत्र इन्जीनियर होगा।

19 (*d*) आकृति (X) में एक बिन्दु त्रिभुज तथा वृत्त के अन्दर है, एक बिन्दु वर्ग तथा वृत्त के अन्दर है तथा एक बिन्दु त्रिभुज, वृत्त तथा वर्ग के अन्दर है। अतः ऐसी स्थिति केवल विकल्प आकृति (d) में है।

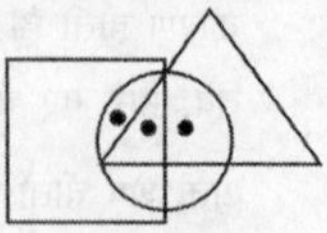

20 (*d*) प्रश्नानुसार, दी गई सूचना से आरेख बनाने पर,

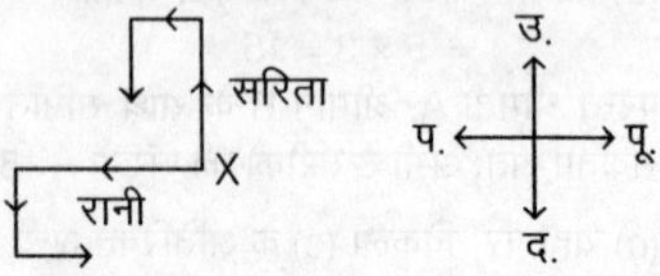

प्रश्नानुसार चलने पर, रानी और सरिता के चेहरे क्रमशः पूर्व और दक्षिण दिशा में होंगे।

21 (*b*) प्रदत्त आकृति से स्पष्ट है कि
4 स्तम्भों में 3 घन (प्रत्येक में)
12 स्तम्भों में 2 घन (प्रत्येक में)
4 स्तम्भों में 1 घन (प्रत्येक में)
3 घन वाले स्तम्भों में घनों की संख्या
$= 3 \times 4 = 12$
2 घन वाले स्तम्भों में घनों की संख्या
$= 2 \times 12 = 24$
1 घन वाले स्तम्भों में घनों की संख्या
$= 1 \times 4 = 4$
$\therefore$ कुल घनों की संख्या $= 12 + 24 + 4 = 40$

22 (*a*) पहली से दूसरी आकृति में, क्षैतिज रेखाएँ तथा संलग्न बिन्दु मध्य में आ जाते हैं। दूसरी से तीसरी आकृति में ऊर्ध्वाधर रेखाएँ तथा संलग्न बिन्दु भी मध्य में आ जाते हैं। तीसरी से चौथी आकृति में क्षैतिज रेखाएँ अपने पूर्व स्थान पर तथा बिन्दु विपरीत ओर चले जाते हैं। इसी प्रकार, चौथी से पाँचवीं आकृति में ऊर्ध्वाधर रेखाएँ अपनी पूर्व स्थिति में तथा बिन्दु विपरीत ओर चले जाएँगे।

23 (*b*) दिए गए प्रश्न के तथ्यों के आधार पर, पुरानी औसत आयु = 27 वर्ष
जाने वालों की आयु = 24 + 27 = 51 वर्ष
आने वालों की आयु = 23 + 28 = 51 वर्ष
$\therefore$ औसत आयु में परिवर्तन = 0
अतः टीम की औसत आयु = 27 वर्ष

24 (*c*) प्रश्नानुसार, लड़कों तथा लड़कियों के बैठने का क्रम निम्नवत् है

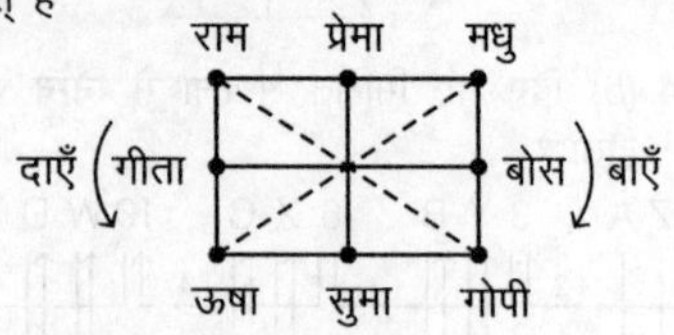

अतः बोस के सामने गीता बैठी है।

25 (*b*) दिया है, A की चाल : B की चाल = 5 : 4
अर्थात् जितने समय में A, 5 चक्कर लगाता है, B,4 चक्कर लगाएगा।
$\therefore$ 5 चक्करों में A द्वारा चली गई दूरी
$$= 5 \times \frac{400}{1000} = 2 \text{ किमी}$$
4 चक्करों में B द्वारा चली गई दूरी
$$= 4 \times \frac{400}{1000} = \frac{8}{5} \text{ किमी}$$
5 चक्करों में A, प्रत्येक बार B को पार करेगा अर्थात् 2 किमी दूरी चलने पर, A, B को 1 बार पार करेगा।
अतः 5 किमी दूरी चलने पर A,B को
$$\frac{1}{2} \times 5 = 2\frac{1}{2}$$
बार ≈2 बार पार करेगा।

जाँचें अपना IQ टेस्ट 5

1 (*d*) प्रत्येक स्तम्भ में वृत्त नीचे की ओर जाता है तथा प्रत्येक पंक्ति में वृत्त बाएँ से दाईं ओर जाता है और सफेद से काला तथा काले से सफेद हो जाता है। इसी प्रकार, प्रत्येक स्तम्भ में वर्ग ऊपर की ओर जाता है तथा प्रत्येक पंक्ति में वर्ग दाएँ से बाईं ओर जाता है और सफेद से काला तथा काले से सफेद हो जाता है, जबकि प्रत्येक पंक्ति में क्षैतिज रेखा ऊपर की ओर चली जाती है।

2 (*c*) प्रश्नानुसार, वीनस > मरकरी ;
जुपिटर > मरकरी ; प्लूटो > जुपिटर > वीनस
$\therefore$ प्लूटो > जुपिटर > वीनस > मरकरी
अतः सबसे अधिक चमकदार प्लूटो है।

3 (*a*) विकल्प आकृति (a) दी गई आकृति (X) की सही प्रतिबिम्ब आकृति है।

4 दिए गए शब्दों का तर्कसंगत क्रम निम्न है

विज्ञापन → आवेदन → परीक्षा → साक्षात्कार → चयन

(e) (a) (c) (d) (b)

क्योंकि सबसे पहले किसी भी पद के लिए विज्ञापन निकलता है। उसके बाद आवेदन किया जाता है। फिर परीक्षा होती है। परीक्षा में सफल होने वालों का साक्षात्कार होता है और साक्षात्कार में सफल होने वालों का पद के लिए चयन होता है।

5 (*d*) छोटे त्रिभुज = 9

चार छोटे त्रिभुजों से मिलकर बने त्रिभुज = 3

सबसे बड़ा त्रिभुज = 1

$\therefore$ कुल त्रिभुजों की संख्या = 9 + 3 + 1 = 13

6 (*b*) प्रश्नानुसार, आरेख बनाने पर,

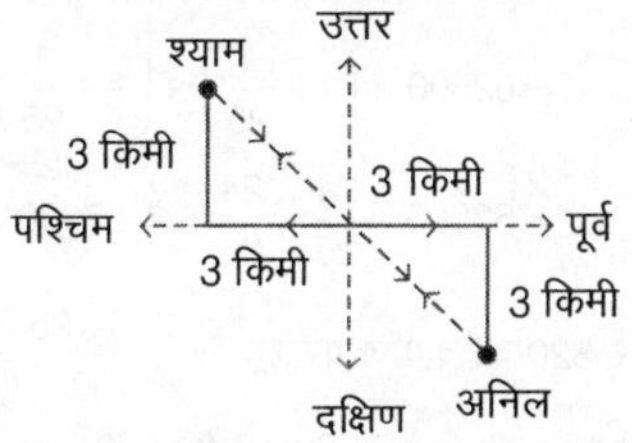

उपरोक्त आरेख से स्पष्ट है कि श्याम दक्षिण-पूर्व दिशा की ओर देख रहा है।

7 (*a*) आकृति (X) को पूर्ण वर्ग बनाने के लिए, विकल्प आकृति (a) को 180° घुमाकर उसमें फिट की जा सकती है।

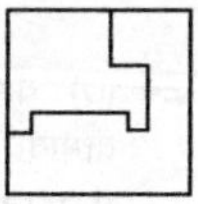

8 (*c*)

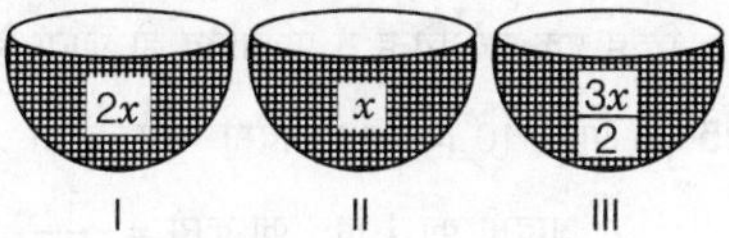

माना दूसरी टोकरी में फलों की संख्या = x

तब पहली टोकरी में फलों की सख्या = $2x$

तथा तीसरी टोकरी में फलों की संख्या

$$= 2x \times \frac{3}{4} = \frac{3x}{2}$$

प्रश्नानुसार, $2x + x + \frac{3x}{2} = 30 \times 3$

$$\Rightarrow \quad \frac{4x + 2x + 3x}{2} = 30 \times 3$$

$$\Rightarrow \quad 9x = 30 \times 3 \times 2$$

$$\therefore \quad x = \frac{30 \times 3 \times 2}{9} = 20$$

पहली टोकरी में फलों की संख्या

$$= 2x = 2 \times 20 = 40$$

9 (*a*) जिस प्रकार, $1^2 + 3^2 + 5^2 = 35$

$$2^2 + 3^2 + 6^2 = 49$$

उसी प्रकार, $7^2 + ?^2 + 4^2 = 90$

$$\Rightarrow \quad 49 + ?^2 + 16 = 90$$

$$\Rightarrow \quad ?^2 = 90 - 65 = 25 \Rightarrow ? = \boxed{5}$$

10 (*a*) प्रश्नानुसार, सम्बन्ध आरेख बनाने पर,

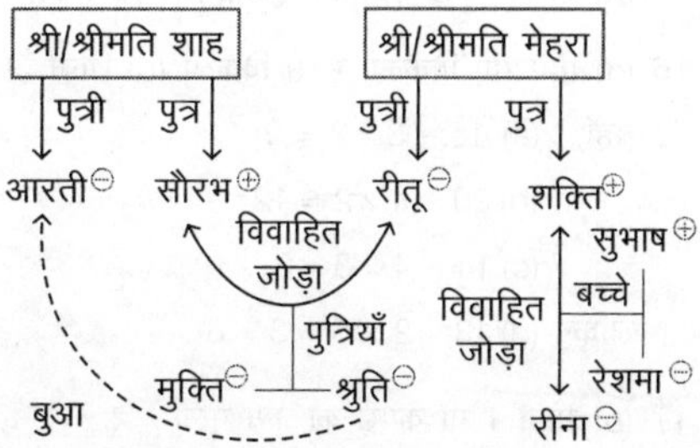

उपरोक्त सम्बन्ध आरेख से स्पष्ट है कि आरती, श्रुति की बुआ है।

11 (*b*) विकल्प आकृति (b) प्रश्न आकृति (X) में सन्निहित है।

12 (*a*) माना सामान्य चाल S तथा दूरी x है।

तब, नई चाल = $\frac{3}{4}S$

प्रश्नानुसार, $t_2 - t_1 = 20$

$$\Rightarrow \quad \frac{x}{\frac{3}{4}S} - \frac{x}{S} = 20 \Rightarrow \frac{4x - 3x}{3S} = 20$$

$$\Rightarrow \quad \frac{x}{3S} = 20 \Rightarrow \frac{x}{S} = 60$$

अत: अभीष्ट समय = 60 मिनट

13 (c) आकृति (c) के अतिरिक्त अन्य सभी में मध्य की बड़ी आकृति शेष दोनों आकृतियों को मिलाने से प्राप्त हो जाएगी।

14 (*b*) दिया है, 1 बोतल का अंकित मूल्य = ₹ 113

25% छूट के बाद मूल्य = $113 \times \frac{75}{100}$ = ₹ 84.75

$\therefore$ 12 दर्जन का कुल क्रय मूल्य

$$= (12 \times 12) \times 84.75$$

प्रश्नानुसार, $(12 \times 12) \times 84.75 = 12 \times (12 + 1)$

$\times$ एक बोतल का विक्रय मूल्य

$\therefore$ एक बोतल का विक्रय मूल्य

$$= \frac{12 \times 12 \times 84.75}{12 \times 13} = ₹\ 78.23$$

15 (*e*) प्रश्नानुसार,

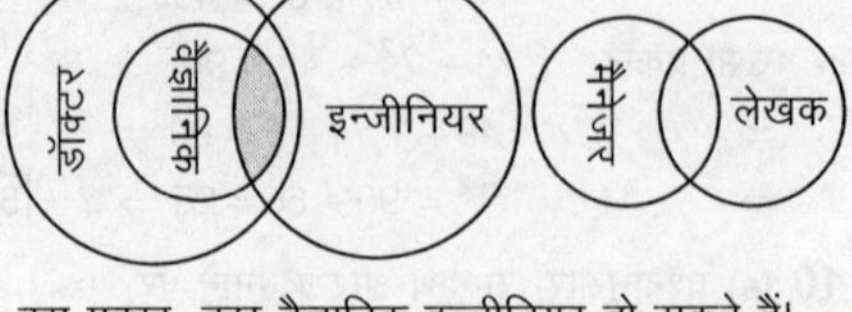

इस प्रकार, कुछ वैज्ञानिक इन्जीनियर हो सकते हैं।

16 (*d*) दिए गए विकल्पों में से विकल्प (d) भिन्न है।

यहाँ, (a) $15 - 3 \times 2 = 9$

(b) $20 - 4 \times 2 = 12$

(c) $14 - 4 \times 3 = 2$

लेकिन (d) $13 - 2 \times 5 = 3 \neq 6$

17 (*b*) माना 1 मी कपड़े का क्रय मूल्य = ₹ x

तब, 33 मी कपड़े का क्रय मूल्य = ₹ $33x$

प्रश्नानुसार, 33 मी कपड़ा बेचने पर 11 मी कपड़े की लागत मूल्य का लाभ होता है।

$\therefore$ लाभ = ₹ $11x$

$\therefore$ लाभ प्रतिशत $= \frac{11x}{33x} \times 100\% = \frac{100}{3}\% = 33\frac{1}{3}\%$

18 (*c*) दी गई जानकारी के आधार पर निम्न क्रम प्राप्त होता है

सिड > जैक > अली > जिम ...(i)

तथा सिड > जॉर्ज ...(ii)

समी (i) से, निष्कर्ष (c) निश्चित रूप से सत्य है। लेकिन निष्कर्ष (d) के बारे में कुछ कहा नहीं जा सकता। अतः सही उत्तर विकल्प (c) है।

19 (*a*) दिए गए पासे की पहली तथा दूसरी स्थिति से, उभयनिष्ठ अक्षर = K (असमान फलक पर)

अक्षर K से दक्षिणावर्त दिशा में दोनों स्थितियों के अक्षरों को अलग-अलग लिखने पर,

स्थिति I से, (K) (B) (A)

स्थिति II से, (K) (M) (H)

अतः A के सम्मुख अक्षर H होगा।

20 (*b*) दिया है, TEEN $= 52 = 1 \times 2 \times 2 \times 13$

$\therefore$ E = 2 तथा N = 13

TILT $= 77 = 1 \times 7 \times 11 \times 1$

$\therefore$ T = 1

तथा TALL $= 363 = 1 \times 3 \times 11 \times 11$

$\therefore$ L = 11 तथा A = 3

अतः TATTLE $= 1 \times 3 \times 1 \times 1 \times 11 \times 2 = 66$

21 (*c*) दिया गया अनुक्रम निम्न है

Q1, P2, N4, ?, G11

यहाँ, दो शृंखलाएँ दी गई हैं–एक अक्षर शृंखला तथा दूसरी संख्या शृंखला।

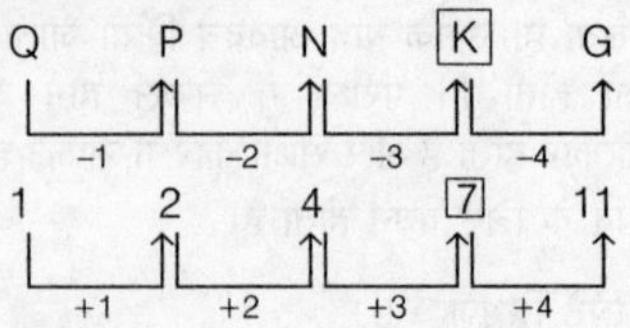

अतः प्रश्नचिन्ह (?) के स्थान पर K7 आएगा।

22 (*a*) $\because$ मोटरबाइक का मूल्य प्रतिवर्ष 4% घट जाता है।

$\therefore$ मोटरबाइक की कीमत

$$= 62500 \times \left(1 - \frac{4}{100}\right) \times \left(1 - \frac{4}{100}\right)$$

$$= 62500 \times \left(1 - \frac{1}{25}\right) \times \left(1 - \frac{1}{25}\right)$$

$$= 62500 \times \frac{24}{25} \times \frac{24}{25} = ₹\ 57600$$

23 (*b*) ₹ 320 की कमीज पर छूट $= \frac{320 \times 25}{100} = ₹\ 80$

$\therefore$ ₹ 400 की छूट के लिए कमीजों की संख्या

$$= \frac{400}{80} = 5$$

24 (*d*) यहाँ, आकृति 1, 3, 5 में क्रमशः आकृति 90° वामावर्त दिशा में घूम जाती है तथा चिन्ह एक नये चिन्ह में परिवर्तित हो जाता है। इसी प्रकार, आकृति 2, 4, 6 में क्रमशः आकृति 90° वामावर्त दिशा में घूम जाती है तथा चिन्ह एक नये चिन्ह में परिवर्तित हो जाता है।

25 (*c*) पहले 10 दिन 40 आदमी कार्य करेंगे।

$\because$ 1 आदमी का 1 दिन का कार्य $= \frac{1}{1600}$

$\therefore$ 40 आदमी का 10 दिन का कार्य

$$= \frac{1 \times 40 \times 10}{1600} = \frac{1}{4} \text{ भाग}$$

अगले 10 दिन 35 लोगों ने कार्य किया, उनके द्वारा किया गया कार्य

$$= \frac{1 \times 35 \times 10}{1600} = \frac{7}{32} \text{ भाग}$$

अगले 10 दिन 30 लोगों ने कार्य किया।

इनके द्वारा किया गया कार्य $= \frac{30 \times 10}{1600} = \frac{3}{16}$ भाग

अगले 10 दिन में 25 लोगों द्वारा किया गया कार्य

$$= \frac{25 \times 10}{1600} = \frac{5}{32} \text{ भाग}$$

अगले 10 दिन में 20 लोगों द्वारा किया गया कार्य

$$= \frac{20 \times 10}{1600} = \frac{1}{8} \text{ भाग}$$

इस प्रकार, 50 दिन में किया गया कार्य

$$= \frac{1}{4} + \frac{7}{32} + \frac{3}{16} + \frac{5}{32} + \frac{1}{8}$$

$$= \frac{8 + 7 + 6 + 5 + 4}{32} = \frac{30}{32} = \frac{15}{16}$$

$\therefore$ शेष कार्य $= 1 - \frac{15}{16} = \frac{1}{16}$

अब, 15 आदमी द्वारा 1 दिन में किया गया कार्य

$$= \frac{15}{1600}$$

$\therefore$ $\frac{1}{16}$ भाग करने में लगा समय

$$= \frac{1600}{15} \times \frac{1}{16} = \frac{20}{3} = 6\frac{2}{3} \text{ दिन}$$

$\therefore$ कुल समय $= 50 + 6\frac{2}{3} = 56\frac{2}{3}$ दिन

जाँचें अपना IQ टेस्ट 6

1

A	5
B	3
C	5
D	4
E	6

2 (*a*) प्रश्नानुसार,

(ऊपर से)
↓ 12वीं
→ श्यामा
↑ 28वीं
(नीचे से)

$\therefore$ बच्चों की कुल संख्या $= (12 + 28 - 1) + 8 + 5$

$= 39 + 8 + 5 = 52$

3 (*d*) दिए गए आकृति आव्यूह में, प्रत्येक पंक्ति में पहली और तीसरी आकृति, मध्य आकृति के विकर्णतः विपरीत हैं। इसलिए दूसरी पंक्ति की मध्य आकृति के रूप में विकल्प (d) स्थान लेगी।

4 (*d*) प्रश्नानुसार, वे संख्याएँ जो '6 से सम्बन्धित नहीं हैं, 1, 2, 3, 4, 5, 7, 8, 9, 10, 11, 13, 14, 17, 19, 20, 21, 22, 23, 25, 27, 28, 29, 31, 32, 34, 35, 37, 38, 39, 40, 41, 43, 44, 45, 47, 49, 50, 52, 53, 55, 57, 58 और 59

अतः कुल संख्याएँ 43 हैं।

5 (*b*)

6 (*c*) प्रश्नानुसार,

$$\underset{1}{\underline{B}}\ \underset{+1}{\underline{G}}\ \underset{+1}{\underline{B}}\ \underset{+2}{\underline{GG}}\ \underset{+1}{\underline{B}}\ \underset{+3}{\underline{GGG}} \ldots$$

$$(1 + 1) + (1 + 2) + (1 + 3) + \cdots + (1 + 7) = 35$$

$$2 + 3 + 4 + 5 + \cdots + 8 = 35$$

इस प्रकार, कुल समूह बनते हैं = 7

$\therefore$ लड़कियों की संख्या $= 1 + 2 + 3 + \ldots + 7$

$$= \frac{7 \times 8}{2} = 28$$

7 प्रत्येक ग्रिड में, ऊपर की बाईं संख्या को नीचे की दाईं संख्या से विभाजित करके, नीचे की बाईं संख्या को जोड़कर, ऊपर की दाईं संख्या को घटाने पर मध्य की संख्या प्राप्त होती है।

अतः $10 \div 2 + 5 - 8 = 5 + 5 - 8 = 10 - 8 = \boxed{2}$

8 यह तभी सम्भव है, जब लड़की का जन्मदिन 29 फरवरी को हुआ हो तथा वह प्रत्येक चार वर्ष में 250 सिक्के रखती हो। इस प्रकार, चालीस वर्षों में उसने 10 बार सिक्कों को रखा, जिनकी कुल संख्या 2500 हैं। जबकि उसकी बहन का जन्मदिन किसी दूसरे दिन हो तथा उसने बॉक्स में से चालीस बार 50 सिक्के निकाले हों जिनकी कुल संख्या 2000 हैं।

अतः चालीस वर्ष बाद, लड़की के बॉक्स में केवल 500 सिक्के शेष थे।

9 (*c*) प्रत्येक अगली पंक्ति में, अन्तिम से दूसरी आकृति लुप्त हो जाती है तथा आकृतियों का क्रम उलट दिया जाता है।

10 (*b*) विकल्प (b) को दिए गए प्रतीकों के अनुसार हल करने पर,

$$3 \downarrow 4 \rightarrow 15 \uparrow 3 \leftarrow 7 \nwarrow 10$$

अर्थात् $3 \times 4 + 15 \div 3 - 7 = 10$

$\Rightarrow$ $12 + 5 - 7 = 10 \Rightarrow 10 = 10$

जोकि दायाँ पक्ष है।

11 (*e*) पहले समूह के चौथे वृत्त में वही बिन्दु है, जो पहले तीन वृत्तों में से केवल दो वृत्तों में समान स्थान पर हैं।

12 (*c*) प्रश्नानुसार,

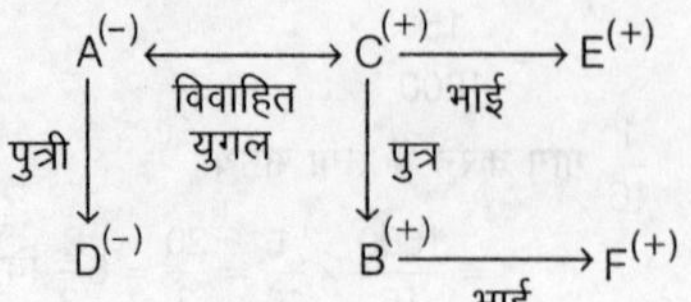

इस प्रकार,

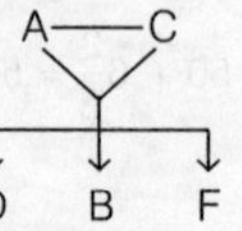

अतः A के तीन बच्चे हैं।

13 (*d*) कुल समय = 1 : 00 बजे से 3 : 52 बजे तक

= 2 घण्टे 52 मिनट

= 172 मिनट

छूट में व्यतीत समय = 4 × 3 = 12 मिनट

कुल पीरियड में लगा समय = 172 − 12

= 160 मिनट

∴ प्रत्येक पीरियड की अवधि = $\frac{160}{4}$ = 40 मिनट

14 (c) विकल्प आकृति (c) में आकृति (X) सन्निहित है।

15 (*a*) माना पुत्र की वर्तमान आयु = x वर्ष

तथा माता की वर्तमान आयु = y वर्ष

प्रश्नानुसार, $4(x-2) = y-2$

$\Rightarrow \quad 4x - 8 = y - 2$

$\Rightarrow \quad 4x - y = 6 \quad$ ...(i)

पुनः प्रश्नानुसार, $2(x+6) + 10 = y + 6$

$\Rightarrow \quad 2x - y = -16 \quad$ ...(ii)

समी (i) एवं (ii) से, $x = 11$

$\therefore \quad y = 4 \times 11 - 6 = 38$

अतः अभीष्ट अनुपात = 38 : 11

16 (*b*) प्रत्येक पंक्ति या स्तम्भ में, सम स्थान पर आने वाली संख्याओं का योग तथा विषम स्थान पर आने वाली संख्याओं का योग समान है।

अतः $4 + 8 = 12 + ? \Rightarrow ? = 12 - 12 = 0$

17 (*b*) छः संख्याओं का कुल योग = $6x$

तीन संख्याओं का योग = $3y$

तथा शेष तीन संख्याओं का योग = $3z$

$\therefore \quad 6x = 3y + 3z \Rightarrow 2x = y + z$

18 (*b*) अर्द्धचन्द्राकार आकृतियों में दिए गए परिवर्तन की प्रवृत्ति के अनुसार विकल्प (b) उत्तर आकृति होगी।

19 (*d*) माही द्वारा 1 घण्टे में बुना गया शॉल का भाग

$= \frac{1}{20}$

माना स्नेहा अकेले x घण्टे में शॉल को बुन लेगी।

∴ स्नेहा द्वारा 1 घण्टे में बुना गया शॉल का भाग

$= \frac{1}{x}$

तब, $\frac{16}{20} + \frac{10}{x} = 1 \Rightarrow 1 - \frac{16}{20} = \frac{10}{x}$

$\Rightarrow \frac{4}{20} = \frac{10}{x} \Rightarrow x = \frac{10 \times 20}{4} = 50$ घण्टे

अतः स्नेहा अकेले 50 घण्टे में शॉल बुन लेगी।

20 (*a*) शेष सभी में आठ समान संकेत (चिन्ह) एक निश्चित क्रम में हैं, यद्यपि प्रत्येक बार एक भिन्न संकेत से अनुक्रम की शुरुआत होती है, जबकि

विकल्प (a) में संकेत 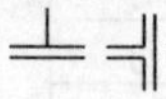 के स्थान आपस में बदल जाते हैं।

21 (c) प्रश्नानुसार, अंकित द्वारा 35 मी दूरी तय करने में लिया गया समय = 7 सेकण्ड

∵ 1 किमी दूरी तय करने में अंकित द्वारा लिया गया समय = $\frac{7}{35} \times 1000 = 200$ सेकण्ड

∴ 1 किमी दूरी तय करने में रवि द्वारा लिया गया समय = 200 − 7 = 193 सेकण्ड

22 (*b*) अधिकतम सम्भावित लाभ के लिए,

1 पुस्तक का क्रय मूल्य = ₹ 200

1 पुस्तक का विक्रय मूल्य = ₹ 425

1 पुस्तक में अधिकतम लाभ = 425 − 200 = ₹ 225

∴ 8 पुस्तकों में अधिकतम सम्भावित लाभ

= 8 × 225 = ₹ 1800

23 (*d*) अंक 5 द्वारा एक व्यवसायी, जो राजनीतिज्ञ है किन्तु शिक्षित नहीं है, को दर्शाया गया है।

24 (c) सुबह सूर्य पूर्व दिशा से निकलता है। जबकि खम्भे की छाया सुरेश के बाईं ओर पड़ती है। अतः वह उत्तर की ओर मुख करके खड़ा है।

25 (*a*) कार द्वारा विद्यालय आने वाले छात्रों की कुल संख्या

$= \frac{360° - (80° + 90° + 120°)}{360°} \times 2160$

$= \frac{70°}{360°} \times 2160 = 420$

∴ अभीष्ट प्रतिशत = $\frac{420}{2160} \times 100\% = 19.44\%$

जाँचें अपना IQ टेस्ट 7

1 (*b*) विकल्प (b) के अतिरिक्त अन्य सभी को घुमाकर प्राप्त कर सकते हैं।

2 (*c*) शृंखला निम्न नियम पर आधारित है

$$7^2 - 12 = 37 \Rightarrow 12^2 - 37 = 107$$

$$37^2 - 107 = 1262 \Rightarrow 107^2 - 1262 = 10187$$

3 (*c*) आकृति (X), विकल्प आकृति (c) के जैसी दिखाई देगी।

4 (*b*) प्रश्नानुसार, राज के चलने का क्रम निम्न है

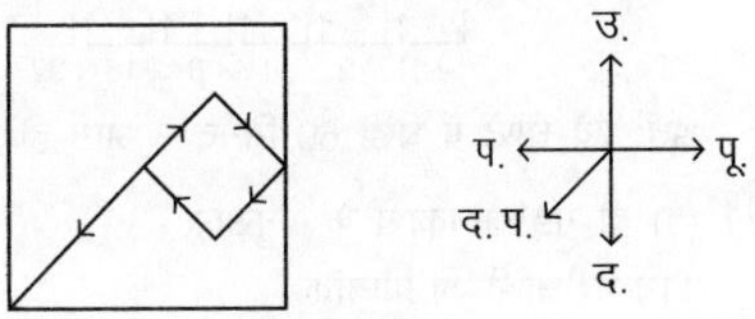

अतः आरेख से स्पष्ट है कि राज इस समय दक्षिण-पश्चिम दिशा में है।

5 (*c*)

6 (*a*) दिए गए विवरण के अनुसार निम्न चित्रों में व्यक्तियों का स्थान दर्शाया गया है

I. A, E से ऊपर तथा C से नीचे है।

C
|
A
|
E

II. G, A तथा B के बीच में है।

A   B
| |
G या G
| |
B   A

III. E, B तथा F के बीच में है।

B
|
E
|
F

IV. F, E तथा D के बीच में है।

E
|
F
|
D

अब, कथन III तथा IV से,

B—
E—
F—
D—

सभी को संयुक्त करने पर,

सातवाँ —C
छठा —A
पाँचवाँ —G
चौथा —B [मध्य में दिया गया है]
तीसरा —E
दूसरा —F
पहला —D

अतः सबसे निचले सोपान पर D है।

7 (*b*) पूरी आकृति 9 बराबर वर्गों में विभक्त है जिसमें अन्तिम वर्ग ज्ञात करना है। बाएँ से दाएँ तथा ऊपर से नीचे की ओर, अन्तिम वर्ग में, केवल वही वृत्त आते हैं, जो पहले दो वर्गों में उभयनिष्ठ हैं तथा काले वृत्त सफेद में तथा सफेद वृत्त काले में परिवर्तित हो जाते हैं।

8 (*b*) प्रश्नानुसार,

$$288 \times \frac{3}{2} = 432 \Rightarrow 432 \times \frac{3}{2} = 648$$

$$648 \times \frac{3}{2} = 972$$

$$972 \times \frac{3}{2} = 1458 \neq 1456$$

$$1458 \times \frac{3}{2} = 2187$$

अतः गलत पद 1456 है।

9 (*d*) पहले समूह से उस डिजाइन को चुना जाता है, जो दो बार आयी हो तथा उसका शीर्ष दूसरी ओर घुमा दिया जाता है।

10 (*a*) 24000000 घण्टे बाद उतना ही समय होगा जितना अभी है। हमें 3 घण्टे पहले का समय ज्ञात करना है तथा जो सायं 9:00 बजे से तीन घण्टे कम करने पर प्राप्त होगा। अतः अभीष्ट समय सायं 6:00 बजे होगा।

11 (c) पहली आकृति से दूसरी आकृति में एक वृत्त बाहर निकल जाता है। दूसरी आकृति से तीसरी आकृति में घड़ी की सूइयों के चलने की दिशा में अगली रेखा बढ़ जाती है। यही क्रम जारी रहता है।

12 (*b*) माना वस्तु का लागत मूल्य = ₹100

तब, व्यापारी वस्तु पर मूल्य अंकित करेगा = ₹175

अब, यदि उसे बेचने पर न ही लाभ हो और न ही हानि हो, तो उसे वह वस्तु लागत मूल्य में बेचनी चाहिए। अर्थात् उसे वस्तु पर ₹ 75 छूट देनी चाहिए।

∴ अभीष्ट प्रतिशत छूट $= \frac{75}{175} \times 100 = 42.85\%$

13 (*a*) प्रश्नानुसार, सम्बन्ध आरेख बनाने पर,

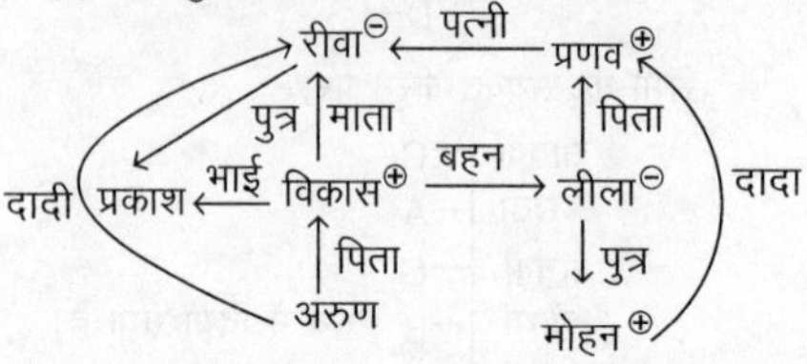

सम्बन्ध आरेख से स्पष्ट है कि विकास, लीला का भाई है। अतः विकास की पत्नी, लीला की भाभी होगी।

14 (*d*) टुकड़ों की संख्या $= \frac{\text{फीते की कुल लम्बाई}}{\text{एक भाग की लम्बाई}}$

$= \frac{3 \times 1000}{10} = 300$ टुकड़े

काटने में लगा समय

= कुल टुकड़े × एक टुकड़ा काटने में समय

= 300 × 6 = 1800 सेकण्ड

15 (*b*) गेहूँ और मक्का दोनों एक-दूसरे से भिन्न है लेकिन दोनों ही अनाज के प्रकार हैं।

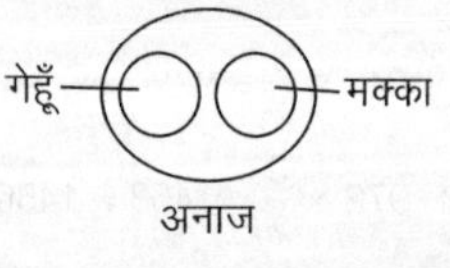

16 (*a*) बढ़ोत्तरी के पहले मिलने वाले रुपये

$= \frac{300}{120} \times 100 = ₹250$

17 मेरे पास कुल 3 पशु हैं जिनमें से 1 खरगोश, 1 मछली तथा 1 बिल्ली है।

18 (*b*) माना पुत्री की आयु x वर्ष है।

∴ भाई की आयु $= x + 5$ वर्ष

तथा माता की आयु $= 2x$ वर्ष

प्रश्नानुसार, $2x - 20 = x + 5$

⇒ $2x - x = 5 + 20 \Rightarrow x = 25$ वर्ष

माता की आयु $= 2x = 2 \times 25 = 50$ वर्ष

पिता की आयु = 50 + 10 = 60 वर्ष

19 प्रश्नानुसार,

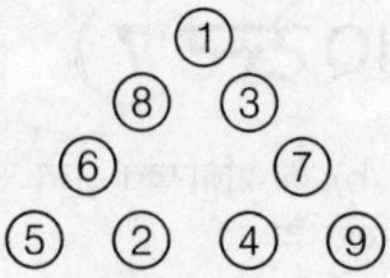

∴ $1 + 8 + 6 + 5 = 20,$

$1 + 3 + 7 + 9 = 20$

तथा $5 + 2 + 4 + 9 = 20$

20 (c) प्रश्नानुसार,

घण्टे ⟶ 1 2 3 4 5 6 7

मिनट ⟶ 1 2 4 8 16 32 64

+1 +2 +4 +8 +16 +32

अतः 7वें घण्टे में घड़ी 60 मिनट में आगे हो जाएगी।

21 (*d*) दी गई जानकारी के अनुसार,

11वें परीक्षार्थी का प्राप्तांक

= 22 परीक्षार्थियों के प्राप्तांक – [प्रथम दस एवं अन्तिम 11 परीक्षार्थियों के प्राप्तांकों का योग]

$= (22 \times 45) - (10 \times 55 + 11 \times 40)$

$= 990 - (550 + 440)$

$= 990 - 990 = 0$

22 आकृति (a) तथा आकृति (c) दोनों एक-दूसरे की दर्पण प्रतिबिम्ब आकृति हैं।

23 (*b*) पहले 2 मिनट में,

पहली कार द्वारा तय दूरी $= 40 \times \frac{2}{60} = \frac{4}{3}$ किमी

∵ दूसरी कार 50 किमी/घण्टा अधिक तेज चलती है इसलिए उसे यह दूरी तय करने में लगा समय

$= \frac{\left(\frac{4}{3}\right)}{\left(\frac{50}{60}\right)} = 1.6$ मिनट

अर्थात् 1.6 मिनट में दोनों कारों के बीच की दूरी का अन्तर शून्य हो जाएगा।

∴ 1.6 मिनट में दूसरी कार द्वारा तय दूरी

$= 1.6 \times \frac{90}{60} = 2.4$ किमी

24 (*a*) आकृति (A) के काले भाग को ग्रे में तथा ग्रे भाग को काले भाग में परिवर्तन करके आकृति (C) प्राप्त कर सकते है।

25 (*a*) व्यक्ति को ₹ 44.06 का चैक प्राप्त हुआ।

∵ ₹ 5.42 खर्च करने के बाद, उसके पास ₹ 38.64 बचते हैं जोकि ₹ 6.44 का छः गुना है। परन्तु चैक में रुपये के स्थान पर पैसे तथा पैसे के स्थान पर रुपये लिखे हुए हैं। अतः चैक की अभीष्ट कीमत ₹ 6.44 है।

जाँचें अपना IQ टेस्ट 8

1

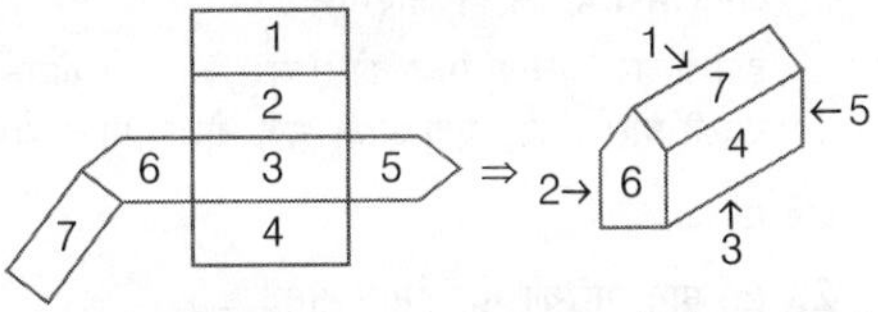

अतः प्रश्न में बाईं ओर दी गई आकृति को मोड़कर दाईं ओर की आकृति प्राप्त की जा सकती है।

2 (*c*) माना दोनों रेलगाड़ियाँ सुबह 8 बजे के x घण्टे बाद मिलती हैं। तब, (x घण्टे में पहली रेलगाड़ी द्वारा तय की गई दूरी) + [(x – 1) घण्टे में दूसरी रेलगाड़ी द्वारा तय की गई दूरी] = 330

इस प्रकार, $60x + 75(x - 1) = 330$

$\Rightarrow \quad 60x + 75x - 75 = 330$

$\Rightarrow \quad 135x = 405 \Rightarrow x = 3$

अतः वे सुबह 8 बजे से 3 घण्टे बाद अर्थात् सुबह 11 बजे मिलेंगी।

3 (*d*) जिस प्रकार, $3+2+5=10$ (पहली आकृति में)

$4+2+6=12$ (दूसरी आकृति में)

उसी प्रकार, $1+5+?=8$ (तीसरी आकृति में)

$\Rightarrow \quad ? = \boxed{2}$

4 (*d*) प्रश्नानुसार, सेना के जवान और कैम्प की स्थिति निम्न चित्रानुसार है

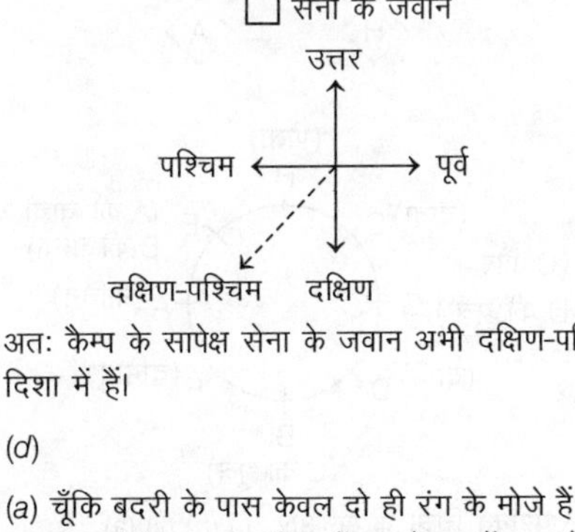

अतः कैम्प के सापेक्ष सेना के जवान अभी दक्षिण-पश्चिम दिशा में हैं।

5 (*d*)

6 (*a*) चूँकि बदरी के पास केवल दो ही रंग के मोजे हैं। जब वह तीन मोजे एकसाथ निकालेगा, तो उसमें कम-से-कम दो मोजे, सदैव समान रंग के होंगे।

∴ अभीष्ट सम्भाविता = 1

7 (*c*) दी गइ शृंखला निम्न प्रकार है

582

6   91   584   2935   11756   35277   70558

+7×7   +6×6   +5×5   +4×4   +3×3   +2×2

दी गई शृंखला में 584 के स्थान पर 582 आएगा।

8 (*d*)

नगर / व्यक्ति	P	Q	R	S	T
A	×	✓	×	×	×
B	×	×	×	×	✓
C	✓	×	×	×	×
D	×	×	✓	×	×
E	×	×	×	✓	×

सारणी से स्पष्ट है कि, विकल्प (d) 'B, नगर S से है' सही नहीं है।

9 (i) (*b*) 25 मिनट बाद, तापमान 40°C था।

(ii) (*c*) पानी भरने के 5 मिनट बाद तापमान 69°C तथा 30 मिनट बाद 38°C था।

अतः 69°C से 38°C तक तापमान घटने में लगा समय = 30 – 5 = 25 मिनट

10 (*c*)

	32
3	1000
	9
62	100
	124

∴ अभीष्ट पौधों की संख्या = 124 – 100 = 24

11 (*d*) दिए गए कोड में

A = 2, B = 4, C = 6,.., Z = 52

इस प्रकार, ACT = 2 + 6 + 40 = 48

उसी प्रकार, BAT = 4 + 2 + 40 = 46

12 (*a*)

13 (*d*) माना दोनों बर्तनों के द्रव को $x : y$ के अनुपात में मिलाया जाता है।

तब, मिश्रण में द्रव *A* की मात्रा $= \frac{5x}{6} + \frac{y}{4}$

तथा मिश्रण में द्रव *B* की मात्रा $= \frac{x}{6} + \frac{3y}{4}$

दिया है, $\frac{\frac{5x}{6} + \frac{y}{4}}{\frac{x}{6} + \frac{3y}{4}} = \frac{1}{1} \Rightarrow \frac{5x}{6} - \frac{x}{6} = \frac{3y}{4} - \frac{y}{4}$

$\Rightarrow \quad \frac{4x}{6} = \frac{2y}{4} \Rightarrow \frac{x}{y} = \frac{3}{4}$

14 (*d*) प्रत्येक पंक्ति में, तीन प्रकार के वृत्त दिए गए हैं जिसमें से एक वृत्त रिक्त है, एक अन्य वृत्त का दायाँ आधा भाग छायांकित है तथा एक अन्य वृत्त का ऊपरी आधा भाग छायांकित है। दो त्रिभुजों की तीन निश्चित स्थितियाँ हैं जिनमें से प्रत्येक का पंक्ति में केवल एक बार प्रयोग हुआ है। प्रत्येक पंक्ति में दो आकृतियों में एक त्रिभुज छायांकित रहता है।

15 (*d*) फुटबॉल लीग में भाग लेने वाली टीमें = 12

डबल राउण्ड में खेलने पर प्रत्येक टीम खेलेगी = 11 मैच

$\therefore$ सेमीफाइनल के लिए कुल मैच = 12 × 11 = 132

$\therefore$ कुल मैच = 132 + फाइनल = 133 मैच

16 (*e*) आकृति (e) में दोनों अन्तः वर्गों से जुड़ी रेखा एक-दूसरे के ऊर्ध्वाधर दिशा में है, जबकि शेष सभी में रेखा समान दिशा में है।

17 (*c*) माना परीक्षा में अधिकतम अंक (पूर्णांक) = x

तब, $x \times 30\% + 10 = x \times 40\% - 15$

$\Rightarrow x \times 10\% = 25 \Rightarrow x = 250$

$\therefore$ उत्तीर्ण होने के लिए आवश्यक अंक

$$= 250 \times \frac{30}{100} + 10 = 85$$

18 (*d*) माना निम्न 6 व्यक्ति फिल्म देखने जाते हैं

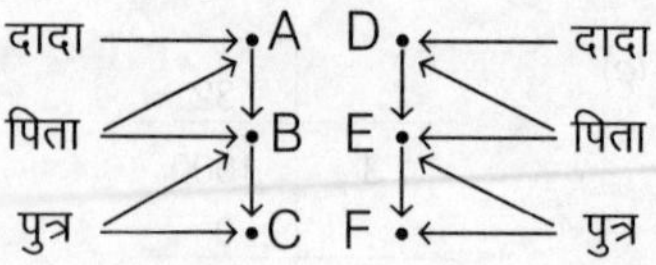

यहाँ पर, A, D दादा है, A, B, D व E पिता हैं तथा B, C, E व F पुत्र हैं।

19 (*b*) प्रश्न में तीन आकृतियाँ हैं–□, ○ और ◇, चूँकि तीनों में अन्त वाली आकृति अगली बार पहली आकृति बन जाती है। अतः उत्तर में पहली आकृति □ होगी, फिर बीच वाली आकृति काली होती है, सादी होती है या फिर रेखाओं द्वारा भरी होती है। चूँकि बीच वाली आकृति सादी है। इसलिए पहली आकृति अर्थात् □ भी सादी होगी।

20 (*a*) गुफा की कीमत = 5 पन्ना + 2 मूँगा + 3 मोती

= 35 मूँगा + 14 मोती + 3 मोती

= 245 मोती + 14 मोती + 3 मोती

= 262 मोती

$\because$ 1 पन्ना = 49 मोती

$\therefore$ 6 पन्ना = 294 मोती

अतः वापस मिलेंगे = 294 − 262 = 32 मोती

= 4 मूँगा + 4 मोती

21 सबसे पहले 4 आधी भरी बोतलों को 2 खाली बोतलों में भरिए। अब आपके पास 9 पूरी भरी, 9 खाली तथा 3 आधी भरी बोतलें हो जाएँगी।

इस प्रकार, प्रत्येक मित्र को 3 जूस की भरी बोतलें, 3 खाली बोतलें और एक आधी भरी बोतल प्राप्त होगी।

22 (*a*)

23 (*c*) माना मॉस्को में वर्तमान समय = x

अब, x + 16 = दोपहर 12 : 00 (मॉस्को में)

$\therefore$ x = रात 8 : 00 (मॉस्को में)

चूँकि मॉस्को में समय 4 घण्टे आगे है।

अतः जहाँ हम अभी हैं वहाँ वास्तविक समय

= 8 − 4 = सायं 4 : 00 बजे

24 (*b*) प्रथम युग्म की प्रथम आकृति को 180° घुमाने पर, दूसरी आकृति प्राप्त होती है।

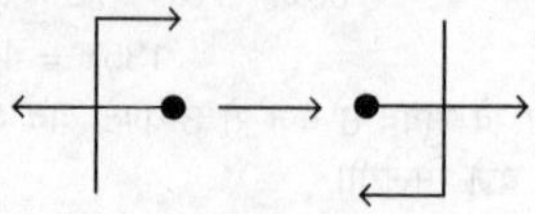

अतः ठीक इसी प्रकार, दूसरे युग्म की प्रथम आकृति को 180° में घुमाने पर,

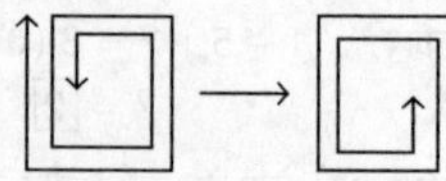

25 दी गई जानकारी के अनुसार,

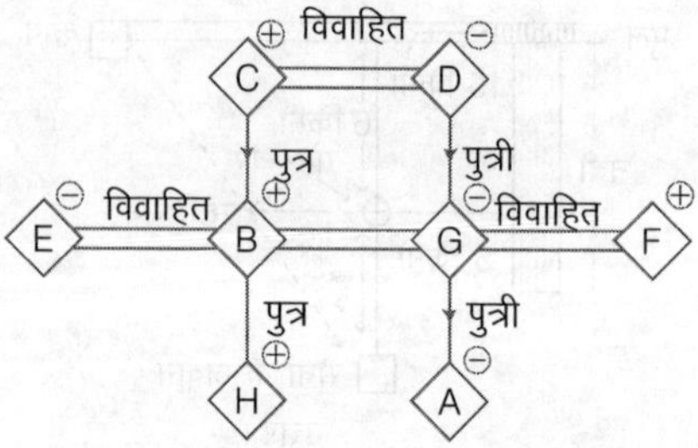

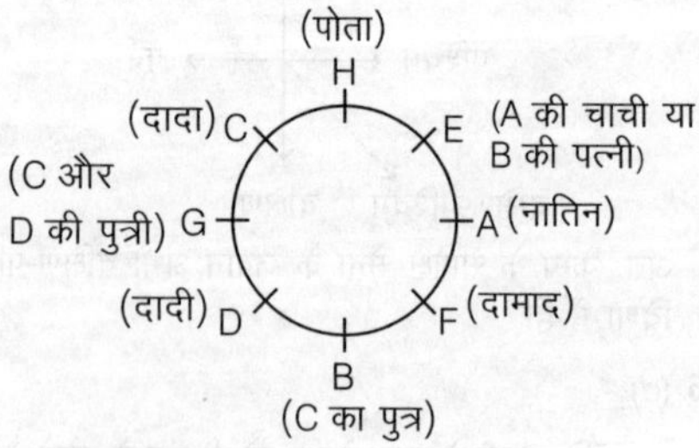

उपरोक्त चित्रों के अनुसार, (i) (*b*) (ii) (*a*)

जाँचें अपना IQ टेस्ट 9

1 (*c*) दी गई श्रृंखला निम्न प्रकार है

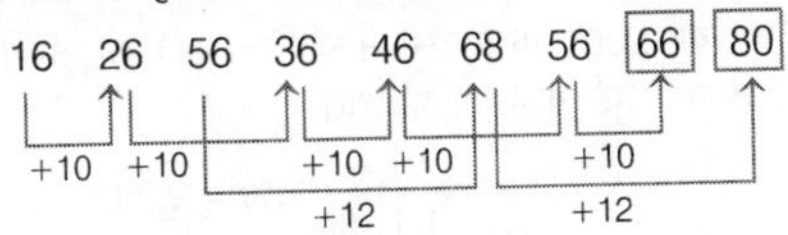

2 (*b*) प्रश्नानुसार, सम्बन्ध आरेख बनाने पर,

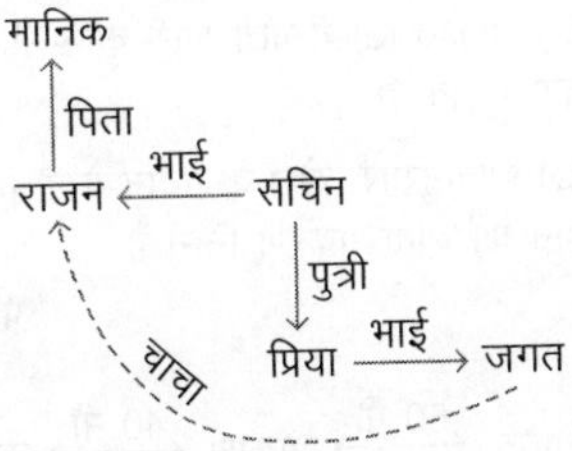

अतः राजन, जगत का चाचा है।

3 (*c*)

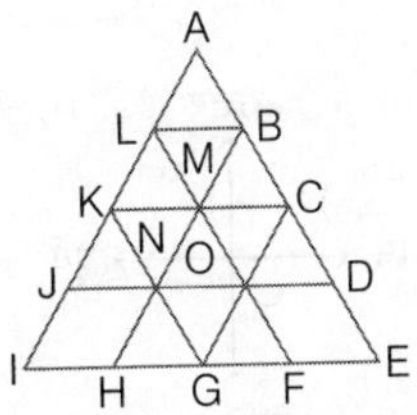

त्रिभुजों की संख्या = ALB, KLM, LMB, MBC, JKN, KNM, NMO, OMC, OCD, HNG, GNO, GOF = 12

AKC, AJD, AIE = 3

IKG, ILF, ECG, EBH = 4

KGC, HMF = 2

JLO, DNB = 2

अतः कुल त्रिभुज = 12 + 3 + 4 + 2 + 2 = 23

4 (*d*) 6 छोटे टुकड़े तथा एक आधा भाग केक मिलाकर सात टुकड़े हुए।

प्रत्येक छोटे टुकड़े का वजन = 20 ग्राम

$\therefore$ केक का वास्तविक वजन = 2 × (20 × 6)

= 240 ग्राम

5 (*b*)

6 (*c*) प्रश्नानुसार, P ÷ Q + R − S

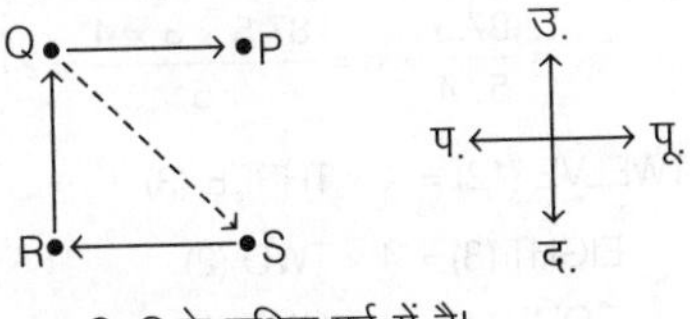

अतः S, Q के दक्षिण-पूर्व में है।

7 (*a*)

8 (*c*) माना कुल प्रतियोगियों की संख्या 100 है जिनमें से 60 पुरुष और 40 स्त्रियाँ हैं।

अर्हक परीक्षण में सफल होने वाले पुरुषों की संख्या

$$= 70 \times \frac{60}{100} = 42$$

अर्हक परीक्षण में सफल होने वाली स्त्रियों की संख्या

$$= 75 \times \frac{40}{100} = 30$$

अन्तिम परीक्षण में सफल होने वाले पुरुषों की संख्या

$$= 42 \times \frac{80}{100} = 33.6$$

अन्तिम परीक्षण में सफल होने वाली स्त्रियों की संख्या

$$= 30 \times \frac{70}{100} = 21$$

इस प्रकार, महिलाओं की अपेक्षा पुरुष अधिक संख्या में सफल रहें।

9 (*b*) प्रश्नानुसार, A, B → दिल्ली

C, D, E, F → बंगलुरु

D, F → लम्बे

A, B, C, E → नाटे

A, C, D → लड़कियाँ

B, E, F → लड़के

अतः D, बंगलुरु से लम्बी लड़की है।

10 (*c*) यहाँ

 का अर्थ है D,  का अर्थ है K,

 का अर्थ है M,  का अर्थ है N,

 का अर्थ है S, और  का अर्थ है Z,

इसलिए  का अर्थ SM है।

11 (*d*) दिया है, $A = 2^{65}$

और $B = 2^{64} + 2^{63} + \cdots + 2^0$

यह एक गुणोत्तर श्रेणी है जिसका पहला पद

$= 2^0 = 1$

और उभयनिष्ठ अन्तर = 2

$$\therefore \quad B = \frac{a(r^n - 1)}{r - 1} = \frac{1(2^{65} - 1)}{2 - 1} = 2^{65} - 1$$

$\Rightarrow \quad B = A - 1$ या $B + 1 = A$

12 (*a*) जिस आकृति का ऊपरी सिरा निचले सिरे से भिन्न है, उसका केवल ऊपरी सिरा लिया गया है।

13 (*b*) 41 खम्भों के बीच अन्तराल = 40

∴ 41 खम्भों के बीच की दूरी = 40 × 50

= 2000 मी = 2 किमी

1 मिनट में ट्रेन 2 किमी दूरी तय करती है।

∴ ट्रेन की प्रति घण्टा चाल = 2 × 60

= 120 किमी/घण्टा

14 (*a*) प्रत्येक अगली आकृति में काले बिन्दु घड़ी की सूइयों के चलने की विपरीत दिशा में एक-एक स्थान छोड़कर आगे बढ़ रहे हैं।

15 (*c*) 24 घण्टे में ठण्डे पानी का नल 72 टब भर सकेगा, गर्म पानी का नल 48 टब भर सकेगा। डॉट छिद्र 90 टब को खाली कर देगा और रिसाव छिद्र 12 टब को खाली कर देगा। इस प्रकार सभी मिलकर 24 घण्टे में 72 + 48 − 90 − 12 = 18 टब भर सकेंगे।

∴ एक टब को भरने में लगा समय = 80 मिनट

16 (*a*) आकृति के प्रत्येक भाग में अक्षरों का ऐसा युग्म है जिसमें एक अक्षर का क्रमांक वर्णमाला में प्रारम्भ से जो है, वही क्रमांक दूसरे अक्षर का वर्णमाला में अन्त से है। अतः प्रश्नचिन्ह (?) के स्थान पर L(12) का विपरीत अक्षर O अन्त से 12वाँ होगा।

17 (*d*) माना मेरी वर्तमान आयु = x वर्ष

तब, मेरे भाई की आयु = $x + 3$ वर्ष

मेरी माता की आयु = $x + 26$ वर्ष

मेरी बहन की आयु = $(x + 3) + 4$

= $(x + 7)$ वर्ष

मेरे पिता की आयु = $(x + 7) + 28$

= $(x + 35)$ वर्ष

∴ मेरे पिता की आयु जब मेरा भाई पैदा हुआ

= $x + 35 - (x + 3) = 32$ वर्ष

18 (*a*) A और D एक-दूसरे की सही प्रतिबिम्ब आकृति हैं।

19 (*b*) दी गई जानकारी के अनुसार,

योद्धा	कायर
E	C
F	D
A	B

दिया है, दो कायर हमेशा दोस्त होते हैं। एक योद्धा और एक कायर हमेशा दुश्मन होते हैं। इस प्रकार, उपरोक्त सारणी से स्पष्ट है कि A, E और F योद्धा हैं।

20 (a) माना x का मान 10% है।

इस प्रकार, वर्ष 2001 के प्रारम्भ में (वर्ष 2000 के अन्त में) भेड़ों की संख्या

= 1 लाख + 1 लाख का 10% = 1.1 लाख

वर्ष 2001 में भेड़ों की संख्या y% कम हो गई और वर्ष के अन्त में बची हुई भेड़ों की संख्या = 1 लाख

अर्थात् 0.1 लाख भेड़ें वर्ष 2001 में मर गईं।

वर्ष 2001 के प्रारम्भ में जीवित भेड़ों की संख्या में मरी हुई भेड़ों का प्रतिशत,

$$y = \frac{0.1}{1.1} \times 100\% = 9.09\%$$

उपरोक्त से स्पष्ट है कि, $x > y$

21 (*a*) आकृति (a) में नीचे वाली कुण्डली में अन्य सभी से कम घुमाव है।

22 (*b*) प्रश्नानुसार, खेल के मैदान में पाँचों लड़कों के खड़े होने का व्यवस्थिकरण निम्न है

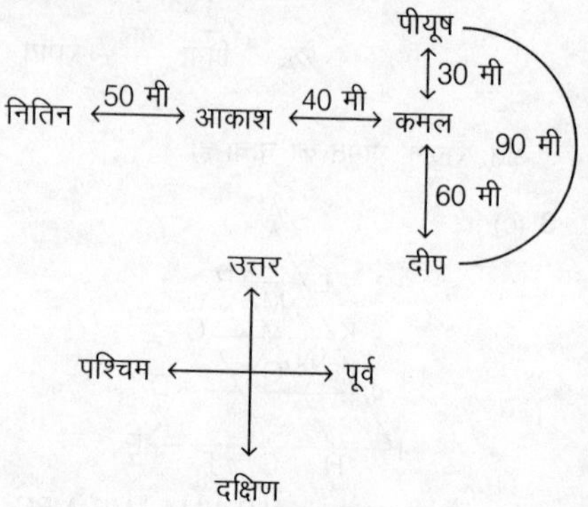

लड़के द्वारा नितिन के स्थान से चलकर आकाश, कमल, दीप तथा पीयूष तक पहुँचने में चली गई दूरी = 50 + 40 + 60 + 90 = 240 मी

23 (*a*)

24 (*c*) खरगोश द्वारा 4 छलाँग में चली गई दूरी

$$= 4 \times 1\frac{3}{4} = 7 \text{ मी}$$

शिकारी कुत्ते द्वारा 3 छलाँग में चली गई दूरी

$$= 3 \times 2\frac{3}{4} = \frac{33}{4} \text{ मी}$$

$$\therefore \text{ अभीष्ट अन्तर} = \left(\frac{33}{4} - 7\right) = \frac{5}{4} \text{ मी}$$

इस प्रकार, 3 छलाँग में शिकारी कुत्ता खरगोश से $\frac{5}{4}$ मी दूरी ज्यादा चलता है।

अतः 87.5 मी का अन्तराल पूरा करने में लगी छलाँग

$$= \frac{87.5}{5/4} \times 3 = \frac{87.5 \times 3 \times 4}{5} = 210$$

25 (*d*) TWELVE (12) = 4 × THREE (3)

EIGHT (8) = 4 × TWO (2)

FOUR (4) = 4 × ONE (1)

लेकिन SEVEN (7) ≠ 4 × FIVE (5)

जाँचें अपना IQ टेस्ट 10

1 (*b*) जिस प्रकार, $(15 + 17) \times 2 = 64$,

$$(23 + 17) \times 2 = 80$$

उसी प्रकार, $(5 + 8) \times 2 = \boxed{26}$

2 (*c*) माना 5 कार्य W_1, W_2, W_3, W_4 और W_5 हैं और 5 व्यक्ति P_1, P_2, P_3, P_4 और P_5 हैं।

प्रश्नानुसार, कार्य W_1 व्यक्ति P_1 या P_2 को नहीं दिया जा सकता है।

$\therefore$ कार्य W_1 या तो व्यक्ति P_3 या P_4 या P_5 को दिया जाना चाहिए और कार्य W_2, P_3 या P_4 को ही दिया जाता है। कार्य W_1 तथा W_2 के सम्भव संयोजन दी गई सारणी में दर्शाए गए हैं।

कार्य	W_2	W_1
व्यक्ति	P_3	P_4/P_5
	P_4	P_3/P_5

W_1 तथा W_2 कार्य $2! = 4$ प्रकार से दिए जा सकते हैं। बचे हुए तीन कार्य बचे हुए तीन व्यक्तियों को $3! = 6$ प्रकार से दिए जा सकते हैं।

कार्य दिए जाने के कुल प्रकार (संयोजन)

$$= 4 \times 6 = 24$$

3 (*b*) एकान्तर आकृतियों में क्रमशः अगली आकृति में चारों U की आकृति की दिशा विपरीत हो जाती है।

4 प्रश्नानुसार, घड़ी की सतह को निम्नवत् विभाजित किया जा सकता है

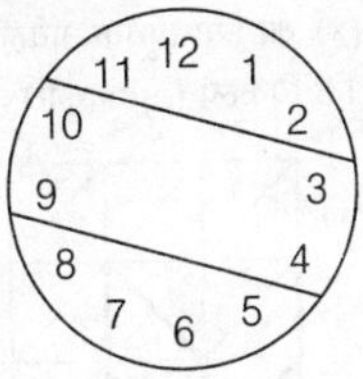

यहाँ पर, $11 + 12 + 1 + 2 = 10 + 9 + 3 + 4$

$$= 8 + 7 + 6 + 5 = 26$$

5 (*d*) आकृति में निचली तीन छायांकित अण्डाकार आकृति, ऊपर के छायांकित भाग से संलग्न रिक्त स्थान में स्थापित कर सकते हैं और ये सभी एकसाथ मिलकर एक वृत्त बनाते हैं।

$\therefore$ अभीष्ट क्षेत्रफल $= 36\pi$

6 (*d*) आकृति (Y) तथा (Z) से, यह स्पष्ट है कि तीर, वृत्त, त्रिभुज तथा वर्ग गुणा चिन्ह की संलग्न सतहों पर हैं। अतः गुणा चिन्ह, बिन्दु की (•) की विपरीत सतह पर है।

7 (*b*) अभीष्ट तय की गई दूरी

$$= 10 + 10 + 15 + 15 + \cdots + 150 + 150 + 155$$

$$= 2(10 + 15 + \cdots + 150) + 155$$

$$= 29\,(20 + 140) + 155$$

$$= 29 \times 160 + 155$$

$$= 4640 + 155 = 4795 \text{ मी}$$

8 (*a*) प्रत्येक पंक्ति में, पहली संख्या में 9 जोड़ने पर दूसरी संख्या प्राप्त होती है तथा दूसरी संख्या को 9 से विभाजित करने पर तीसरी संख्या प्राप्त होती है।

इसी प्रकार, चौथी पंक्ति में,

$$99 + 9 = \boxed{108}$$

तथा $108 \div 9 = \boxed{12}$

9 (*c*) तीन दिन के पश्चात् उसके पास होंगे

$$= (3 + 3 - 4) = ₹\,2$$

इस प्रकार, प्रत्येक तीसरे दिन उसके खाते में ₹ 2 बढ़ जाएँगे। तब, 81 दिन में उसके खाते में ₹ 54 हो जाएँगे।

इसके पश्चात् दो दिन में ₹ 6 जमा किए जाएँगे। जिससे उसके खाते में ₹ 60 हो जाएँगे।

$\therefore$ अभीष्ट दिन $= 81 + 2 = 83$

10 (*b*)

11 (*c*) माना ऑफिस की दूरी $= d$

तथा व्यक्ति की सामान्य चाल $= S$

प्रश्नानुसार,

$$\frac{d}{(3/4)S} = \frac{d}{S} + 20$$

$$\Rightarrow \left(\frac{4}{3}\right)\frac{d}{S} = \frac{d}{S} + 20$$

$$\Rightarrow \left(\frac{1}{3}\right)\frac{d}{S} = 20 \Rightarrow \frac{d}{S} = 60$$

$$\therefore t = 60 \text{ मिनट} \quad \left[\because \frac{\text{चाल}}{\text{दूरी}} = \text{समय या } \frac{d}{S} = t\right]$$

12 (*c*)

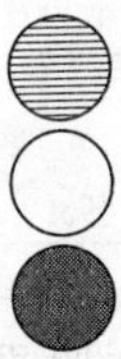

= 33

= 18

= 7

इस प्रकार, प्रश्नचिन्ह के स्थान पर 76 आएगा।

13 (*a*) अभीष्ट प्रकार = $^3C_1 \times {^4C_1} \times {^3C_1}$

$= 3 \times 4 \times 2 = 24$

14 (*d*) आकृति (d) को छोड़कर अन्य सभी आकृतियाँ तीन सरल रेखाओं द्वारा निर्मित हैं, जबकि आकृति (d) दो सरल रेखाओं द्वारा निर्मित है।

15 (*b*) सभी शब्द युग्मों में पहला पद दूसरे के लिए आवश्यक है, जबकि वैक्यूम क्लीनर से धूल को साफ किया जाता है।

16 (*c*) प्रश्न आकृति के पहले भाग के पहले बॉक्स से दूसरे बॉक्स में ऊपर तथा नीचे की रेखाकृतियाँ परस्पर बदल जाती हैं और बाईं एवं दाईं रेखाकृतियाँ भी परस्पर बदल जाती हैं। उसी प्रकार, दूसरे भाग के पहले बॉक्स से दूसरे बॉक्स में ऊपर तथा नीचे की रेखाकृतियाँ परस्पर बदल जाएँगी तथा बाईं एवं दाईं रेखाकृतियाँ भी परस्पर बदल जाएँगी।

17 (*d*) पहले 10 ओवरों में बनाए गए रन

$= 10 \times 3.2 = 32$

लक्ष्य = 282

शेष रन = 282 − 32 = 250

शेष ओवर = 40

$\therefore$ अभीष्ट रनों की दर $= \dfrac{250}{40} = 6.25$

18 (*a*) प्रत्येक वृत्त की सूई 90° पर दक्षिणावर्त दिशा में घूम रही है। वर्ग वाले वृत्त के बाद हमेशा लघुवृत्त आता है। लघुवृत्त के बाद हमेशा त्रिभुज वाला वृत्त आता है तथा त्रिभुज वाले वृत्त के बाद हमेशा वर्ग वाला वृत्त आता है। चूँकि हमें त्रिभुज वाले वृत्त के बाद की आकृति निकालनी है। इसलिए क्रमानुसार अगली आकृति वर्ग वाले वृत्त की होगी तथा सूई 90° पर दक्षिणावर्त दिशा में घूमेगी।

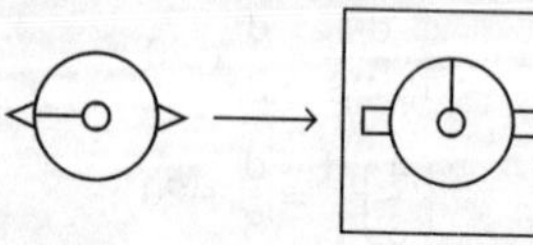

19 (*b*) दी गई जानकारी के अनुसार, सर्वप्रथम हम सारणी के माध्यम से उन खिलाड़ी को बाँट लेते हैं, जो एकसाथ नहीं खेलेंगे।

पुरुष			महिला			
A	B	C	W	X	Y	Z
	✓		×			
		✓				×
			✓		×	

चूँकि Y को चुना गया है, इसलिए W को नहीं चुना जाएगा। अतः विकल्प (a) और (d) सही नहीं हैं। C, Z के साथ नहीं खेल सकता। अतः विकल्प (c) भी सही नहीं है। अतः टीम में A, C, X और Y होंगे।

20 (*b*) $\because$ 4% ≡ ₹ 1848

$\therefore$ 100% ≡ $\dfrac{1848}{4} \times 100$ = ₹ 46200

$\because$ प्रत्येक पुस्तक की लागत = $\dfrac{46200}{5500}$ = ₹ 8.4

$\therefore$ एक पुस्तक का मूल्य = $\dfrac{8.4 \times 125}{100}$ = ₹ 10.50

21 (*c*) प्रश्नानुसार, व्यवस्थित करने पर सातों व्यक्तियों और विभिन्न रंगों की टोपियों का क्रम निम्न प्रकार होगा

A — पीली या हरी या नीली
B — पीली या हरी या नीली
C — पीली या हरी या नीली
D — बैंगनी
E — जामुनी
F — लाल
G — नारंगी

अतः F द्वारा पहनी टोपी का रंग लाल है।

22 (*c*) प्रत्येक अगले पद में रेखा का ऊपरी भाग 45° वामावर्त दिशा में झुक जाता है तथा रेखा की लम्बाई घटती जाती है।

23 (*b*) शशिकान्त का जन्म 29 सितम्बर, 1999 को हुआ था।

15 अगस्त, 1999 को रविवार था।

15 अगस्त से 29 सितम्बर तक दिनों की संख्या
= 16 + 29 = 45 दिन ⇒ 6 सप्ताह + 3 दिन

$\therefore$ अभीष्ट दिन = रविवार + 3 = बुधवार

अतः शशिकान्त का जन्म बुधवार को हुआ।

24 (*c*) आकृति (X) का ध्यानपूर्वक अवलोकन करने के बाद ज्ञात होता है कि विकल्प (c) आकृति (X) में सन्निहित है।

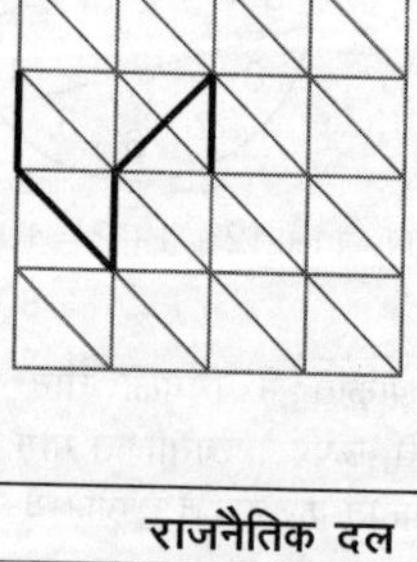

25 (*c*)

उम्मीदवार	राजनैतिक दल			
	W	X	Y	Z
A	✓	✓	×	×
B	✓	×	✓	✓
C	✓	✓	✓	✓
D	✓	✓	×	×

अतः उम्मीदवार C को टिकट मिला।

जाँचें अपना IQ टेस्ट 11

1 (*c*)

5 → 8 → 22 → 75 → 312 → [1575]

×1+3, ×2+6, ×3+9, ×4+12, ×5+15

2 (*e*) अन्तिम पाँच, पहले पाँच का दर्पण प्रतिबिम्ब है।

3 (*c*) अभीष्ट जाल की माप = 2(lb + bh + hl)

$$= 2(5 \times 4 + 4 \times 6 + 6 \times 5)$$

$$= 2(20 + 24 + 30)$$

$$= 2 \times 74 = 148 \text{ मी}$$

4 (*b*) प्रश्नानुसार,

पुरुषों की संख्या = स्त्रियों की संख्या = 3

पुरुष → A, B, E

महिला → F, D, C

अब, सम्बन्ध आरेख बनाने पर,

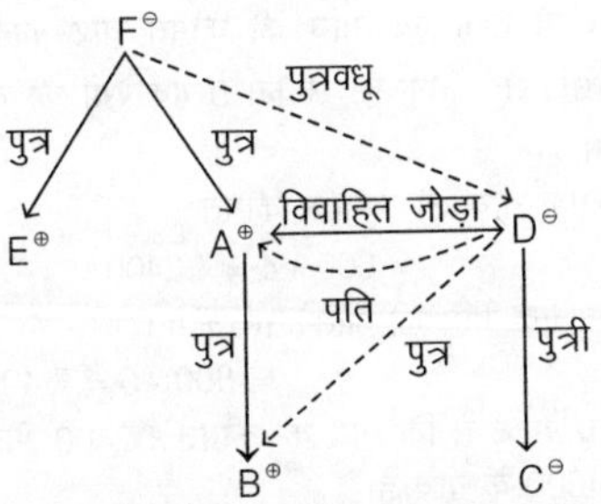

सम्बन्ध आरेख से स्पष्ट है कि A, D का पति है।

5 (*b*) यहाँ, प्रथम पंक्ति तथा प्रथम स्तम्भ के आधार पर शेष अन्य सभी खानों में अक्षरों को निम्न नियमानुसार रखा गया है। प्रत्येक खाने में, पहला अक्षर संगत पंक्ति में सबसे बाईं ओर दिए गए अक्षर समूह का अन्तिम अक्षर है और इसका अक्षर संगत स्तम्भ में सबसे ऊपर दिए गए अक्षर समूह का पहला अक्षर है।

इस प्रकार, दूसरी पंक्ति में प्रश्नचिन्ह के स्थान पर ML तथा अन्तिम पंक्ति में प्रश्नचिन्ह के स्थान पर NN होगा।

6 (*a*) अमित व सुमित द्वारा लिए गए समय का अन्तर

= 2 : 40 − 2 : 24 = 16 सेकण्ड

∴ 16 सेकण्ड में सुमित द्वारा चली गई दूरी

$$= \frac{880}{160} \times 16 = 88 \text{ मी}$$

अतः अमित, सुमित को 88 मी की शुरुआत देगा।

7 (*c*) माना अन्तिम मैच के पूर्व विकेटों की संख्या = x

प्रश्नानुसार, $\frac{12.4x + 26}{x + 5} = 12.2$

$$\Rightarrow \quad 12.4x + 26 = 12.2x + 61$$

$$\Rightarrow \quad 0.2x = 61 - 26 = 35$$

$$\Rightarrow \quad x = \frac{35}{0.2} = \frac{350}{2} = 175$$

8 (*d*) दी गई जानकारी से आरेख बनाने पर,

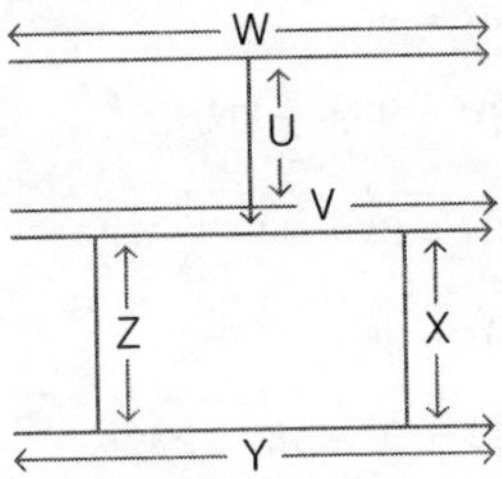

आरेख के आधार पर कहा जा सकता है कि, रेखा Y, V तथा W समान्तर हैं।

9 (*c*) ABC × DEED = ABCABC

ABC × DEED = ABC (1000) + ABC

= ABC(1001)

⇒ ABC(DEED − 1001) = 0

A, B, C, D और E अलग अंक हैं।

∴ ABC का मान 0 नहीं हो सकता है।

∴ DEED − 1001 = 0 ⇒ DEED = 1001

∴ D = 1, E = 0

10 (*e*) प्रत्येक अगली आकृति में काला बिन्दु दक्षिणावर्त दिशा में एक भुजा खिसक जाता है तथा सफेद बिन्दु वामावर्त दिशा में एक भुजा खिसक जाता है।

11 (*b*) पिछली बस के जाने का समय

= 6 : 30 − 3 : 30 = 3 : 00 बजे

∴ अभीष्ट समय = 3 : 00 + 0 : 20

= 3 : 20 बजे सायं

12 (*b*)

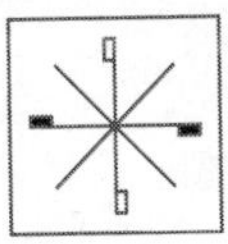

13 (*b*) प्रश्नानुसार, व्यक्ति के चलने का क्रम निम्न है

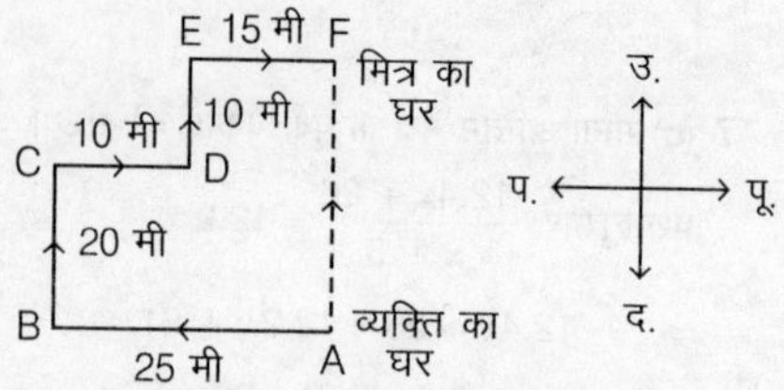

$\therefore$ AF = BC + DE = 20 + 10 = 30 मी

अतः व्यक्ति के मित्र का घर व्यक्ति के घर से 30 मी दूर उत्तर दिशा में है।

14 (*c*) सर = 9″

पूँछ = 9″ + $\frac{1}{2}$ शरीर

शरीर = 9″ + 9″ + $\frac{1}{2}$ शरीर

शरीर = 36″

और पूँछ = 9″ + 18″ = 27″

$\therefore$ मछली की लम्बाई = 36″ + 27″ + 9″ = 72″

15 (*b*) दिए गए एक ही पासे की स्थिति I और III से, दोनों में उभयनिष्ठ अक्षर = T (समान फलक पर)

अतः अक्षर Q वाले फलक के विपरीत फलक पर अक्षर R होगा।

16 (*b*) प्रश्नानुसार, ऊपर की पंक्ति में दी गई सम संख्याओं को 2 से विभाजित करने पर तथा विषम संख्याओं को 2 से गुणा करने पर नीचे की संख्या प्राप्त होती है। इस आधार पर प्रश्नचिन्ह (?) के स्थान पर विकल्प (b) में दिया गया संख्याओं का समूह आएगा।

17 (*e*) 123 [4] 231 [44] 32212 [4] 31 [44] 12

अतः छात्र को छः बार बैठना पड़ेगा।

18 (*c*) पैसेंजर ट्रेन के आगरा से चलने के समय से पहले ही 5 ट्रेन दिल्ली से आगरा की ओर चल रही होंगी और सायं 5 बजे से रात 10 बजे के बीच 5 अन्य ट्रेन दिल्ली से आगरा की ओर चलेंगी। अतः दिल्ली से चलने वाली 10 ट्रेन, आगरा से चलने वाली पैसेंजर ट्रेन को पास करेंगी।

19 (*c*) अतः आकृति (c) और (d) प्राप्त होंगी।

20 (*d*) प्रश्नानुसार,

$A \geq B$ ...(i)

$D \geq C$ ...(ii)

$B > C$ ...(iii)

समी (i) और (iii) से, $A \geq B > C$

अतः C से A बड़ा है।

21 (*d*) आकृति (X) को 90° वामावर्त दिशा में घुमाने पर विकल्प आकृति (d) प्राप्त होगी।

22. (*d*) प्रश्नानुसार, टोकरी 24 दिनों में अण्डों से पूरी तरह भर जाती है। 24 दिनों, 1 दिन पहले अर्थात् 23 दिन बाद टोकरी आधी भरी होगी। इसी प्रकार, 23 दिन से 1 दिन पहले अर्थात् 22 दिन बाद टोकरी आधी की आधी अर्थात् एक-चौथाई भरी होगी।

$\therefore$ अभीष्ट दिन = 22 दिन

23 (*a*)

24 (*d*) यहाँ, एक बकरी की कीमत ₹600 और ₹ 800 के बीच है तथा एक गाय की कीमत चार बकरियों की कीमत से अधिक है, लेकिन 5 बकरियों की कीमत से कम है।

$\therefore$ एक गाय की न्यूनतम कीमत

= 600 × 4 = ₹ 2400

तथा एक गाय की अधिकतम कीमत

= 800 × 5 = ₹ 4000

अतः स्पष्ट है कि गाय की कीमत ₹ 2400 और ₹ 4000 के बीच है।

25 (*b*) ऐल्कोहॉल की मात्रा = 400 का 15%

= 400 का $\frac{15}{100}$ = 60 मिली

माना x मिली ऐल्कोहॉल मिलाया गया।

तब, $$\frac{60+x}{400+x} = \frac{32}{100}$$

$\Rightarrow$ $6000 + 100x = 12800 + 32x$

$\Rightarrow$ $100x - 32x = 12800 - 6000$

$\Rightarrow$ $68x = 6800$

$\Rightarrow$ $x = 100$ मिली

जाँचें अपना IQ टेस्ट 12

1 (c)

2 (a) व्यक्तियों के बैठने का क्रम निम्न है

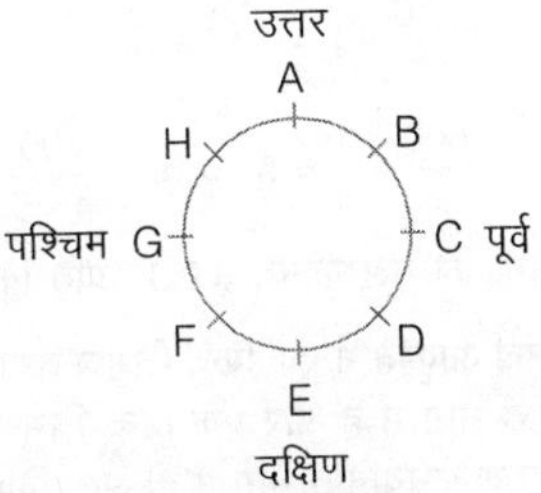

पहले की स्थिति

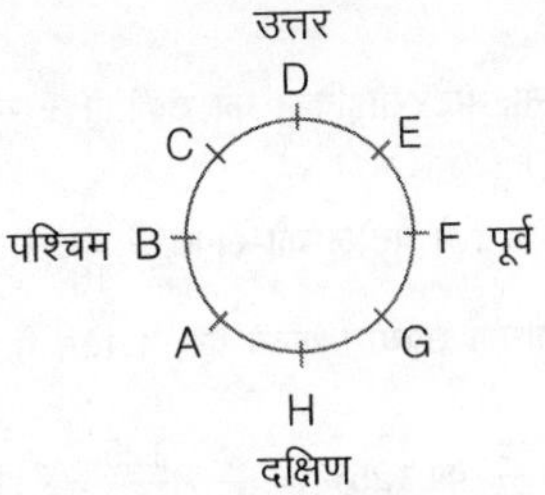

बाद की स्थिति

अतः B का मुँह पश्चिम की ओर होगा।

3 (c) प्रश्नानुसार, दी गई सूचना से आरेख बनाने पर,

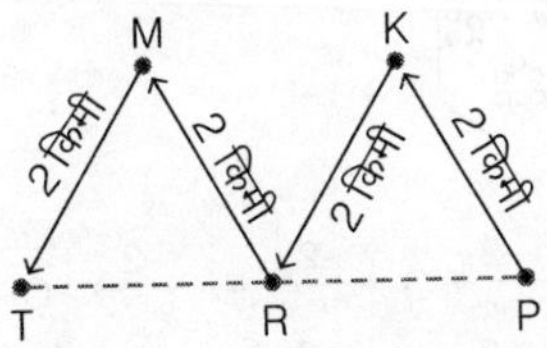

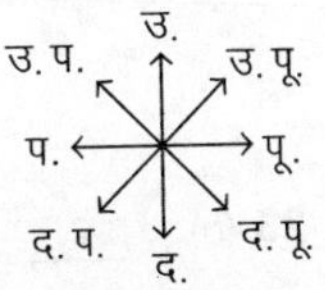

स्थान T, स्थान P से पश्चिम दिशा में स्थित है।

4 (b) 'चाँद' एक उपग्रह है तथा इसके अलावा सभी ग्रह हैं।

5 (a) दी गई आकृति में अंकों का योग निम्न प्रकार बढ़ते क्रम में है

$$\begin{array}{ccc} 19 \rightarrow 20 \rightarrow 21 \\ \quad\quad\quad\quad \downarrow \\ ? \rightarrow 27 \quad 22 \\ \quad\quad\quad\quad \downarrow \\ 25 \leftarrow 24 \leftarrow 23 \end{array}$$

इस प्रकार प्रश्नचिन्ह (?) के स्थान पर आने वाली संख्या के अंकों का योग 26 होना चाहिए।

अतः ? = 26846 क्योंकि

$2 + 6 + 8 + 4 + 6 = 26$

6 (b) प्रश्नानुसार,

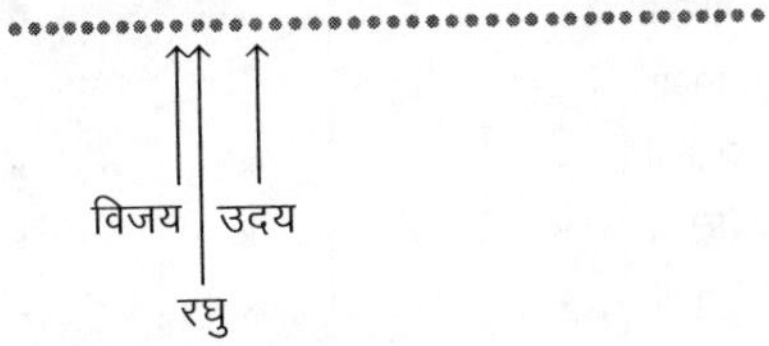

उदय, विजय से दाएँ चौथा है।

7 (d) रविवार अपराह्न 3 बजे से मंगलवार प्रातः 10 बजे तक

= रविवार अपराह्न 3 : 00 बजे से सोमवार अपराह्न 3 : 00 बजे + सोमवार अपराह्न 3 : 00 बजे से 12 : 00 बजे रात + 12 : 00 बजे रात से मंगलवार 10 : 00 बजे प्रातः

$= 24 + 9 + 10 = 43$ घण्टे

$\because$ 3 घण्टे में घड़ी 12 सेकण्ड तेज हो जाती है।

$\therefore$ 43 घण्टे में घड़ी $= \dfrac{12 \times 43}{3} = 172$ सेकण्ड

= 2 मिनट 52 सेकण्ड तेज हो जाएगी।

अतः अभीष्ट समय

$= 10{:}00{:}00 + 0{:}02{:}52$

$= 10{:}02{:}52$

= 10 बजकर 2 मिनट 52 सेकण्ड

8 (a) अभीष्ट वर्गों की संख्या $= 4 \times 5 + 5$

$= 20 + 5 = 25$

9 (c) 1 से 100 तक अंकों को लिखने पर अंक 3, 20 बार आएगा अर्थात्

(3, 13, 23, 30, 31, 32, 33, 34, 35, 36, 37, 38, 39, 43, 53, 63, 73, 83, 93)

10 (d) चार काले वर्ग, एक सफेद वर्ग बनकर केन्द्र में आएँगे और चार रेखाएँ उससे जुड़ी होंगी।

11 (b) अंक 4 द्वारा शक्तिशाली पुलिस अफसरों को दर्शाया गया है, जो लम्बे नहीं हैं।

12 (e) क्रमशः अगली आकृति में काला वृत्त एक स्थान बाएँ फिर 3 स्थान दाएँ जाता है। रेखा एक स्थान दाएँ फिर 3 स्थान बाएँ जाती है।

टॉवर 2 स्थान बाएँ फिर 1 स्थान दाएँ जाता है। सफेद वृत्त 1 स्थान दाएँ फिर 2 स्थान बाएँ जाता है।

13 (*d*) प्रश्न में दी गई जानकारी के आधार पर तालिका बनाने पर,

	नर्तकी	गायिका	अभिनेत्री	वायलिन वादिका
गिरिजा	–	×	×	✓
वनजा	–	✓	×	✓
जलजा	–	✓	×	×
शैलजा	✓	✓	×	×
तनुजा	✓	✓	×	✓
पूजा	–	×	✓	×

उपरोक्त से स्पष्ट है कि, तनुजा नर्तकी तथा वायलिन वादिका है।

14 (*b*) प्रश्नानुसार, सम्बन्ध आरेख बनाने पर,

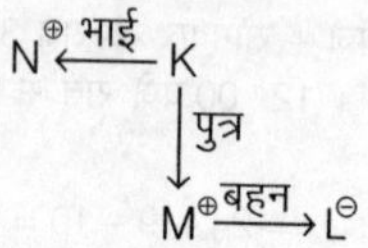

सम्बन्ध आरेख से स्पष्ट है कि L, K की बेटी है और N की भतीजी है।

15 (*a*) जिस प्रकार, महासागर में जल होता है, उसी प्रकार ग्लेशियर में बर्फ होती है।

16 (*b*) प्रत्येक पंक्ति में एक छोटा वृत्त काला, एक छोटा सफेद और दो बड़े सफेद वृत्त हैं।

17 (*b*) $\because$ 60 लीटर मिश्रण में दूध व पानी का अनुपात $= 4:1$

$\therefore$ दूध की मात्रा $= \frac{4}{4+1} \times 60 = \frac{4}{5} \times 60 = 48$ लीटर तथा पानी की मात्रा $= 60 - 48 = 12$ लीटर

माना मिश्रण में x लीटर पानी मिलाने पर दूध व पानी का अनुपात $3:1$ हो जाता है।

$\therefore$ नये मिश्रण में दूध की मात्रा = 48 लीटर

तथा नये मिश्रण में पानी की मात्रा $= (12 + x)$ लीटर

प्रश्नानुसार, $48 : (12 + x) :: 3 : 1$

$$\Rightarrow \quad \frac{48}{(12+x)} = \frac{3}{1} \Rightarrow 12 + x = \frac{48}{3}$$

$$\therefore \quad x = 16 - 12 = 4 \text{ लीटर}$$

18 (*a*) माना पुत्र की वर्तमान आयु $= x$ वर्ष

तब, पिता की पुत्र के जन्म पर आयु $= 38 - x$

प्रश्नानुसार, $x = 38 - x \Rightarrow x = 19$

$\therefore$ पिता तथा पुत्र की औसत आयु $= \frac{38 + 19}{2}$

$= \frac{57}{2} = 28.5$ वर्ष

19 (*c*) माना चीनी का प्रारम्भिक मूल्य = ₹ x

तथा चीनी का नया मूल्य, x का 80% $= \frac{4}{5}x$

प्रश्नानुसार, $\frac{600}{4x/5} - \frac{600}{x} = 5$

$$\Rightarrow \quad \frac{600}{x}\left(\frac{5}{4} - 1\right) = 5$$

$$\Rightarrow \quad \frac{600}{x} \times \frac{1}{4} = 5 \Rightarrow x = \frac{600}{4 \times 5} = 30$$

अतः चीनी की मूल कीमत = ₹ 30 प्रति किग्रा

20 (*d*) दी गई आकृति में एक बिन्दु त्रिभुज तथा एक वृत्त के उभयनिष्ठ भाग में है और एक बिन्दु त्रिभुज तथा अन्य तीन वृत्तों के उभयनिष्ठ भाग में है। अतः विकल्प (d) की आकृति में ऊपर दी गई आकृति के समान स्थिति प्राप्त होगी।

21 (*a*) माना मोटरसाइकिल की टंकी में x लीटर पेट्रोल आता है।

तब, 1 दिन में पेट्रोल की खपत $= \frac{x}{10}$ लीटर

25% अधिक उपयोग करने पर, 1 दिन में पेट्रोल की खपत

$= \frac{x}{10}$ का 125% $= \frac{x}{10} \times \frac{125}{100} = \frac{x}{8}$ लीटर

अतः खपत बढ़ने पर पूरी भरी टंकी पेट्रोल 8 दिन चलेगा।

22 (*c*)

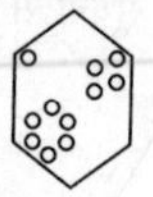

23 (*b*)

$$K \xrightarrow{-2} I \xrightarrow{-2} G \xrightarrow{-2} E \xrightarrow{-2} \boxed{C}$$

$$M \xrightarrow{+3} P \xrightarrow{+3} S \xrightarrow{+3} V \xrightarrow{+3} \boxed{Y}$$

$$5 \xrightarrow{+3} 8 \xrightarrow{+3} 11 \xrightarrow{+3} 14 \xrightarrow{+3} \boxed{17}$$

$\therefore$? = CY 17

24 (*d*) माना संख्या $= x$

प्रश्नानुसार, $x\left(\frac{3}{14}\right) = x\left(\frac{3}{4}\right) - 150$

$$\Rightarrow \quad \frac{3}{4}x - \frac{3}{14}x = 150 \Rightarrow \left(\frac{42-12}{56}\right)x = 150$$

$$\Rightarrow \quad x = 150 \times \frac{56}{30} = 280$$

25 (*b*) गणना में अन्तर $= 23 - 32 = -9$

$\therefore$ अभीष्ट शुद्ध औसत $= 11 - \frac{9}{9} = 10$

जाँचें अपना IQ टेस्ट 13

1 (*a*)

$2 \xrightarrow{+5} 7 \xrightarrow{+7} 14 \xrightarrow{+9} 23 \xrightarrow{+11} 34 \xrightarrow{+13} \boxed{47}$

$Z \xrightarrow{-1} Y \xrightarrow{-1} X \xrightarrow{-1} W \xrightarrow{-1} V \xrightarrow{-1} \boxed{U}$

$5 \xrightarrow{+2} 7 \xrightarrow{+2} 9 \xrightarrow{+2} 11 \xrightarrow{+2} 13 \xrightarrow{+2} \boxed{15}$

$\therefore \quad ? = 47U15$

2 (*b*) प्रत्येक कलम का मूल्य = (₹ 662.50, ₹ 387.50) का म.स. = ₹ 12.50

∴ आरम्भ में खरीदी गई कलमों की संख्या

$$= \frac{662.50}{12.50} = 53$$

तथा खरीद मूल्य पर बेची गई कलमों की संख्या

$$= \frac{387.50}{12.50} = 31$$

∴ शेष बची कलमों की संख्या = (53 – 31) = 22

3 (*c*) प्रश्नानुसार, व्यक्ति के चलने का क्रम निम्नवत् है

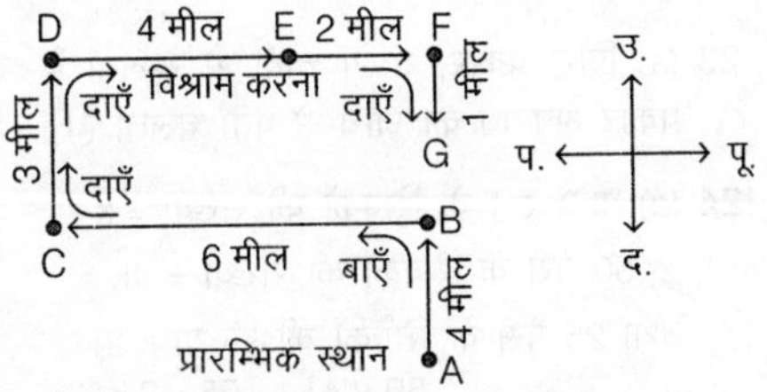

अतः अन्तिम स्थिति में उस आदमी का मुख दक्षिण दिशा में होगा।

4 (*d*) लड़के की माँ की बहन, लड़के की मौसी होगी तथा लड़के की मौसी का पति, लड़के का मौसा होगा। स्पष्टतः व्यक्ति उस लड़के का मौसा है।

5 दिया है, a = 2 सेमी; b = 4 सेमी

पाइथागोरस प्रमेय से,

$$(r - a)^2 + (r - b)^2 = r^2$$

$$\therefore \quad (r - 2)^2 + (r - 4)^2 = r^2$$

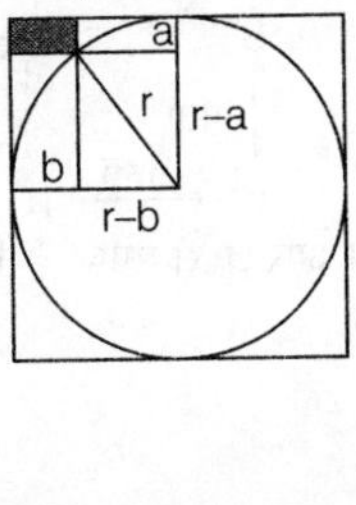

$$\Rightarrow \quad r^2 - 2(2)r + 4 + r^2 - 2(4)r + 16 = r^2$$

$$\Rightarrow \quad r^2 - 12r + 20 = 0$$

$$\Rightarrow \quad (r - 10)(r - 2) = 0$$

$$\therefore \quad r = 10, 2$$

6 (*b*)

7 (*b*) 3P8 ⇒ 3 + 8 = 11वाँ अक्षर पीछे से।

9G11 ⇒ 9 + 11 = 20वाँ अक्षर पीछे से।

2U4 ⇒ 2 + 4 = 6वाँ अक्षर पीछे से।

3W1 ⇒ 3 + 1 = 4वाँ अक्षर पीछे से।

7?18 ⇒ 7 + 18 = 25वाँ अक्षर पीछे से।

∴ ? = B

8 (*a*) जिस प्रकार,

$$M_{(13)} \rightarrow (13)^2 - 25 = 169 - 25 = 144$$
$$O_{(15)} \rightarrow (15)^2 - 25 = 225 - 25 = 200$$
$$N_{(14)} \rightarrow (14)^2 - 25 = 196 - 25 = 171$$
$$E_{(5)} \rightarrow (5)^2 - 25 = 25 - 25 = 0$$
$$Y_{(25)} \rightarrow (25)^2 - 25 = 625 - 25 = 600$$

उसी प्रकार,

$$D_{(4)} \rightarrow (4)^2 - 25 = 16 - 25 = -9$$
$$O_{(15)} \rightarrow (15)^2 - 25 = 225 - 25 = 200$$
$$L_{(12)} \rightarrow (12)^2 - 25 = 144 - 25 = 119$$
$$L_{(12)} \rightarrow (12)^2 - 25 = 144 - 25 = 119$$
$$A_{(1)} \rightarrow (1)^2 - 25 = 1 - 25 = -24$$
$$R_{(18)} \rightarrow (18)^2 - 25 = 324 - 25 = 299$$

9 (*a*) 12

10 (*b*) आकृति (a) और (c) तथा (d) और (e) एक-दूसरे को घुमाकर प्राप्त की जा सकती हैं।

11 (*b*) प्रश्नानुसार, B > सबसे छोटा ...(i)

Q > P ...(ii)

कथन II से, Q > • > • > A ...(iii)

कथन III से, P > • > A ...(iv)

सभी समीकरणों को मिलाने पर,

S > Q > P > B > A

अतः सबसे लम्बा कौन है, यह जानने के लिए केवल कथन II या III आवश्यक है।

12 (*c*) दिए गए सन्दर्भ के आधार पर विकल्प (b) कि तूफान के समय कम-से-कम एक सड़क खुली रहती है। यदि हम विकल्प (a) को लेते हैं तो, यदि R खुली है तो B,C और A भी खुल सकती हैं।

आपदाओं के समय कम-से-कम एक सड़क अवश्य खुलती है। अतः विकल्प (d) गलत है। बाढ़ के समय 2 सड़के खोली जा सकती हैं। इसलिए (c) सही नहीं है।

13 (*a*) पहली से दूसरी आकृति में बीच के तत्वों की संख्या एक घट जाती है, दो तीर के निशान की दिशा बदल जाती है और शेष दो तीरों के स्थान पर एक रेखा जुड़ जाती है। इसी आधार पर प्रश्नचिन्ह (?) के स्थान पर विकल्प आकृति (a) उचित होगी।

14 (*b*) नमक की मात्रा $= 300 \times \frac{40}{100} = 120$ ग्राम

माना x = आवश्यक नमक की मात्रा

$$\therefore \quad (300+x)\times\frac{50}{100} = 120 + x$$

$$\Rightarrow \quad 300 + x = 240 + 2x$$

$$\therefore \quad x = 60$$

15 (*c*) आकृति (X) का ध्यानपूर्वक अवलोकन करने के बाद ज्ञात होता है कि विकल्प आकृति (c) में दिए गए टुकड़ों से प्रश्न आकृति बनाई जा सकती है।

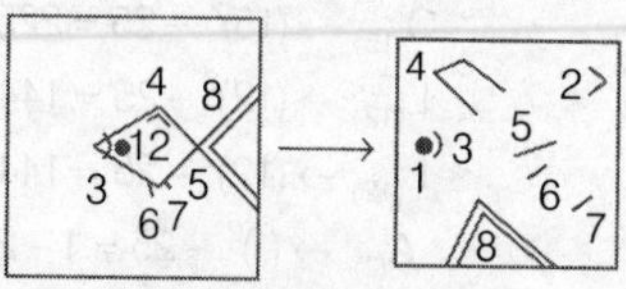

16 (*d*) चूँकि अनु 8 घण्टे प्रतिदिन कार्य करते हुए 18 दिनों में पूरी पुस्तक लिखती है।

माना यही पुस्तक x घण्टे प्रतिदिन कार्य करते हुए 12 दिनों में लिखती है।

तब, $18 \times 8 = 12 \times x$

$$\Rightarrow \quad x = \frac{18 \times 8}{12} = 12 \text{ घण्टे}$$

17 (*c*) आकृति (X) का ध्यानपूर्वक अवलोकन करने के बाद ज्ञात होता है कि आकृति (X) विकल्प आकृति (c) में सन्निहित है।

18 (*c*) सेवानिवृत्त अध्यापक की आयु

$$= 25 + 3 \times 10 = 55 \text{ वर्ष}$$

19 (*b*) माना परीक्षा में अधिकतम अंक $= x$

तब प्रश्नानुसार,

$$x \text{ का } 30\% + 12 = x \text{ का } 40\% - 28$$

$$\Rightarrow \quad x \text{ का } (40-30)\% = 12 + 28$$

$$\Rightarrow \quad x \times \frac{10}{100} = 40 \Rightarrow x = 400$$

20 (*d*) कृषि सेक्टर पर व्यय $= \frac{72}{360} \times 1000$

$= 200$ करोड़

21 (*a*)

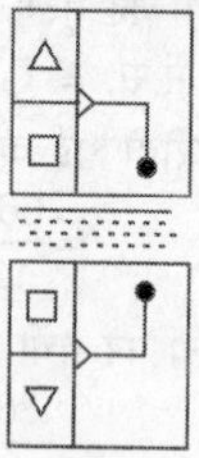

आकृति का जल प्रतिबिम्ब ज्ञात करने के लिए इसके ऊपरी भाग को नीचे तथा निचले भाग को ऊपर करने पर विकल्प आकृति (a) आती है।

22 (*d*)

23 (*a*) जिस प्रकार, ताला चाबी से खुलता है, उसी प्रकार अपराध का जाँच से पता चलता है।

24 (*a*) माना ₹ 1 के सिक्कों की संख्या = k

∴ 50 पैसे के सिक्कों की संख्या = 4k

तथा 25 पैसे के सिक्कों की संख्या = 2k

प्रश्नानुसार, $k + \frac{50 \times 4k}{100} + \frac{25 \times 2k}{100} = 56$

$$\Rightarrow \quad k + 2k + \frac{k}{2} = 56 \Rightarrow 7k = 56 \times 2$$

$$\therefore \quad k = 8 \times 2 = 16$$

अतः 50 पैसे के सिक्कों की संख्या

$= 4 \times 16 = 64$

25 (*a*) विकल्प (a) से, A + S + B − T

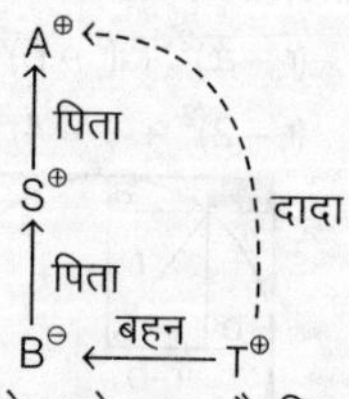

अतः सम्बन्ध आरेख से स्पष्ट है कि, A, T का दादा है।

जाँचें अपना IQ टेस्ट 14

1 (*a*) $3+8+2=13$,

$8+13+3=24$,

$13+24+4=41$,

$24+41+5=\boxed{70}$

2 (*b*)

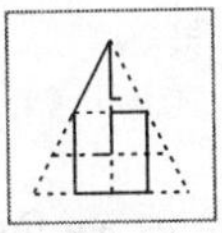

3 (*c*) प्रश्नानुसार, व्यवस्थित करने पर

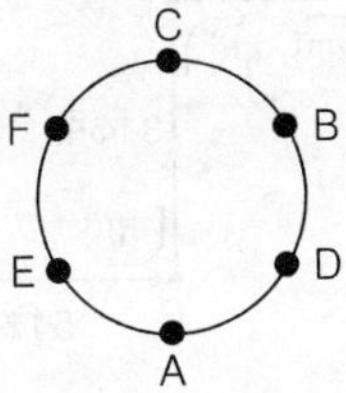

अतः F के पड़ोसी C और E हैं।

4 (*d*) जिस प्रकार, खेल मैदान में खेला जाता है, उसी प्रकार प्रार्थना मन्दिर में की जाती है।

5 (*b*) प्रश्नानुसार,

पंक्ति में मदन का दाईं ओर से स्थान = 8वाँ

तथा पंक्ति में अजय का बाईं ओर से स्थान = 8वाँ

परस्पर स्थान बदलने पर अजय का स्थान = बाईं ओर से 16वाँ

अतः पंक्ति में कुल लड़कों की संख्या $=(16+8)-1=23$

6 (*a*) दिए गए चिन्हों को प्रतिस्थापित करने पर,

$$40+12\div 3\times 6-60$$

$$=40+\frac{12}{3}\times 6-60$$

$$=40+24-60=4$$

7 (*a*) राजू और संजू द्वारा 5 दिनों में किया गया कार्य

$$=5\left(\frac{1}{20}+\frac{1}{40}\right)$$

$$=5\left(\frac{2+1}{40}\right)=\frac{15}{40}=\frac{3}{8}$$

अतः शेष कार्य $=1-\frac{3}{8}=\frac{5}{8}$

8 (*d*) स्पिरिट : पानी = 3 : 2

$\because$ 1 इकाई = 3 लीटर (स्पिरिट)

$\therefore$ 3 इकाई $=3\times 3=9$ लीटर

9 (*b*) अक्षर D दी गई आकृति में उन छात्रों को दर्शाता है, जो गायक भी हैं और नर्तक भी।

10 (*a*) चूँकि सुनील का कोई भी भाई या बहन नहीं है, अतः उसके पिता का पुत्र वह स्वयं हुआ तथा पत्नी उस व्यक्ति (चित्र में) की माँ हुई अर्थात् चित्र वाला व्यक्ति सुनील का पुत्र है।

11 (*c*) 28

12 (*a*) प्रत्येक अगली प्रश्न आकृति में दक्षिणावर्त दिशा में क्रमशः तीन डिजाइन पलट जाते हैं।

13 (*a*) प्रश्नानुसार, N > P (केवल)

M > T/G

$\therefore$ M > T/ G > N > P

अतः सबसे कम अंक P ने प्राप्त किए।

14 (*c*) (a), (b) का तथा (d), (e) का दर्पण प्रतिबिम्ब है।

15 (*c*) दिया है, पूर्णांक = 2500

A के प्राप्तांक = 1750

अब, A के अंकों का प्रतिशत

$$=\frac{1750}{2500}\times 100=70\%$$

प्रश्नानुसार, माना B के अंकों का प्रतिशत

= A के अंकों से 10% कम

$=70-10=60\%$

इसी प्रकार, C के अंकों का प्रतिशत $=60+20=80\%$

$\therefore$ D के अंकों का प्रतिशत $=80-30=50\%$

16 (*c*) इतिहास, भूगोल तथा भूगर्भशास्त्र अलग-अलग विषय हैं, लेकिन भूगर्भशास्त्र का कुछ अध्ययन भूगोल के अन्तर्गत किया जाता है।

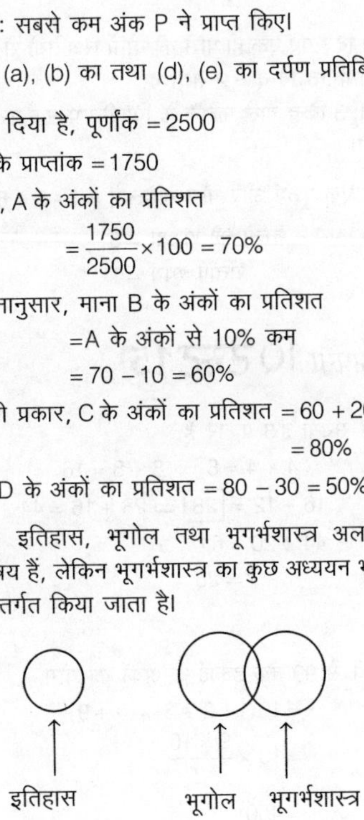

17 (*a*) श्रीमान मनी की वर्तमान आयु = 47 वर्ष

तथा जॉन की वर्तमान आयु = 13 वर्ष

माना x वर्षों में श्रीमान मनी की आयु, जॉन की आयु की दोगुनी हो जाएगी।

प्रश्नानुसार, $47 + x = 2(13 + x)$

$\Rightarrow \quad 47 + x = 26 + 2x$

$\Rightarrow \quad 2x - x = 47 - 26 \Rightarrow x = 21$ वर्ष

अतः 21 वर्ष बाद श्रीमान मनी की आयु, जॉन की आयु की दोगुनी होगी।

18 (*b*)

19 (*c*) माना प्रारम्भ में x यात्री थे। पहले स्टॉप के बाद यात्रियों की संख्या $= \frac{x}{2} + 35$

प्रश्नानुसार, दूसरे स्टॉप के बाद,

$$\frac{4}{5}\left(\frac{x}{2} + 35\right) + 40 = 80$$

$$\Rightarrow \quad \frac{x}{2} + 35 = \frac{(80 - 40)}{4} \times 5$$

$$\Rightarrow \quad \frac{x}{2} = 50 - 35 = 15 \Rightarrow x = 30$$

20 (*d*) दिए गए एक ही पासे की दोनों स्थितियों से, दोनों में उभयनिष्ठ बिन्दु = 2 तथा 4

अतः 3 बिन्दु वाले फलक के विपरीत फलक पर 6 बिन्दु होंगे।

21 (*c*) एक पुरुष और पाँच महिलाएँ = 1 + 5 = 6

बच्चों की संख्या = 5

संतोष स्वयं = 1

अतः डिब्बे में कुल व्यक्तियों की संख्या

= 6 + 5 + 1 = 12

22 (*b*) सभी विकल्पों का क्रमशः परीक्षण करने पर,

$$(2 + 2 + 2)^2 = 6^2 = 36,$$

$$[(2 + 2)^2]^2 = (16)^2 = 256,$$

$$(2 \times 2 \times 2)^2 = 8^2 = 64$$

तथा $2 + 2^2 + (2^2)^2 = 2 + 4 + 16 = 22$

अतः $[(2 + 2)^2]^2$ सबसे बड़ा है।

23 (*c*)

24 (*a*) प्रश्नानुसार, शालू के चलने का क्रम निम्नवत् है

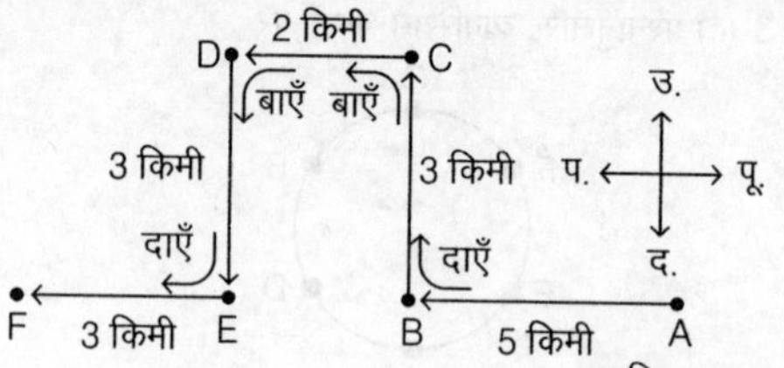

अतः शालू अपने घर से पश्चिम दिशा में है।

25 (*c*) विजय के पहुँचने का समय = 8 : 35 + 0 : 45

= 9 : 20 बजे

परीक्षा का निर्धारित समय = 9 : 20 − 0 : 15

= 9 : 05 बजे

अतः परीक्षक महोदय निर्धारित समय से

9 : 05 − 8 : 35 = 0 : 30

अर्थात् 30 मिनट पहले पहुँचे थे।

जाँचें अपना IQ टेस्ट 15

1 यहाँ संख्या इस प्रकार है,

$4 + 4 = 8 \Rightarrow 8 + 8 = 16$

$16 + 12 = \boxed{28} \Rightarrow 28 + 16 = 44$

$44 + 20 = 64$

$\therefore \quad ? = 28$

2 (*b*)

3 (*a*) 1 से 99 तक इकाई के अंकों का योग

$= 10(1 + 2 + 3 + \cdots + 9)$

$= 10 \times \frac{9 \times 10}{2}$

$= 450$

1 से 99 तक दहाई के अंकों का योग

$= 10\ (1 + 2 + 3 + ... + 9) = 450$

100 के अंकों का योग = 1

$\therefore$ कुल योग = 450 + 450 + 1 = 901

4 (*a*) कुल अंक = $14 \times 71 = 994$

$$\therefore \text{ अभीष्ट औसत} = \frac{994 + 56 - 42 + 32 - 74}{14}$$

$$= \frac{994 + 88 - 116}{14}$$

$$= \frac{966}{14} = 69$$

BOOK 2

तुलनात्मक IQ स्कोर चार्ट

जाँचे अपना IQ	आपका स्कोर	रेटिंग
टेस्ट 1	—	
टेस्ट 2	—	
टेस्ट 3	—	
टेस्ट 4	—	
टेस्ट 5	—	
टेस्ट 6	—	
टेस्ट 7	—	
टेस्ट 8	—	
टेस्ट 9	—	
टेस्ट 10	—	
टेस्ट 11	—	
टेस्ट 12	—	
टेस्ट 13	—	
टेस्ट 14	—	
टेस्ट 15	—	

इस चार्ट के माध्यम से आप अपनी सटीक Performance जानने में सफल होगें। Performance केवल उसी Case में बेहतर मानी जा सकती है जब आपका Score/Rating उच्च स्तर अथवा बढ़ते क्रम में हो।

16 (*b*) माना आमों को पंक्ति तथा स्तम्भों में x प्रकार से व्यवस्थित किया जा सकता है।

तब, कुल आमों की संख्या = $x \times x$

लेकिन 500 एक पूर्ण वर्ग संख्या नहीं है।

माना $x = 22$

तब $x \times x = 22 \times 22 = 484$

जोकि दी गई आमों की संख्या से कम है।

अब, माना $x = 23$

तब $x \times x = 23 \times 23 = 526$

जोकि दी गई आमों की संख्या से ज्यादा है।

अतः हम आमों को 22 की पंक्ति तथा स्तम्भों में व्यवस्थित कर सकते हैं।

∴ अव्यवस्थित आमों की संख्या

$= 500 - 484 = 16$

17 (*a*) प्रश्नानुसार, M > N > Q / P

P > Q (केवल)

L > S (केवल)

∴ L > S > M > N > P > Q

अतः सबसे लम्बा L और सबसे छोटा Q है।

18 (*d*) मिजोरम को छोड़कर अन्य सभी राजधानियाँ हैं।

19 (*d*) प्रत्येक पंक्ति में तीसरी आकृति पहली दो आकृतियों का मिश्रित रूप है।

20 (*b*) दिए गए चिन्हों को प्रतिस्थापित करने पर,

$35 \div 7 \times 5 + 5 - 6$

$= 5 \times 5 + 5 - 6$

$= 25 + 5 - 6$

$= 30 - 6 = 24$

21 (*d*) प्रश्नानुसार, आठ व्यक्तियों के बैठने का क्रम निम्नवत् है

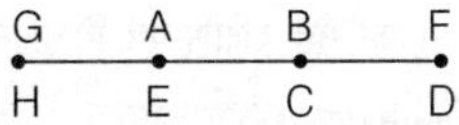

अतः A के सामने E बैठा है।

22 (*a*) जिस प्रकार,

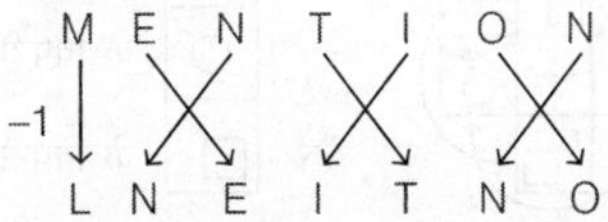

उसी प्रकार,

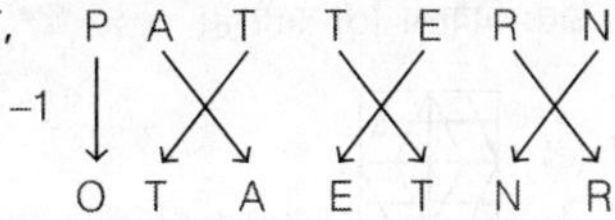

23 (*b*) जिस प्रकार, दीवार ईंटों से बनती है। उसी प्रकार, पुस्तक पृष्ठों से बनती है।

24 (*c*) क्रमशः पहले एक वक्र की दिशा पलट जाती है। फिर चार अन्तः वक्र पलट जाते हैं।

25 (*c*)

5 (*c*) प्रश्नानुसार, दी गई सूचना से आरेख बनाने पर,

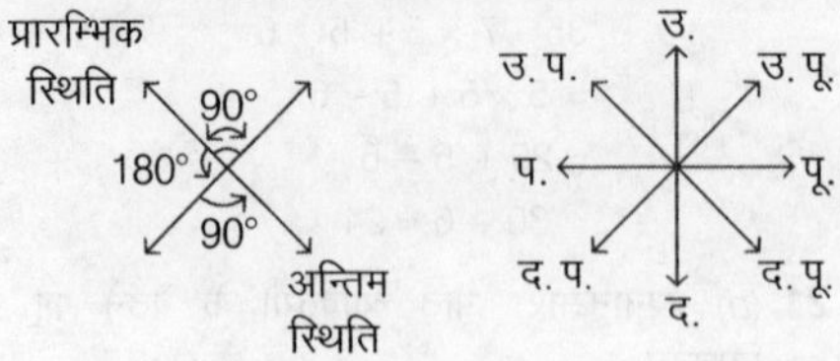

अब राम का मुँह दक्षिण-पूर्व दिशा में है।

6 (*d*) प्रश्नानुसार,

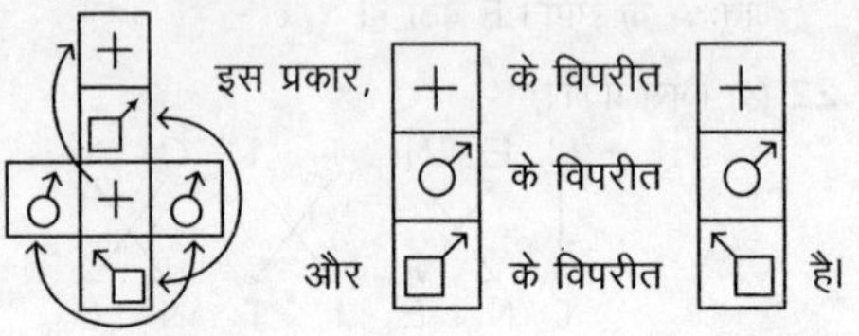

अतः विकल्प (d) सही है।

7 (*c*)

8 (*a*) दी गई आकृति से ज्ञात होता है कि, शहरी शिक्षित पुरुष, जो सरकारी कर्मचारी है, 1 है।

9 (*c*)

10 (*c*) प्रश्नानुसार,

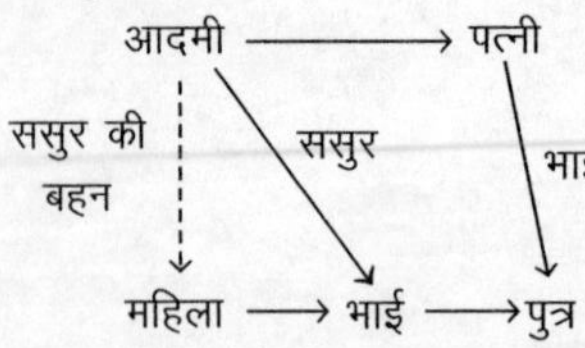

अतः महिला आदमी के ससुर की बहन है।

11 (*c*) माना पहले, दूसरे तथा तीसरे दिन दर्शकों की संख्या क्रमशः $2x$, $5x$ तथा $13x$ थी।

$\therefore$ पहले दिन की कुल आय $= 15 \times 2x =$ ₹ $30x$

दूसरे दिन की कुल आय $= 7.50 \times 5x =$ ₹ $37.50x$

तीसरे दिन की कुल आय

$= 2.50 \times 13x =$ ₹ $32.50x$

$\therefore$ तीनों दिनों की कुल आय

$= 30x + 37.50x + 32.50x =$ ₹ $100x$

तथा दर्शकों की कुल संख्या

$= 2x + 5x + 13x = 20x$

$\therefore$ प्रति व्यक्ति औसत राशि $= \dfrac{100x}{20x} =$ ₹ 5

12 (*c*) प्रश्न का उत्तर नहीं देने वाले बच्चों का प्रतिशत

$= 100 - (11 + 24 + 41 + 21)$

$= 100 - 97 = 3\%$

$\therefore$ अभीष्ट बच्चों की संख्या = 400 का 3%

$= 400 \times \dfrac{3}{100} = 12$

13 (*c*) माना पार्टी में पुरुष और स्त्रियों की संख्या क्रमशः x और y है।

$\therefore \quad xy = 24$

पार्टी में गले लगने की संख्या

= पुरुषों के गले लगने की संख्या

+ स्त्रियों के गले लगने की संख्या

$\therefore$ पुरुषों के गले लगने की संख्या $= \dfrac{x(x-1)}{2}$

स्त्रियों क गले लगने की संख्या $= \dfrac{y(y-1)}{2}$

अब, $\quad xy = 24$

इस प्रकार, x, y के मान (1, 24) (3, 8) (2, 12) (4, 6) (8, 3) (12, 2) और (24, 1) हो सकते हैं।

उपरोक्त में से कोई एक निम्न समीकरण में रखने पर

$$\frac{x(x-1)}{2} + \frac{y(y-1)}{2}$$

$$\Rightarrow \frac{6(6-1)}{2} + \frac{4(4-1)}{2} = 15 + 6 = 21$$

14 (*c*) दी गई श्रृंखला निम्न प्रकार है

$F \xrightarrow{+2} H \xrightarrow{+2} \boxed{J} \xrightarrow{+2} L$

$6 \xrightarrow{+2} 8 \xrightarrow{+2} \boxed{10} \xrightarrow{+2} 12$

$T \xrightarrow{+2} V \xrightarrow{+2} \boxed{X} \xrightarrow{+2} Z$

$20 \xrightarrow{+2} 22 \xrightarrow{+2} \boxed{24} \xrightarrow{+2} 26$

$\therefore \quad$? = J10 X 24

15 (*c*) प्रश्नानुसार, वीना और वीरू के चलने का क्रम निम्नवत् है

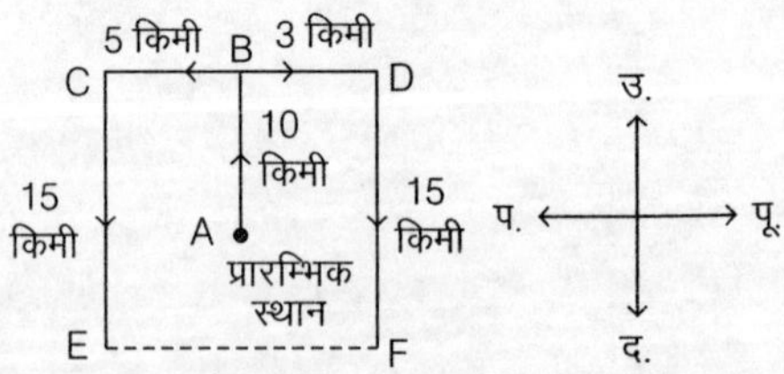

EF = BC + BD = 5 + 3 = 8 किमी

$\therefore$ अभीष्ट दूरी = EF = 8 किमी